JN123651

臨床心理学概論

野島一彦　岡村達也 編

遠見書房

巻頭言

心理学・臨床心理学を学ぶすべての方へ

公認心理師法が 2015 年９月に公布され，2017 年９月に施行されました。そして，本年度より経過措置による国家資格試験が始まります。同時に，公認心理師の養成カリキュラムが新大学１年生から始まります。

現代日本には，３万人を割ったとは言えまだまだ高止まりの自殺，過労死，うつ病の増加，メンタルヘルス不調，ひきこもり，虐待，家庭内暴力，犯罪被害者・加害者への対応，認知症，学校における不登校，いじめ，発達障害，学級崩壊などの諸問題の複雑化，被災者への対応，人間関係の希薄化など，さまざまな問題が存在しております。それらの問題の解決のために，私たち心理学・臨床心理学に携わる者に対する社会的な期待と要請はますます強まっています。また，心理学・臨床心理学はそのような負の状況を改善するだけではなく，より健康な心と体を作るため，よりよい家庭や職場を作るため，あるいは，より公正な社会を作るため，ますます必要とされる時代になっています。

こうした社会状況に鑑み，心理学・臨床心理学に関する専門的知識および技術をもって，国民の心の健康の保持増進に寄与する心理専門職の国家資格化がスタートします。この公認心理師の養成は喫緊の非常に大きな課題です。

そこで，私たち監修者は，ここに『公認心理師の基礎と実践』という名を冠したテキストのシリーズを刊行し，公認心理師を育てる一助にしたいと念願しました。

このシリーズは，大学（学部）における公認心理師養成に必要な 25 科目のうち，「心理演習」，「心理実習」を除く 23 科目に対応した 23 巻からなります。私たち心理学者・心理臨床家たちが長年にわたり蓄えた知識と経験を，新しい時代を作るであろう人々に伝えることは使命であると考えます。そのエッセンスがこのシリーズに凝縮しています。

このシリーズを通して，読者の皆さんが，公認心理師に必要な知識と技術を学び，国民の心の健康の保持増進に貢献していかれるよう強く願っています。

2018 年３月吉日

監修者　野島一彦・繁桝算男

はじめに

「公認心理師の基礎と臨床」シリーズへ，ようこそ！　第３巻「臨床心理学概論」へ，ようこそ！

本巻は「公認心理師のカリキュラム」の中でも「大学における必要な科目」のうち「③臨床心理学概論」に対応します。そこに「含まれる事項」は「１．臨床心理学の成り立ち」「２．臨床心理学の代表的な理論」の２つと規定されており，本巻第１部「臨床心理学の成り立ち」，第２部「臨床心理学の代表的な基礎理論」がそれぞれに対応します。

第１部では，通常，臨床心理学とは何か，世界の臨床心理学，日本の臨床心理学といった順になるところ，これを逆転し，あえて「日本の臨床心理学」を巻頭とすることにしました。「公認心理師のカリキュラム」の中における臨床心理学概論を考えたとき，まずはこの資格成立における臨床心理学の歩みを記さないわけにはいかないと考えたからです。「国民の心の健康の保持増進に寄与すること」（公認心理師法第１条）を願って，ようやく成立した資格だからです。

第２部については「臨床心理学の代表的な理論」をどう考えるか，議論を重ねました。専門職としての臨床心理学の技能の２本柱は“リサーチ技能”と“臨床技能”です。そして臨床技能の２本柱は“アセスメント”と“心理療法”ですが，それぞれに対応する「必要な科目」があり（「④心理学研究法」「⑤心理学統計法」「⑥心理学実験」，「⑭心理的アセスメント」，「⑮心理学的支援法」），本シリーズでもそれぞれに対応する巻があります。これらを含めた“概論”にすれば，通常の臨床心理学の“教科書”ができあがります。が，私たちは議論の末，「公認心理師のカリキュラム」がその中にすっぽり“臨床心理学の体系”を含むことから，別の考えを採用することにしました。

１つの動因となったのは『APA 臨床心理学ハンドブック（全５巻）』（2016 年）です。その第２巻は「理論とリサーチ」[注1]と題され，第１部「理論的アプローチ」[注2]では，“病理論”，“アセスメント論”，“治療論”を包含する 10 の“臨床心理学の基礎理論”が取り上げられており，これに倣うことにしました。日本語版を作りたいという野心のようなものもあったかもしれません。本巻第２部のタ

注１）本巻本文では「基礎理論・研究方法論」となっています。
注２）本巻本文では「基礎理論」となっています。

イトルを「臨床心理学の代表的な基礎理論」とした所以です。

本巻第２部の構成について付言します。本巻の中心を成す部であり，各章執筆者の尽力に見合う読み方をしてほしいからです。

まず『ハンドブック』が取り上げている10のアプローチは次のとおりです。（A）歴史的に確立しているアプローチ＝（１）精神分析,（２）精神力動論,（３）行動論，（４）人間性－実存論，（５）認知論／（B）関係指向・システム指向のアプローチ＝（６）対人関係論，（７）システム論，（８）多文化理論／（C）行動療法“第３の波”[注3]＝（９）マインドフルネス・アクセプタンス理論／（D）単一理論の軛(くびき)を超えるもの＝（10）統合理論[注4]。

本巻ではこれを出立点とし，上記のいくつかを統合して１章とした上で，上記にはない「分析心理学」「グループ」「コミュニティ」「ナラティヴ」「非言語的」「身体的」各アプローチの章を立てました。

次に『ハンドブック』の各アプローチは次のフォーマットにしたがって記されています。（１）定義,（２）歴史,（３）病理論,（４）アセスメント論,（５）治療論，（６）リサーチ・エビデンス，（７）臨床心理学への寄与，（８）今後の課題。各章執筆者には，これらを記述形式の参考としてもらうこととし，こうした記述形式を採用しない場合でも,これらを記述内容として含むよう依頼しました。各章はそのように執筆されており,当面最良の日本語版が出来したと確信します。

よき臨床心理学の“良識”を備えた公認心理師になられますよう健闘を祈ります。

2023年２月

野島一彦
岡村達也

注３）本巻本文では「認知行動療法第３の波」となっています。

注４）「大学院における必要な科目」には「⑦心理支援に関する理論と実践」があり,「含まれる事項」は「１．力動論に基づく心理療法の理論と方法」「２．行動論・認知論に基づく心理療法の理論と方法」「３．その他の心理療法の理論と方法」（以下略）と規定されており，理論の取り上げ方が極めて歪(いびつ)です。その点,本巻第２部は大学院でも活用いただきたいと願っています。

目　次

はじめに　4

第1部　臨床心理学の成り立ち

第1章　日本の臨床心理学……………………………………………………　11
野島一彦

Ⅰ　臨床心理学の前駆的動向——第二次世界大戦敗戦前　11／Ⅱ　臨床心理学の誕生——第二次世界大戦敗戦後　12／Ⅲ「日本臨床心理学会」の設立（1964年）と紛糾，そして“冬の時代”　14／Ⅳ「日本心理臨床学会」の設立（1982年）と民間資格「臨床心理士」の誕生（1988年）　15／Ⅴ　国家資格化を目指す動向　17／Ⅵ　国家資格「公認心理師法」の成立（2015年）以後　17／Ⅶ　今後の臨床心理学　18

第2章　世界の臨床心理学……………………………………………………　21
岡村達也

Ⅰ「臨床心理学」の起源：ウィトマー　22／Ⅱ「専門職」としての臨床心理学の成立史　23／Ⅲ　心理的アセスメントの展開：診断体系と心理検査　25／Ⅳ　心理学的支援法の展開：心理療法　27

第3章　臨床心理学の定義・理念・体系………………………………………　33
岡村達也

Ⅰ　臨床心理学の定義　33／Ⅱ　臨床心理学の基礎理念　34／Ⅲ　臨床心理学の体系　39

コラム　代表的な臨床心理学研究法……………………………………………　45
岡村達也

第2部　臨床心理学の代表的な基礎理論

第4章　精神分析的アプローチ………………………………………………　49
妙木浩之

Ⅰ　定義　49／Ⅱ　歴史　50／Ⅲ　病理論（パーソナリティ論）とアセスメント論　53／Ⅳ　治療論（治療過程論，治療関係論）　56／Ⅴ　リサーチ・エビデンス　59／Ⅵ　臨床心理学への寄与と将来展望　59

第５章　分析心理学的アプローチ …………………………………………　62
河合俊雄

Ⅰ　心理療法と自己関係　62／Ⅱ　自己関係とコンプレックス　64／Ⅲ　自己関係とイメージ　66／Ⅳ　補償，集合的無意識と元型　67／Ⅴ　物語と象徴　69／Ⅵ　個性化の過程　70／Ⅶ　治療関係：第三のものとしてのイメージ　71／Ⅷ　文化・時代的側面　73

第６章　行動論・認知論的アプローチ ……………………………………　76
坂井　誠

Ⅰ　定義　76／Ⅱ　歴史　78／Ⅲ　臨床理論　79／Ⅳ　介入論　82／Ⅴ　リサーチ・エビデンス　84／Ⅵ　臨床心理学への寄与と課題　86

第７章　ヒューマニスティック・アプローチ ……………………………　88
中田行重

Ⅰ　人間性心理学の歴史　88／Ⅱ　人間性心理学とは　90／Ⅲ　パーソナリティ論と精神病理論，アセスメント論　91／Ⅳ　人間性心理学のセラピー　92／Ⅴ　研究結果　95／Ⅵ　人間性心理学の成果と今後　96

第８章　システミック・アプローチ ………………………………………　99
若島孔文

Ⅰ　システミック・アプローチとは　99／Ⅱ　歴史的展開　100／Ⅲ　理論・モデル　103／Ⅳ　家族アセスメント　106／Ⅴ　面接のプロセス　108／Ⅵ　エビデンス　109／Ⅶ　臨床心理学への寄与　109／Ⅷ　今後の展望　110

第９章　ナラティヴ・アプローチ ………………………………………113
森岡正芳

Ⅰ　ナラティヴの基本的な考え方　113／Ⅱ　臨床場面におけるナラティヴ論の意義　116／Ⅲ　ナラティヴ・アプローチによる心理学的支援　118／Ⅳ　まとめ：語ることの創造性　123

第 10 章　統合的アプローチ ……………………………………………126
杉原保史

Ⅰ　統合的アプローチとは：概説と定義　126／Ⅱ　心理療法統合の歴史　129／Ⅲ　人格と精神病理の理論　131／Ⅳ　臨床的アセスメントと診断　131／Ⅴ　治療関係　133／Ⅵ　エビデンス　134／Ⅶ　主な成果　135／Ⅷ　将来の方向性　136

第 11 章　グループ・アプローチ ………………………………………139
坂中正義

Ⅰ　グループ・アプローチとは　139／Ⅱ　グループ・アプローチの臨床理論　141／Ⅲ　グループ・アプローチを構成するもの　143／Ⅳ　各グループ・アプローチの特徴　145／Ⅴ　グループ・アプローチの研究　149／Ⅵ　グループ・アプローチの意義と展開　150

第12章　コミュニティ・アプローチ……153

久田　満

Ⅰ　はじめに　153／Ⅱ　誕生までの歴史的背景　153／Ⅲ　日本におけるコミュニティ・アプローチの展開　156／Ⅳ　コミュニティとは　158／Ⅴ　コミュニティ心理学が共有する価値観と理念　158／Ⅵ　コミュニティ・アプローチの基本となる諸理論　161／Ⅶ　マレルによる介入のレベル　162／Ⅷ　おわりに　163

第13章　非言語的アプローチ……166

伊藤良子

Ⅰ　非言語的アプローチの特徴　166／Ⅱ　非言語的アプローチの適用範囲とアセスメント　167／Ⅲ　非言語的アプローチの臨床心理学的エビデンス　170／Ⅳ　臨床心理学における非言語的アプローチの意義　177

第14章　身体的アプローチ……179

松木　繁

Ⅰ　身体的アプローチの定義　179／Ⅱ　身体的アプローチの歴史　180／Ⅲ　身体的アプローチの実際と臨床的効果，エビデンス　182／Ⅳ　身体的アプローチの今後の課題　188

コラム　日本生まれのセラピー①森田療法……191

北西憲二

コラム　日本生まれのセラピー②内観療法……192

三木善彦

コラム　日本生まれのセラピー③臨床動作法……193

鶴　光代

索引　194

付録　大学及び大学院における必要な科目　197

略歴　巻末

第1部
臨床心理学の成り立ち

第1章

日本の臨床心理学

野島一彦

Keywords　日本臨床心理学会，日本心理臨床学会，日本臨床心理士資格認定協会，臨床心理士，公認心理師

日本の臨床心理学について述べるにあたり，まずその定義を明確にしたい。筆者（野島，1995）は「臨床心理学とは，人間の心理的適応・健康や発達，自己実現を援助するための，心理学的人間理解と心理学的方法を，実践的かつ理論的に探求する心理学の一領域である」と定義する。本章では，このような意味でのわが国の臨床心理学の成り立ちを振り返るとともに，臨床心理学に基づく職能である臨床心理士と公認心理師の関係について触れ，さらに今後の課題について述べる。

I　臨床心理学の前駆的動向——第二次世界大戦敗戦前

わが国の心理学は，1890年に帝国大学教授となった元良勇次郎に始まる。1903年には松本亦太郎の協力を得て東京帝国大学に心理学実験室を創設している。1927年には「日本心理学会」が創設されている（初代会長は松本亦太郎）。

臨床心理学の前駆的動向としては，心理検査の紹介，作成と測定が行われている。1908年に精神医学者三宅鉱一らが論文「知力測定」（ビネーの知能検査の紹介）を著した。1920年からは鈴木治太郎が鈴木ビネー式知能検査の開発に着手した。1923年には渡辺徹らが「国民知能検査」を東京の学童に実施した。1926年には大友茂が「情緒不安定性テスト」を作成した。1929年には内田勇三郎が「内田クレペリン検査」を創始した。1930年には鈴木治太郎が「実際的個別的智能測定法」を刊行した。1932年には岡部弥太郎・淡路円治郎が「向性検査」を作成した。敗戦後の1947年には田中寛一が第二次世界大戦中すでに完成していた「田中びねー式智能検査法」（田中ビネー式知能検査）を刊行した。

援助技法は，精神疾患へのケアを中心に考えられた経緯があるので，中心に

なるのは精神科医たちであった。1920年ごろ森田正馬（1874-1938）によって，日本独自の治療法として森田療法が創始された。また精神科医の古澤平作（1897-1968）は，1932年から翌年にかけてフロイト（Freud, S.）のところに留学をし，精神分析家としての資格を得ている。

1938年のデータによると，各都道府県において厚生省の附属機関であった傷兵保護院などに勤務していた心理学専攻者は57名にのぼったが，多くは研究や精神測定的な仕事に従事していたであろうと思われる（津川，2012）。

II　臨床心理学の誕生――第二次世界大戦敗戦後

わが国の臨床心理学の誕生は第二次世界大戦敗戦後である。米国の教育使節団（第1次は1946年に来日）の指導で東京教育大学に特殊教育学科が新設されて障害児教育が重視され，教育学科にはカウンセリング講座が設けられ，1936年に設置された教育相談部と協力することになった。それで全国的に教育相談所・教育相談室が設置されることになった。また学生の相談のために教育指導者講習が各地の大学で開催され，カウンセンリング（特にロジャーズの非指示療法が注目を浴びた）が導入された。

また1949年の「少年法」「少年院法」の施行により全国に新設された少年鑑別所の鑑別技官や家庭裁判所の調査官の任用，1947年の「児童福祉法」，1950年の「身体障害者福祉法」の施行により全国に設置された児童相談所，身体障害者更生相談所の心理判定員の任用等の人的要請が社会的に生じた。

村松常雄は1950年より名古屋大学精神医学教室の教授として，臨床心理学者の登用に意を用いた。井村恒郎は1951年に国立精神衛生研究所心理学部長に就任し，後のわが国の臨床心理学の指導者的人材（佐治守夫，村上英治，村瀬孝雄，片口安史など）を生み出すことで多大の影響を与えた。また1954年ごろより，滋賀の水口病院に臨床心理科が作られ，隠岐忠彦や大塚義孝が心理職として臨床実践を開始しており，これが民間精神科病院心理臨床の嚆矢と言われる。また1958年には村瀬孝雄が国立国府台病院にセラピスト（テラピスト）という職名で常勤勤務を始めている。

恩田（2006）によれば，「日本応用心理学会」（1931年創設）の1946年の戦後復興第1回大会では，犯罪心理部会，教育心理部会，産業心理部会とともに臨床心理部会（リーダーは鈴木清）があった。ちなみに1961年には相談部会の増設が報告されている。この部会は1967年に「日本相談学会」創立総会を開き学

会となった。1987 年には「日本カウンセリング学会」と改称された。

1950 年頃から研究会や小規模な学会が設立され，雑誌類（学会誌）も刊行され始めた。成瀬（2011）は大塚（2004）を参照しながら，1964 年までの状況を表にまとめている。それによれば，1951 年に「臨床心理学会」（事務局：大阪の少年保護観察所），1955 年には「日本精神分析学会」（学会誌『精神分析研究』），1956 年には「催眠研究会」（同『催眠研究』），1959 年には「日本心身医学会」（同『心身医学』），1960 年には「日本児童青年精神医学会」（同『児童青年精神医学とその近接領域』），1961 年には「関西臨床心理学者協会」（同『臨床心理』），1963 年には「日本犯罪心理学会」（同『犯罪心理学研究』）が創設されている。

1961 年には九州大学教育学部にグループ相談のための集団力学（グループダイナミックス）の講座，個人相談のための教育指導学（カウンセリング）の講座が新設された。また，それまでの各大学の学生相談室とは別の施設として制度化された保健管理センターの第 1 号が九州大学に設置された。東京大学教育学部に臨床心理学の講座ができるのは 1967 年（佐治守夫），同じく京都大学教育学部にできるのは 1972 年（河合隼雄）のことであった。

1960 年代には，吉本伊信が開発した内観療法は，日本独自の心理療法として臨床の場で使用されるようになり，1978 年には日本内観学会が発足した。また 1960 年代半ばには，成瀬悟策によってやはり日本独自の動作法が開発され，それをさまざまな領域や対象に用いる場合には臨床動作法と呼ぶようになった。資格問題については，日本応用心理学会は，1951 年から 1953 年にかけてわが国の資格問題の最初の公式活動として，「指導教諭（カウンセラー）設置に関する建議案」を衆議院・参議院に提出し採択されている。1954 年の第 17 回大会では，「心理技術者養成の諸問題」というシンポジウムが開催された。1955 年の第 18 回大会では，特別委員会で作成された「心理技術者の養成に関する意見書と心理技術者養成教育課程案」が提出された。1960 年には心理技術者養成教育課程の改定案が出された。また「心理技術者倫理綱領（草案）」が示された。1962 年には「心理技術者資格認定案起草委員会」が成立した。1963 年 12 月には日本心理学会，日本応用心理学会，日本教育心理学会（1952 年創設）を始め 17 団体が参加し，「心理技術者資格認定機関設立準備協議会」（後の準備会）が開催された。委員長は日本応用心理学会の児玉省である。

1964 年には（後述の）日本臨床心理学会が設立され，この準備会に参加した。1966 年 7 月に「心理技術者資格認定機関設立準備会最終報告」が提出された。そこでは，名称は「臨床心理士」のほか「心理技術者（士，師）」「臨床心理技師」

「心理士」といろいろ案が出されているが，確定はしていない。その定義は，「教育，医療，精神衛生，犯罪，矯正，社会（児童）福祉の領域において心理学的な学識，技術をもって臨床的活動に従事するものであって，心理技術者資格認定機関が認定する手続きにしたがって，その資格を認められたもの」となっている。

Ⅲ　「日本臨床心理学会」の設立（1964 年）と紛糾，そして“冬の時代”

1．「日本臨床心理学会」の設立と紛糾

1962 年ごろから臨床心理学関係者の間では全国規模の学会設立の機運が高まり，1964 年 6 月に「日本臨床心理学会」の設立総会が開かれ，理事長を戸川行男（早稲田大学教授）とし，事務局は早稲田大学文学部心理学実験室内，職能局は水口病院臨床心理科内（大塚義孝が在籍），研究局は国立精神衛生研究所（佐治守夫らが在籍），編集局は京都大学教育学部心理教育相談室内に置かれた。翌 1965 年の 10 月には正会員が 948 名となり，第 1 回学会大会が京都女子大学で開催された。これを記念して出版された『臨床心理学の進歩』（1966 年版，誠信書房）は，戦後 20 年間に蓄積されてきた学問的成果が収録された。学会誌『臨床心理学研究』も発行された。

資格問題について日本臨床心理学会は，心理技術者資格認定機関設立準備会の線に沿って，臨床心理技術者の資格認定制度を設けようとした。そこで現任研修会を各地で開催したり，スーパーバイザー研修会を実施したりした。しかしこのような動向は，1960 年代後半の大学教育体制や精神科医療体制への批判，臨床心理学の研究体制や実践活動に対する批判といった社会状況の中で，痛烈な反発を引き起こした。1969 年の名古屋大学での第 5 回大会では，2 日目から研究発表は全て中止され，公開理事会は紛糾した。1970 年の九州大学での第 6 回大会では，学会スケジュールは全て取りやめられ，全体集会に終始した（修士課程 1 年生であった筆者は会場での凄まじいやり取りを直接見た）。1971 年の東京家政大学での第 7 回大会では，最初から理事会追及の全体集会となり，理事会は崩壊した。

その後，多数の資格推進の人達はこの学会を離れた。そして残った人たちを中心にこの学会はアカデミックな会というより運動体となった。現在の会員数は約 300 人である。1971 年には学会改革委員会が設立され，新たな学会運営が行われるようになった。

2．“冬の時代”

1971 年以後，1982 年に日本心理臨床学会が設立されるまでの間，資格推進の人達にとっては“冬の時代”に突入することになった。ただこの 10 年あまりの冬の時代にも，臨床心理学の火はあちこちで灯し続けられた。

例えば，九州では 1972 年に「九州臨床心理学会」が設立され，毎年，九州各県を巡りながら学会大会を開催し続け，現在でも続いている。しばらくは２泊３日の合宿での大会であったが，そのうち３日間の通いとなった。最近は２日間の通いとなっている。ワークショップ，事例研究，自主シンポジウム，大会企画講演，大会企画シンポジウム，交流会等が行われている。参加者は現場の人たちが多い。

大学院生レベルでは，1974 年に京都大学，広島大学が合同事例検討会を始め，1975 年から九州大学が加わり，さらにその後に東京大学，名古屋大学が加わり，各大学を会場に５大学院事例検討会が続けられ，現在も続いている。２泊３日の合宿で行われている。この会への参加は相互研鑽になるとともに，参加者同士のネットワークが広がることにもなっている。

臨床心理学関係者のエネルギーが次第に蓄積されてきた 1979 年には，名古屋で全国から心理臨床家が集まり第１回の「心理臨床家の集い」が開かれた。1980 年には，東京で第２回が，そして 1981 年には大津で第３回が開催された。２泊３日の合宿では，事例検討が熱心に行われた。

冬の時代にあって，明るいトピックは，1980 年に文部省から京都大学教育学部附属心理教育相談室がクライエントに有料で心理業務を行うことを認可されたことである。これは心理臨床家の高等教育機関での臨床教育を保証するという画期的な意味があった。

Ⅳ　「日本心理臨床学会」の設立（1982 年）と民間資格「臨床心理士」の誕生（1988 年）

1981 年 12 月の大津での第３回心理臨床家の集い（参加者 627 名）の成果を踏まえ，翌 1982 年４月に，社会運動体の様相を呈していた日本臨床心理学会とは別に，「日本心理臨床学会」（初代理事長は成瀬悟策／九州大学教授）が設立された。主な推進者は，河合隼雄，佐治守夫，大塚義孝，村上英治，村瀬孝雄，水島恵一，鑪幹八郎，前田重治，田畑治，馬場禮子，村山正治らである。同年の 10

月に第1回学会大会が九州大学で開催された（会員数 1,099 名，参加者 757 名。ちなみに 2022 年9月末の会員数は約3万人）。1983 年には学会誌『心理臨床学研究』が創刊された。また学会監修による『心理臨床ケース研究』（1983-1988，誠信書房）も刊行された。

会員からの国家資格を求める要望は強く，1985 年には「資格問題特別委員会」が発足した。1986 年には資格問題説明会が開催された。しかし，当時は民活を大事にする風潮が強く，国家資格化を実現するのは極めて困難な状況であった。そこで 1988 年3月に，日本心理臨床学会を含む 16 団体（日本心理臨床学会，日本行動療法学会，日本家族心理学会，日本箱庭療法学会，日本内観学会，日本犯罪心理学会，日本芸術療法学会，日本リハビリティション心理学会，日本学生相談学会，日本催眠医学心理学会，日本家族研究・家族療法学会，日本交流分析学会，日本自律訓練学会，産業・組織心理学会，日本カウンセリング学会，日本生理心理学会）の協賛，関連機関（文部省，厚生省，日本精神科病院協会等）の協力を得て，「日本臨床心理士資格認定協会」が発足し，国家資格に向けての一階梯として，民間資格「臨床心理士」を認定することになった。会頭は文部事務次官であった木田宏，専務理事は大塚義孝である。この協会はその後，財団法人となり，さらに公益財団法人となっている。1988 年認定の臨床心理士第1号は成瀬悟策で，2022 年4月現在では 39,576 名が認定されている。

臨床心理士は，医療・保健，福祉，教育，司法・矯正，産業，地域社会，私設心理相談等で活躍してきた。また，スクールカウンセリング，エイズ・カウンセリング，被害者支援カウンセリング（災害被害者，犯罪被害者，児童虐待，少年事件），子育て支援，高齢者支援，自衛隊，刑務所等でも貢献してきた。

日本臨床心理士資格認定協会設立後，翌 1989 年には職能団体として「日本臨床心理士会」（初代会長は河合隼雄）が設立された。2022 年 10 月末の会員数は 22,257 名である。さらに 2001 年には臨床心理士を養成する大学院の組織として「日本臨床心理士養成大学院協議会」（初代会長は樋口和彦）が発足した。2022 年 12 月の会員校は 164 大学院である。

ちなみに 1990 年代は，厚生省（当時）は診療補助職としての心理職の国家資格化を検討している。1990 年 12 月から「臨床心理技術者業務資格制度検討会」を開始した。1996 年からは厚生科学研究「臨床心理技術者の資格のあり方に関する研究」へと形を変えて 2002 年まで続けられた。

Ⅴ　国家資格化を目指す動向

１．“二資格一法案”の頓挫（2005 年）

2005 年には，大学院修了の臨床心理士をモデルとした国家資格を要望する「臨床心理職国家資格推進連絡協議会」（推進連：初代会長は鑪幹八郎）と学部卒の医療領域限定の医療心理師を作ろうとする「医療心理師国家資格制度推進協議会」（推進協：初代会長は織田正美）が激しく対立した。そこで“二資格一法案”（「臨床心理士及び医療心理師法案」）という形でまとめられ，上程の動きが起きたが，一部の医療団体の反対，郵政民営化問題での国会解散（第２次小泉改造内閣，郵政解散）で頓挫することになった。

日本心理臨床学会では，2006 年には資格問題の国際シンポジウムの開催，資格問題の集会開催を行った。2007 年以降は毎年，資格関連委員会企画シンポジウムが開催された。

２．「三団体要望書」（2011 年）を起点とする国家資格化の要望

2008 年初頭から推進連と推進協の間で，国家資格化についての協議が行われた。2008 年 12 月には「日本心理学諸学会連合」（日心連：会長は市川伸一）が国家資格化を目指すことを決定した。そして 2009 年１月から，推進連（23 構成団体），推進協（25 構成団体），日心連（45 構成団体）は三団体会談（推進連＝鶴光代会長，奥村茉利子事務局長／推進協＝織田正美会長，宮脇稔副会長／日心連＝市川伸一理事長，野島一彦副理事長）が頻繁に開かれた。また精神科医療団体と日本臨床心理士会との接触も行われた。

三団体会談は，2011 年 10 月に心理職の国家資格化を求める「三団体要望書」を作成し，約 700 名の国会議員全員に届けた。これを起点として国家資格化の動きは急速に活発化した。

2014 年６月には「公認心理師法案」が衆議院に提出された。しかし，同年 11 月の衆議院の解散（第２次安倍改造内閣，アベノミクス解散）で廃案になった。

その後も三団体は粘り強く国家資格化への運動を展開した。

Ⅵ　国家資格「公認心理師法」の成立（2015 年）以後

2015 年７月に「公認心理師法案」は衆議院に再提出され，同年９月に衆議院

文部科学委員会，衆議院本会議，参議院文教科学委員会，参議院本会議において可決され，成立した。同年9月16日に官報で公布された。

2016年4月に指定試験機関として「日本心理研修センター」が指定された。

2016年11月～2017年3月に「公認心理師カリキュラム等検討会」（座長は北村聖）がワーキングチームの会合を含めて13回開催された。そこでは，①公認心理師のカリキュラム等に関する基本的な考え方について，②「公認心理師のカリキュラム等に関する基本的な考え方」を踏まえたカリキュラムの到達目標，③大学及び大学院における必要な科目の考え方について，④大学及び大学院における必要な科目，⑤公認心理師法第7条第2号に係る実務経験について，⑥受験資格の特例において規定する科目について，⑦公認心理師法附則第2条第2項に定める者（いわゆる現任者）について，⑧公認心理師試験について，⑨公認心理師法における「その他その者に準ずるもの」について，取りまとめられている。

2017年9月15日に公認心理師法が施行され，同年11月に指定登録機関として日本心理研修センターが指定された。

2018年2月～5月には附則第2条第2項に定める者（いわゆる現任者）を対象としたいわゆる“Gコース”で経過措置の国家試験を受ける人に必須の「現任者講習会」が開催された。

2018年4月から大学，大学院等で正規の公認心理師養成がスタートした。

2018年9月9日に第1回目の国家試験が行われ，公認心理師第1号が誕生した。

2022（令和4）年7月17日には，経過措置の最終回となる第5回目の試験が行われた。ちなみにこれまでの5回の試験の合格者総数は72,133人である。

Ⅶ　今後の臨床心理学

1.「臨床心理士」と「公認心理師」の併存

このたび国家資格「公認心理師」が誕生したのは，国家資格に向けての一階梯としての民間資格「臨床心理士」の1988年以来約30年の歴史と実績があったからこそと言えよう。2018年から公認心理師の養成が始まったが，臨床心理士の養成も継続されている。つまり，2つの資格は併存することになっている。そのため現在は，臨床心理士資格のみの人，臨床心理士と公認心理師のダブル資格の人，公認心理師資格のみの人の3タイプが存在することになっている。

２．臨床心理学のさらなる充実発展の必要性

これまでは臨床心理学は主に臨床心理士と密接な関係があったが，公認心理師ができたことにより，これからは公認心理師にも深くコミットしていくことになる。学問としての臨床心理学が長年にわたり蓄積してきた心理臨床実践に関わる知見と技法を，国家資格を得た公認心理師のために，さらに充実発展させていくことが必要である。そうすることが「国民の心の健康の保持増進に寄与」する公認心理師のクオリティを高めることにつながる。

ちなみに公認心理師に求められるクオリティは，野島（2016）によれば，大きく４種類である。

1）**臨床力**：心理臨床実践場面における見立てと手立ての能力のことであり，これは講義・講演や読書による認知的学習，ロールプレイ，臨床経験の蓄積，スーパービジョンやケースカンファレンスでの経験の検討等を通して身につけることができよう。

2）**教育力**：先輩が後輩を指導する場面（アドバイス，スーパービジョン，ケースカンファレンスでのコメント等），心理教育的な場面（一般人を対象，心の問題を持つ人を対象等）での教える能力のことである。

3）**研究力**：臨床力を高めるために必要である。単に心理臨床実践経験を積み重ねるだけでは限界がある。例えば，自分の心理臨床実践経験について事例研究を行うことで，見立てと手立てについて新たな気づきが得られることが多い。また研究は自分のためにもなるが，それを研究発表，研究論文として公表することで，他の人のためにも役に立つ。また研究の成果は教育にも生かしていくことができる。

4）**連携力**：公認心理師法では特に「連携等」という項を立てて，第 42 条第 1 項で「公認心理師は，その業務を行うに当たっては，その担当する者に対し，保健医療，福祉，教育等が密接な連携の下で総合的かつ適切に提供されるよう，これらを提供する者その他の関係者等との連携を保たなければならない」と規定している。クライエントはさまざまな職種の支援を受け，また関係者との関係の中で生活している。名称独占の公認心理師はこうした社会的な環境を前提にして，適切な役割を果たしてゆくことが必要である。

3．「基礎心理学」と「臨床心理学」の有機的連携の必要性

臨床心理士養成では，臨床心理学が中心であるが，公認心理師の大学での養成では基礎心理学の科目がかなり多く入っている。従来の臨床心理学養成では基礎心理学は必須ではなかったので，これは大きな特色である。このようになったことには積極的な意義があると思われる。医学では基礎医学と臨床医学の両方を学んで医師になっていくことを考えれば，基礎心理学と臨床心理学の両方を学んで公認心理師になっていくことは合理的と言えよう。今後はこれを契機に，基礎心理学と臨床心理学の有機的な連携をしていくことが必要である。

◆学習チェック表

- □　第二次世界大戦敗戦後のわが国の臨床心理学の誕生について理解した。
- □　日本臨床心理学会の設立と紛糾について理解した。
- □　日本心理臨床学会の設立と臨床心理士の誕生について理解した。
- □　公認心理師の誕生について理解した。

より深めるための推薦図書

野島一彦編（2016）公認心理師への期待―知識と技術．日本評論社．

岡堂哲雄編（1996）新版 心理臨床入門．新曜社．

文　　献

成瀬悟策（2011）日本の臨床心理学の歴史．In：日本心理臨床学会編：心理臨床学事典．丸善，pp.12-15.

野島一彦（1995）臨床心理学とは．In：野島一彦編：臨床心理学への招待．ミネルヴァ書房，pp.2-9.

野島一彦（2016）本学会と心理職の国家資格化．心理臨床学研究，34(1); 1-3.

恩田彰（2006）日本応用心理学会における心理臨床に関する活動．心理臨床学研究，24（特別号）; 79-81.

大塚義孝（2004）日本の臨床心理学小史．In：大塚義孝編：臨床心理学原論．誠信書房，pp.121-147.

津川律子（2012）序論．In：日本臨床心理士会監修：臨床心理士のための医療保健領域における心理臨床．遠見書房，pp.11-21.

第2章

世界の臨床心理学

岡村達也

Keywords　ウィトマー，専門職，クレペリン，ビネー，ロールシャッハ，フロイト，ウォルピ，ロジャーズ，アイゼンク，スミスとグラス

古代ギリシアはソクラテスの同時代人にして“医学の父”ヒポクラテス（Hippocrates）は言った。「この疾病は他にくらべてなんら神業ではなく，他のものと同様に自然的原因をもっている。他と少しも劣ることなく治癒可能なのである」（小川訳，1963，p.43）。この疾病とは当時の「神聖病」であり，かつては精神疾患に分類されたこともある今日の「てんかん」である。ともあれ，精神疾患は悪魔憑きなど超自然的原因によるのではなく自然的原因によるとの洞察である。19 世紀末はフランスの神経病学者シャルコー（Charcot, J. -M. 1825-1893）は，当時のヒステリー（今日の「変換症」）に心因を見，治療に暗示と催眠を用いた。何と言っても今日の心理療法の起源に位置するのは精神分析の創始者フロイト（Freud, S. 1856-1939）だが，フロイトは 1885 年にシャルコーのもとに留学している。自然的原因の措定，そして心因の措定——これらが重要な前史である。

以下では，「専門職（profession）」としての臨床心理学，その基本技能である「心理的アセスメント」（本シリーズ 14 巻）のうち心理検査，「心理学的支援法」（同 15 巻）のうち心理療法の三大学派に焦点を当て，起源の特定に意を用いながら，大きな流れを記す[注1)]。その際，1879 年，ドイツのヴント（Wundt, W. 1832-1920）によって“科学的心理学”が発足したとされることは心理学史の常識とする。

注１）主たるリソースは Baker & Benjamin （2014）を始めとするベンジャミン（Bejamin, L. T. Jr. ）の心理学史，Norcross, VandenBos & Freedheim （2016），また，その５巻１章「臨床心理学の学部教育」で参照される６点の「臨床心理学入門テキスト」のうち，DSM-5（2013 年）以降改訂のある Hunsley & Lee（2017）, Pomerantz（2017）である。アメリカ中心の一事例的記述となる。事項解説は抑え，本巻他章，本シリーズ他巻に譲った。そのため，以下の叙述は初学者には“無意味綴り”になるかもしれない。

I　「臨床心理学」の起源：ウィトマー

1892年，ウィトマー（Witmer, L. 1867-1956）はそのヴントの下で学位取得後，師キャッテル（Cattell, J. M. 1860-1944）からペンシルベニア大学の心理学実験室を引き継ぎ，また，同年ホール（Hall, G. S. 1844-1924）によって設立されることとなるアメリカ心理学会（American Psychological Association; APA）の発起人の1人となった。

1896年のことである。ウィトマーの受講生だった学校教師が14歳の男子を連れてきた。今日の「書字表出障害」を持っていた。教師が言うには，これは心理的問題であり，心理学は心の科学なのだから，この子を助けることができなければならない。これにウィトマーは成功した。科学的心理学の初めての“応用”である。そして同年，おそらく世界最初の「心理クリニック（Psychological Clinic）」を開設し，10年後の1907年には雑誌『心理クリニック』を創刊した[注2)]。その巻頭論文「臨床心理学（Clinical psycholigy）」（Witmer, 1907）のタイトルによって，その命名者とされる[注3)]。心理クリニックの開設，学習や行動の問題を持つ児童青年への心理学的支援，臨床心理学の訓練プログラムを述べたこと――これらを以てウィトマーは“臨床心理学の父”“学校心理学の父”とされる[注4)]。

注2）臨床心理学関連の最初の専門誌は『ミス・ビーチャムあるいは失われた自己（*The Dissociation of a Personality*）』（中央洋書出版部，原著1905）で知られる神経学者プリンス（Prince, M. 1854-1929）が1906年に創刊した*Journal of Abnormal Psychology*である。

注3）今日の心理学の一分野としての臨床心理学と言うより，“哲学的”心理学，“実験”心理学に対して，方法論として“臨床的方法”を提言するものであり，亀口（2016）はこれを「臨床的心理学」と訳している。

臨床心理学という言葉だけなら，フロイトのフリース宛（Fliess, W. 1858-1928），1899年1月30日付書簡に見ることができる。曰く，「今混沌から生まれつつあるのは，『ヒステリー研究』［人文書院など，原著1895］で述べた心理との結びつき――葛藤との関係，生活との関係です。臨床心理学とこれを呼びたいです」（Masson, 1985, p.342）。

注4）臨床心理学をタイトルとする邦人最初の書籍は戸川行男編『臨床心理学』（金子書房，1952）である。取り上げられているのは，問題性質と問題行動，不良児，学業不振児，精神遅滞児，優秀児，虚弱児・神経質児，盲児と弱視児，聾児・難聴，肢体不自由児，言語障害の10であり，本邦臨床心理学も今日の学校心理学から始まったと言えよう。

戸川も参照し，世界最初の臨床心理学書とされるLouttit, C. M.（1936）*Clinical Psychology: A Handbook of Children's Problem Behaviors*. Harper. も副題から察せられるように類同である。

II　「専門職」としての臨床心理学の成立史

1．第一次世界大戦と心理学への国家的需要：「心理検査者」としての確立

それから 10 年後の 1917 年，アメリカは第一次世界大戦（1914-1918）に参戦することとなる。心理学者に求められたのは，兵士の知能と職務配置についての２つのアセスメントだった。前者を担ったのが当時 APA 会長ヤーキーズ（Yerkes, R. 1876-1956）であり，後者を担ったのがその後心理学者による最初のコンサルティング会社を設立したスコット（Scott, R. M. 1869-1955）である。前者によって作られたのが最初の集団式知能検査，アーミー・テスト（Army Test）である。もう１つ，シェル・ショック（shell shock，砲弾ショック；今日の心的外傷後ストレス障害, PTSD）への対応があった[注5)]。ウッドワース（Woodworth, R. S. 1869-1962）によって，おそらく最初の質問紙法パーソナリティ検査（Personal Data Sheet）が作られた。

検査作成ならびに個人差測定における心理学の技能が認められることとなったが，かえってこのために臨床心理学の主要機能がその後しばらく心理アセスメントに限定されることとなった面もある。

2．「専門職」確立への動き

同じ 1917 年，臨床心理学者最初の専門職組織「アメリカ臨床心理学者協会（American Association of Clinical Psychologists; AACP）」が設立され，似非心理学者や“素人ビネー検査者（amateur Binet tester）”との差別化が図られた。ここに言う臨床心理学者は当時のコンサルティング心理学者（consulting psychologist）と同義で，臨床・検査・助言などを行う心理学者一般を指した。第一次世界大戦後の 1919 年，押されたかのように APA は「臨床部門（Clinical Section）」を創設し，1921 年には「コンサルティング心理学者」の認定を始めたが，認定を受ける者は 25 人にすぎず，認定は停止された。これを受けるかのように 1930 年，専門職心理学（professional psychology）最初の全国組織「コンサルティング心理学者協会（Association for Consulting Psychologists; ACP）」が設立され，1933 年

注５）シェル・ショックは 1915 年，イギリスの医師マイヤーズ（Myers, C. S. 1873-1946）の論文が初出。兵士たちが使っていた言葉だという。300 人以上のイギリス連邦兵士が臆病や脱走の廉で処刑された。多くは PTSD であったはずである。イギリス議会による恩赦は何と 2006 年！

には初めての「倫理綱領」が出された。1937年には，初めての専門職心理学誌，*Journal of Consulting Psychology*（現在*Journal of Consulting and Clinical Psychology*）を創刊したが，同年，APAの「臨床部門」とともに解散し，「アメリカ応用心理学会（American Association for Applied Psychology; AAAP）」が設立され，雑誌はAAAPに引き継がれた。AAAPは「臨床」「コンサルティング」「教育」「ビジネス・産業」の4部会から成った。

専門職には「資格・免許」「倫理綱領」「専門誌」「全国組織」「訓練プログラム」の5つが必要だが，この時期，そのうちの前者4つの動きがあった。訓練プログラムは第二次世界大戦後の1949年になる。

3．第二次世界大戦と臨床心理学への国家的需要：「心理療法」への展開

ほどなく第二次世界大戦（1939-1945）が勃発する。何と言っても臨床心理学を大きくしたのはこの大戦である。1942年，連邦政府は復員軍人援護局（Veterans Administration; VA，1989年Department of Veterans Affairsに改称）と合衆国公衆衛生局（United States Public Health Service; USPHS）に，メンタルヘルスの専門家の確保を命じた。心理療法を医師の専権事項としていたのでは数が足りない。臨床心理学者を確保せよ！　USPHSは大学での訓練に，VAは実習・インターンシップに，それぞれ資金を提供した。「戦時中400人以上の臨床心理学者が軍の神経精神科で働いていた。大多数が少なくとも業務の一部として心理療法を行っていた。これが分岐点だった。パリを見たのだ。最早農場には戻れない。軍によって扉は大きく開かれ，精神医学がそれを閉じることは不可能だった」（Baker & Benjamin, 2014, p.81）。こうして心理療法への道が開かれた。

戦時中，連邦政府から，国益のため心理学組織が1つにまとまるよう要請されていたことを受け，1945年，APAとAAAPは新APAとして再編される。APAの目的に，これまでの科学（science）としての心理学に，専門職（profession），福祉増進手段（means of promoting human welfare）としての心理学の2つが加えられた。新APAはAAAPの部会制を取り入れ，臨床心理学は第12部会（Division of Clinical Psychology，1998年Society of Clinical Psychologyに改称）となり，APAにおいてようやくその地位を確立した。

4．ボールダー会議：「専門職」としての臨床心理学の確立

1949年，国立精神保健研究所（National Institute of Mental Health; NIMH）の資金提供により，臨床心理学者の訓練モデルの合意形成のための会議が開かれ

た。ここで生まれたのが「科学者－実践家モデル（scientist-practitioner model）」である。開催地にちなみ「ボールダー・モデル（Boulder model）」とも言われる（Raimy, 1950；本巻３章「臨床心理学の定義・理念・体系」）。1945 年にはコネティカット州で資格認定（certification），1946 年にはバージニア州で免許交付（licensure）も始まっており，専門職としての臨床心理学が確立した[注6]。

Ⅲ　心理的アセスメントの展開：診断体系と心理検査[注7]

すでに見たように，臨床心理学は第二次世界大戦までは心理的アセスメントを主としていた。その発端にあるのが，ダーウィンの従弟にして個人差研究の発端に位置するイギリスのゴールトン（Galton, F. 1822-1911），ヴントによる感覚・知覚研究，ヴント初のアメリカ人学生にしてヴントの初代助手，そしてゴールトンの影響を受けて 1890 年にメンタルテスト（mental test）の造語をもたらしたキャッテルである。

今日の臨床心理学に大きくつながるものとして，ヴントの下でも学んだドイツの精神医学者クレペリン（Kraepelin, E. 1856-1926）と，フランスの心理学者ビネー（Binet, A. 1857-1911）を欠くことはできない。

１．診断体系

“記述精神医学の父”クレペリンは，共変する症状（symptom）の群を症候群（syndrome）と呼び，1899 年の『精神医学教科書　第６版』（みすず書房版は第８版）で「早発性痴呆（dementia praecox：今日の統合失調症）」と「躁うつ病（今日の双極性障害）」という疾患単位（clinical entity）を確立した。症状群と

注６）1917 年の AACP 設立から 1949 年まで 32 年。本邦では 1982 年の日本心理臨床学会設立から 2015 年の公認心理師法公布まで 33 年。彼我ともに専門職確立に一世代有余を要した。なお，certification は「名称独占」であり，licensure は「名称独占」＋「業務独占」である。これまでの民間資格「臨床心理士」は当然のこと，国家資格「公認心理師」も前者であり，医師や弁護士などと同様，後者になることが次の階梯である。道は開けたばかりであり，引き続き一人ひとりの公認心理師の尽力が必要とされている。

注７）心理的アセスメントの方法論は「面接」「観察」「検査」の３つから成るが，アセスメントの際の参照基準の１つと，代表的な心理検査の起源に記述を限る。また，心理検査は「知能検査・発達検査」「パーソナリティ検査」「神経心理学的検査」の３つから成るが，知能検査とパーソナリティ検査に限る。パーソナリティ検査は「質問紙法」「投映法」「作業検査法」の３つから成るが，質問紙法と投映法に限る。投映法には多様な「描画法」があるが，これにはふれない。詳細は 14 巻『心理的アセスメント』。

いう考え方は今日のアメリカ精神医学会の DSM-5-TR（Diagnostic and Statistical Manual of Mental Disorders [5th ed, text revision], 2022），世界保健機関の ICD-11（International Statistical Classification of Diseases and Related Health Problems [11th ed.], 2018 年公表，2019 年採択，2022 年発効，第６章「精神，行動，神経発達の疾患」）に引き継がれており，心理的アセスメントの重要な参照基準の１つである（本シリーズ 22 巻「精神疾患とその治療」２章「精神医学診断体系」）。

２．知能検査

ほぼ同じ頃の 1905 年，ビネーは世界最初の知能検査を作った。最初，知的障害児の発見とその評価を目的とするものだったが（「異常児の知的水準を診断するための新しい方法」），1908 年には子ども一般の知能および知能発達の評価を目指すものとなった（「児童における知能の発達」：いずれも『知能の発達と評価』福村出版所収）。これを受け，1916 年，ターマン（Terman, L. 1877-1956）がスタンフォード・ビネー知能検査（Stanford-Binet Intelligence Scale）を出版した。本邦ではこれをもとに今日の「改訂版　鈴木ビネー知能検査」（2007, 初版 1930），「田中ビネー知能検査Ｖ」（2003，初版 1947）が作られた。

すでに見たように，スタンフォード・ビネー知能検査公表の翌年 1917 年，アメリカは第一次世界大戦に参戦し，短期間に大量の兵士を選抜する必要が生じ，当時 APA 会長だったヤーキーズの下，ターマンらによってアーミー・テストが作られた。言語を使用する α 検査，言語を使用しない β 検査の２つから成り，言語性／動作性の別ならびに集団式の２点において最初の知能検査である。

それから 20 年後の 1937 年にスタンフォード・ビネー知能検査が改訂された直後の 1939 年，最初の成人用知能検査が現れた。ウェクスラー（Wechsler, D. 1896-1981）によるウェクスラー式知能検査（Wechsler-Belvue Intelligence Scale, 1955 年に WAIS）である（アーミー・テストを継承し，言語性検査／動作性検査から成る）。1949 年には児童用（WISC），1967 年には幼児用（WPPSI）が出版され，本邦最新版は WPPSI- Ⅲ（2017），WISC-V（2021），WAIS-IV（2018）である。

３．パーソナリティ検査

パーソナリティ検査に目を転じる。おそらく臨床心理学者が最初に使用した投映法は 1906 年のユング（Jung, C. G. 1875-1961）による言語連想検査である（『診断学的連想研究』人文書院，『連想実験』みすず書房）。同じくおそらく最初

の質問紙法は，すでに見たように，1919 年のウッドワースによる Personal Data Sheet である。シェル・ショックになりやすい兵士のスクリーニングを目的とするものだったが，今日で言えば神経症的傾向（neuroticism）の尺度だった。

今日にまで及ぶものとして，投映法では，1921 年のスイスの精神科医ロールシャッハ（Rorschach, H. 1884-1922）によるロールシャッハ・テスト（『精神診断学』金子書房），1935 年のマレー（Murray, H. A. 1893-1988）による TAT（Thematic Apperception Test，主題統覚検査）がある。投映法は，心理検査者としての臨床心理学者の役割は変えなかったが，結果数値の単なる " 報告者 " から " 解釈者 " へとそのイメージを変え，" 診断 " への関与を生じさせることとなった。質問紙法では，1943 年のハサウェー（Hathaway, S. R. 1903-1984）による MMPI（Minnesota Multiphasic Personality Inventory；ミネソタ多面的人格目録）（MMPI-3, 2020；日本版，2022）が心理検査の４要件（標準化，信頼性，妥当性，規準）を顧慮した，今日も使用されている最初の質問紙法と言っていい。

知能検査によって心理検査者として確立した臨床心理学者だが，知能検査からパーソナリティ検査への展開，とりわけ投映法によって，単なる " 報告者 " から " 解釈者 " への展開，すなわち " 診断 " への関与の展開が見られた。次は " 心理療法 " への展開である。

Ⅳ　心理学的支援法の展開：心理療法[注8)]

１. 三大心理療法の成立

すでに述べたように，何と言っても今日の心理療法はフロイトの精神分析（Psychoanalysis）に始まる。1900 年（実際は 1899 年 11 月４日）の『夢判断』（人文書院など）を画期とする。ユングの分析心理学（Analytical Psychology），アドラー（Adler, A. 1870-1937）の個人心理学（Individual Psychology）は分派である（ユングは 1907 年参加，1914 年離反。アドラーは 1902 年参加，1911 年離反）。精神分析内部では，フロイトの欲動心理学（drive psychology）に加え，自我心理学（ego psychology），対象関係論（object relations theory），自己心理学（self psychology）が展開し，遡ってアメリカ固有では対人関係論（interpersonal theory），フランス固有ではラカン派（Lacanian）が展開する（本巻４章「精神分

注８）「心理学的支援法」（本シリーズ 15 巻）の幅は広い。ここでは「心理療法」（同巻１部）に限ることとし，しかも「精神分析」「行動療法・認知行動療法」「クライエント中心療法」に限ることとする（他も併せ詳細は本書第２部「臨床心理学の代表的な基礎理論」）。

析的アプローチ」，５章「分析心理学的アプローチ」)。

精神分析の国際的展開に当たって絶対的に重要だったことの１つに，1909 年，ホールの招聘に応じたフロイトの，アメリカでの連続講演がある（Freud, 1910）(もう１つは第二次世界大戦時, ナチスから逃れる精神分析家の旧大陸から新大陸への移動)。本邦心理学の開基，元良（もとら）勇次郎（1858-1912）はホールの下で学位を取得しているが（1888 年)，1909 年のフロイト講演の際の記念写真には元良の弟子２人が写っている。蛎瀬（かきせ）彦蔵と神田右京である。蛎瀬は 1911 年,「米国における最新心理学的問題の二三」（哲学雑誌，26; 495-507）でこの講演に言及しており，精神分析の本邦初紹介と思われる。

1909 年はまた，ロシアの生理学者パヴロフ（Pavlov, I. P. 1849-1936）の条件反射学（『大脳半球の働きについて』岩波文庫［原著 1927］）がアメリカで紹介された年でもある。1913 年, ワトソン（Watson, J. B. 1878-1958）は“行動主義宣言”を行い, 心理学の対象をこれまでの「意識」から「行動」に変えた。1920 年には，今日なら倫理的に許容されない“リトル･アルバート（little Albert）”の恐怖条件づけの実験を通じて，恐怖症を条件づけの原理で説明できることを示した(「条件情動反応」『行動療法と神経症』誠信書房)。1924 年, ジョーンズ（Jones, M. C. 1896-1987）はこの逆を行い，同じく条件づけの原理で恐怖症を消去できることを示した（Jones, 1924)。系統的脱感作（systematic desensitization）の先駆にして最初の行動療法（Behavior Therapy）とされ，“行動療法の母”とされる。系統的脱感作を完成させたのは南アフリカ出身の精神科医ウォルピ（Wolpe, J. 1915-1997）である。1958 年の『逆制止による心理療法』(誠信書房）によって行動療法展開の舞台が設えられた（本巻６章「行動論･認知論的アプローチ」)。

第二次世界大戦によって心理療法を行う臨床心理学への需要が格段に高まったことはすでに見たが，クライエント中心療法（Client-Centered Therapy）の創始者ロジャーズ（Rogers, C. R. 1902-1987）の『カウンセリングと心理療法』[注9]（岩崎学術出版社）が出版されたのは，まさにその最中，真珠湾攻撃の翌年 1942 年だった。「戦争遂行におけるカウンセリング」の一項がある。ロジャーズのアプローチはその後より包括的にパーソンセンタード・アプローチ（person-centered

注９）同書は「概観」「カウンセラーが当面する最初の問題」「カウンセリングの過程」「事例ハーバート･ブライアン」の４部から成り，第４部が世界初の全面接逐語記録の公開であることは著名だが，臨床心理学を冠する本邦初本は脚注４）の戸川本ではなく，１年先立つ 1951 年，本書第１部〜第３部が『臨床心理学』(創元社）と題して公刊されたものだった。本邦心理学者による心理療法はクライエント中心療法から始まったと言ってよい。

approach; PCA）と呼ばれるようになる（クライエント中心療法を含む「ヒューマニスティック・アプローチ」については本巻７章）。

２．アイゼンクによる心理療法批判からスミスとグラスによるメタ分析へ

ロジャーズの『カウンセリングと心理療法』から 10 年, ロジャーズの主著『クライアント中心療法』（岩崎学術出版社）出版の翌 1952 年, イギリスのアイゼンク（Eysenck, H. J. 1916-1997）による, 精神分析を中心とした心理療法に対する批判が出来（しゅったい）する（Eysenck, 1952）。行動療法に対置する心理療法批判であり，心理療法にとっては一大事件だった。心理療法の効果研究に火が点いた。

決着がついたのは四半世紀後の 1977 年，スミスとグラス（Smith & Glass, 1977）によるメタ分析（meta-analysis：本シリーズ５巻「心理学統計法」14 章「効果量と信頼区間，メタ分析」）によってだった。見出されたのは，１）心理療法は一般に効果がある, ２）多様な心理療法の効果は一般に等価である（ルイス・キャロル『不思議の国のアリス』の３章「コーカス・レース」にちなんで「ドードー鳥評定（Dodo Bird Verdict）」と言われる。本巻 10 章「統合的アプローチ」), ３）しかし特定の障害や問題に対してすぐれた療法がある，だった。アイゼンクはメタ分析を認めなかったが，メタ分析は今日，効果研究のゴールド・スタンダードとなった。

３．認知行動療法

同じ頃, 今日隆盛の認知行動療法（Cognitive Behavior (al) Therapy; CBT）の基礎が据えられる（心理学における「認知革命」（Gardner, 1985），心外過程（行動）から心理学元来の心内過程への転回がベースにあった）。エリス（Ellis, A. 1913-2007）の『理性感情行動療法（*Reason and Emotion in Psychotherapy, 2nd ed.*）』（金子書房［原著 1994］）の初版は 1962 年と早かったが, 1976 年には精神科医ベック（Beck, A. 1921-2021）の『認知療法（*Cognitive Therapy and the Emotional Disorders*）』（岩崎学術出版社），1977 年にはマイケンバウム（Meichenbaum, D. 1940-）の『認知行動療法（*Cognitive-Behavior Modification*）』（同朋舎，本書が “「認知行動」療法 ” の名を確定したか), 1979 年にはベックらによる治療マニュアル『うつ病の認知療法』（岩崎学術出版社）が出版された（“ マニュアル ” の最初か）（本巻６章）。

エンゲル（Engel, G. 1913-1999）の「生物・心理・社会モデル（biopsychosocial model）」も同じ頃提唱されている（Engel, 1977；本巻３章）。

４．実証的支持のある治療（EST）からエビデンスに基づく実践（EBP）へ

それから 10 年後の 1989 年，医療費削減と高品質医療提供を目的に「医療政策研究機構（Agency for Health Care Policy and Research; AHCPR，1999 年，医療研究・品質調査機構 Agency for Healthcare Research and Quality; AHRQ に改称）」が設立され，これを受けて 1993 年，アメリカ精神医学会はうつ病の治療ガイドラインを出版する（続いて，双極性障害，物質乱用，ニコチン依存，統合失調症のガイドラインを出版）。APA 第 12 部会は 1995 年，心理治療のガイドラインを出した（Task Force on Promotion and Dissemination of Psychological Procedures, 1995）。これが「実証的支持のある治療（empirically supported treatment; EST）」の始まりである（心理療法一般の効果が確認されたとすれば，進んで，特定の障害や問題に対してすぐれた治療の特定は必然である）。1998 年に確定したその基準（Chambless & Hollon, 1998）の見直しとそれによる各障害に対する各療法の再評価が 2015 年に始まっている（Tolin, McKay, Forman, Klonsky & Thombs, 2015；本巻３章）。

AHCPR 設立から 10 年後の 1997 年にカナダ出身の医学者サケット（Sackett, D. 1934-2015）らによる『Evidence-Based MEDICINE』（エルゼビア・サイエンス：２版，2000）が出版される。「エビデンスに基づく医療（EBM）」の提唱である。これを受けてそれからまた 10 年後の 2006 年，APA は「心理学におけるエビデンスに基づく実践（Evidence-based practice in psychology; EBPP）」[APA Presidential Task Force on Evidence-Based Practice, 2006]）を提唱する。かくて，「科学者－実践家モデル」（Raimy, 1950），「生物・心理・社会モデル」（Engel, 1977）と併せ，今日の臨床心理学（実践）の基盤を成す３つの理念（本巻３章）が出来した。

本邦においてはその 10 年後の 2015 年に公認心理師法が公布され，2018 年度からその養成が始まった。心理療法の営みの歴史は長い（Ellenberger, 1970）。それよりずっと臨床心理学の歴史は短い。専門職としての臨床心理学の歴史はさらに短い。この営み，この学，この職の新たな歴史を作るのは本書の読者たちである。

◆学習チェック表
- □　ウィトマーによる臨床心理学の起源について概説できる。
- □　専門職としての臨床心理学の成立史について概説できる。

- □　心理的アセスメント，特に心理検査の展開について概説できる。
- □　心理学的支援法，特に心理療法の三大学派の展開について概説できる。
- □　アイゼンクによる心理療法批判からスミスとグラスによるメタ分析へ，そして，実証的支持のある治療（EST）からエビデンスに基づく実践（EBP）への展開を概説できる。

より深めるための推薦図書

Baker, D. B., & Benjamin, L. T. Jr.（2014）*From séance to science: A history of the profession of psychology in America (2nd ed.).* University of Akron Press.［アメリカの専門職心理学史の読み物。「臨床心理学」「学校心理学」「産業・組織心理学」「カウンセリング心理学」の４つから成る］

Reisman, J. M.（1976）A history of clinical psychology. Irvington Publishers.（茨木俊夫訳（1982）臨床心理学の歴史．誠信書房.）［原著初版 1976（～ 1960 年代）の邦訳；原著２版 1991（～ 1980 年代)］

サトウタツヤ（2022）臨床心理学小史．筑摩書房．［あくまで「コンパクトな歴史的記述」の１つ］

下山晴彦・丹野義彦編（2001）講座臨床心理学１　臨床心理学とは何か．東京大学出版会．［１部「臨床心理学の専門性」は見識ある視角からの臨床心理学史。臨床心理学における臨床心理学史の意義も捕捉したい］

高砂美樹（2011）心理学史はじめの一歩．アルテ．［心理学史の簡潔な読み物。臨床心理学への目配りあり，心理学史の中の臨床心理学史も捕捉したい］

文　　献

APA Presidential Task Force on Evidence-Based Practice（2006）Evidence-based practice in psychology. *American Psychologist,* 61; 271-285.

Baker, D. B., & Benjamin, L. T. Jr.（2014）*From Séance to Science: A History of the Profession of Psychology in America (2nd ed.).* University of Akron Press.［1st ed. 2004］

Chambless, D. L. & Hollon, S. D.（1998）Defining empirically supported therapies. *Journal of Consulting and Clinical Psychology,* 66; 7-18.

Ellenberger, H. F.（1970）*The Discovery of the Unconscious: The History and Evolution of Dynamic Psychiatry.* Basic Books.（木村敏・中井久夫監訳（1980）無意識の発見―力動精神医学発達史（全２巻）．弘文堂.）

Engel, G. L.（1977）The need for a new medical model: A challenge for biomedicine. *Science,* 196; 129-136.［参考：渡辺俊之・小森康永（2014）バイオサイコソーシャルアプローチ．金剛出版.］

Eysenck, H. J.（1952）The effects of psychotherapy: An evaluation. *Journal of Consulting Psychology,* 16; 319-324.［参考：大原健士郎・清水信訳（1969）心理療法の効果．誠信書房．（原著 1966)］

Freud, S.（1910）The origin and development of psychoanalysis. *American Journal of Psychology,* 21; 181-218.（青木宏之訳（1983）精神分析について．In：高橋義孝ほか訳：フロイト著作集 10　文学・思想篇Ⅰ．人文書院，pp.139-175.）

Gardner, H.（1985）*The Mind's New Science: A History of Cognitive Revolution.* Basic Books.（佐伯

胖・海保博之監訳（1987）認知革命．産業図書.）
ヒポクラテス（小川政恭訳，1963）古い医術について．岩波書店.
Hunsley, J. & Lee, C. M.（2017）*Introduction to Clinical Psychology: An Evidence-based Approach, (4th ed.).* Wiley.
Jones, M. C.（1924）A laboratory study of fear: The case of Peter. *Pedagogical Seminary,* 31; 308-315.（杉本助男訳（1965）恐怖の実験室的研究．In：Eysenck, H. J. 編，異常行動研究会訳：行動療法と神経症．誠信書房，pp.57-66.［原著 1960］）
Masson, J. M. (Ed.)（1985）*The Complete Letters of Sigmund Freud to Wilhelm Fliess: 1887-1904.* Harvard University Press.（河田晃訳（2001）フロイト　フリースへの手紙　1887-1904．誠信書房［ドイツ語版 1986 の邦訳］.）
Norcross, J. C., VandenBos, G. R., & Freedheim, D. K. (Eds.)（2016）*APA Handbook of Clinical Psychology (Vols. 1-5).* American Psychological Association.［特に 1 巻 1 章「初期の臨床心理学史」，2 章「第二次世界大戦後の臨床心理学史」．全巻全章，当該史を含む］
Pomerantz, A. M.（2017）*Clinical Psychology: Sciences, Practices, and Culture, (4th ed.).* Sage.
Raimy, V. C. (Ed.)（1950）*Training in Clinical Psychology.* Prentice-Hall.
Smith, M. L. & Glass, G. V.（1977）Meta-analysis of psychotherapy: Outcome studies. *American Psychologist,* 32; 752-760.［参考：梶川達也・花村珠美訳（2007）自分のセラピストを選ぶこと．In：梶川達也監訳：心理学を変えた 40 の研究．ピアソン・エデュケーション，pp.326-333.（より完備した研究は Smith, M. L., Glass, G. V., & Miller, T. I.（1980）*The Benefits of Psychotherapy.* Johns Hopkins University Press.）］
Task Force on Promotion and Dissemination of Psychological Procedures（1995）Training in and dissemination of empirically-validated psychological treatments: Report and recommendations. *Clinical Psychologists,* 48; 2-23.
Tolin, D. F., McKay, D., Forman, E. M., Klonsky, E. D., & Thombs, B. D.（2015）Empirically supported treatment: Recommendations for a new model. *Clinical Psychology: Science and Practice,* 22; 317-338.
Witmer, L.（1907）Clinical psychology. *Psychological Clinic,* 1; 1-9.［邦訳所収：亀口公一（2016）臨床心理学の父・ウィトマーの「臨床的方法」とは何か．臨床心理学研究，53(2); 87-96.］

第3章

臨床心理学の定義・理念・体系

岡村達也

Keywords　臨床心理学の定義，科学者－実践家モデル（ボールダー・モデル），実践家－学者モデル（ベール・モデル），臨床科学者モデル，生物・心理・社会モデル（BPS モデル），実証的支持のある治療（EST），エビデンスに基づく治療（EBT），エビデンスに基づく実践（EBP），臨床心理学の体系

Ⅰ　臨床心理学の定義

現在（2022 年 10 月 4 日），アメリカ心理学会（American Psychological Association; APA）第 12 部会（臨床心理学部会；Society of Clinical Psychology）のウェブサイトにある“定義”とは異なるが，頻繁に引用される定義がある（例えば，Norcross, VandenBos & Freedheim, 2016；表１）。

ポイントを明示すると次のようになる。１）は，臨床心理学が「科学者－実践家モデル（scientist-practitioner model)」に基づくことを規定している。２）は，その対象と目的として，不適応・障害・悩みの，アセスメント・予防・治療を規定している。３）は，もう１つ，当然の対象と目的として，順応・適応・発達に

表１　What Is Clinical Psychology?

The field of Clinical Psychology integrates science, theory, and practice to understand, predict, and alleviate maladjustment, disability, and discomfort as well as to promote human adaptation, adjustment, and personal development. Clinical Psychology focuses on the intellectual, emotional, biological, psychological, social, and behavioral aspects of human functioning across the life span, in varying cultures, and at all socioeconomic levels.
分節化して記すと次のようになる（明確化のため，番号や「　」を付す）。 １）臨床心理学では「科学」「理論」「実践」を統合する。 ２）その目的は「不適応」「能力障害」「悩み」の「理解」「予測」「軽減」である。 ３）「人間の順応」「適応」「人格発達」の「促進」は言うまでもない。 ４）臨床心理学が着目するのは，人間機能のうち「知的」「情動的」「生物的」「心理的」「社会的」「行動的」側面である。 ５）しかも，全「生涯」「文化」「社会経済水準」にわたってのそれらである。

関する“心の健康教育”を規定している。４）は，その焦点は知・情・意すべてにわたること，そして「生物・心理・社会モデル（biopsychosocial model：BPSモデル）」に立つことを規定している。５）は，クライエントの多様性（diversity）に応じることを規定しており，３要素からなる「エビデンスに基づく実践（evidence-based Practice; EBP）」の，事柄の順序としてその第一要素である「患者の特質・文化・選択」に通じる。

臨床心理学の体系という点からは次のようになる，１），４），５）では，臨床心理学の３つの理念（科学者－実践家モデル，生物・心理・社会モデル，エビデンスに基づく実践）が規定され，２），３）では，臨床心理学の対象は“正常”も“異常”も含むことを規定した上で，実践方法論として「アセスメント」（本シリーズ14巻『心理的アセスメント』），「予防」（22巻『精神疾患とその治療』15章「予防と早期介入」），「治療」（15巻『心理学的支援法』１部「心理療法」）の３つを規定し，さらに“心の健康教育”（15巻10章「心の健康教育と予防教育」）を規定している。

以下，まず臨床心理学の３つの理念について述べ，次に臨床心理学の体系について述べる。

II　臨床心理学の基礎理念

１．科学者－実践家モデル（ボールダー・モデル；Raimy, 1950）

1949年，臨床心理学の養成について合意形成のための会議が開かれ，「科学者－実践家モデル」（開催地にちなみボールダー・モデル［Boulder model］とも言う）が採択され，専門職（profession）としての臨床心理学が確立したことはすでに見た（本巻２章「世界の臨床心理学」）。臨床心理学に対する社会的ニーズの認識に基づくものだった（表２）。科学的リサーチを行えること／行うこと，というのが第一義だが，そもそも臨床心理学実践は科学的な仮説検証過程である[注1]。

このモデルには，オールビー（Albee, G. 1921-2006；1970年APA会長）による，よく引用される批評がある（例えば，Norcross, VandenBos & Freedheim, 2016, Vol.1, p.23）。「ボールダー・モデルには致命的な欠陥があった。ために以来，臨床心理学の発展は歪められ損なわれてきた。それは医学モデルの無批判な

注１）「心理療法の可能性は，治療者が相手との対人関係の中で，相互的な仮説検証あるいは相互的な仮説検討の過程を前提として成立する」（佐治，1968, p.18）。

表2　科学者－実践家モデル（Raimy, 1950, pp.20-21）

今日の社会が臨床心理学に基本的に期待していることは主として2つある。

a．以下に対する，専門職としてのサービス

1）個人に対する，診断・治療はもとより矯正・医療によるサービス
2）コミュニティのよりよい健康のため積極的な精神衛生プログラムを必要としている集団や社会組織に対するサービス
3）訓練中の学生・他の専門職のメンバー・市民に対する，体系的教育・情報普及によるサービス

b．以下を目的とした，リサーチによる貢献

1）人間行動についてのよりよい理解の開発
2）診断手続きの正確さ・信頼性の改善
3）より有効な治療法の開発
4）精神衛生増進法・不適応予防法の開発

受容である。精神医学主導・医学概念・医学言語による精神障害の器質［脳］による説明である。第二次世界大戦後の心理学者への需要は“精神医学的サービス”提供のためだった。莫大な数の復員軍人の精神障害・情動障害への介入が求められた。心理学の大学院生は養成とサービス提供のため精神科に配置された。心理学者たちは，［当時］妥当性もなければ理論的にもつぎはぎ，無能なことさえある精神医学の世界に学生たちを送った。精神障害の医学的・器質的・脳欠陥モデルによる説明と，社会的学習・ストレス関連モデルによる説明とでは，政治的に大きな違いがあるのだ」（［　］内は引用者）（Albee, 2000, p.247）[注2)]。

伝統的なＰｈＤ（ピーエッチディー）（博士）モデルとして[注3)]リサーチ技能と臨床技能の両方を重視する「科学者－実践家モデル」の後，２つのモデルが現れた。１つは，1973年の会議によるもので，新しいPsyD（サイディー）（心理学博士）モデルとして，実践家はリサーチ結果の利用者であればよいとする，臨床技能重視の「実践家－学者モデル（practitioner-scholar model）」である（Korman, 1976；開催地にちなみベール・モデル［Vail model］とも言う）[注4)]。もう１つは，1991年，マクフォール（McFall, R. M. 1939-；当時APA第12部会第３部門（臨床心理科学部門；Society for a Science of Clinical Psychology）会長）による“臨床心理科学宣言”「科学的

注２）「公認心理師法第７条第１号及び第２号に規定する公認心理師となるために必要な科目の確認について」（2017年９月15日）は，大学における「心理実習」については「当分の間，医療機関での実習を必須とし」，大学院における「心理実践演習」については「医療機関における実習は必須とする」。公認心理師は保健医療分野に無知であってはならないが，意図せぬままオールビーの批判が中（あた）る事態とならなければよい。
注３）アメリカでは専門職の主たる基礎学位は博士。本邦では最高でも修士レベル。

表3　BPS モデル（Engel, 1977, p.133）

医師の責任は，心理生物的な統一体である患者の問題がどういう問題であるか評価し，他の援助専門職へのリファーを含め，患者がどう行動すべきか勧奨することである。医師の専門職としての基本的な知識・技能は，社会的・心理的・生物的なものにわたらなければならない。患者のために行う問題評価と行動勧奨はこれら３つを含むからである。

臨床心理学のみが正当にして受け容れ可能な臨床心理学である（Scientific clinical psychology is the only legitimate and acceptable form of clinical psychology）」（McFall, 1991, p.76）に基づくもので，新しい PhD モデルとして，リサーチ技能重視の「臨床科学者モデル（clinical scientist model）」である。リサーチ技能と臨床技能の間，振り子は両極に揺れた。マクフォールの宣言は極端だが，「エビデンスに基づく実践」の伏線を成す。

2．生物・心理・社会モデル（BPS モデル；Engel, 1977）

「生物・心理・社会モデル（BPS モデル）」（22 巻コラム「バイオ・サイコ・ソーシャルモデル」）とは，生物的・心理的・社会的アプローチを体系的に統合することで，1977 年，精神科医エンゲル（Engel, G. L. 1913-1999）による造語である（Engel, 1977）。その論文タイトル「新しい医学モデルの必要性—生物医学への異議申し立て」に BPS の文字は現れないが，よく引用されるポイントは次である（例えば，Ghaemi, 2010, p.43；表３）。

「生物医学のみで診ることのできない人々を患者でないと排除するな」（渡辺・小森, 2014, p.44）。公認心理師にとっては，“生物的社会的要因を排除するな！”となる。心理的要因は人間事象万事に見ることができ，それが“心の専門家”の専門性の表を成すが，生物的社会的要因に対する顧慮なく，万事を心理学化してはならない。心理的要因を見る／心理学的側面から見ることができる専門家／専門性なのであって，心理的要因／心理学に還元する専門家ではない[注5)]。

これにつながる精神科医ガミー（Ghaemi, S. N. 1966-）による BPS モデル批判がある（Ghaemi, 2010）。曰く，このモデルだけでは当該事態においてどの要因

注４）本邦「専門職大学院」のモデル。アメリカでは大学教育をベースとしない専門職大学院が興り，その質について疑義数多。公認心理師も，大学教育をベースとしない「専門学校」でも養成可能となれば同じ轍を踏むことになるか。

注５）例えば児童精神科医 井上（2014, p.13）は，精神障害以前に，身体疾患の可能性を検討すべきことを言い，“言葉の発達の遅れ”の相談に来た幼児に聴覚障害が見つかること，毎朝嘔吐し“不登校”になった小学生が脳腫瘍であったこと，急激な体重減少のため“拒食症”を疑われた高校生が胃がんであったことなどを挙げている。

表４　EST　1998 年“有効基準”における「有効」（Tolin et al, 2015, p.319）

Ⅰ．以下のうち１つ以上の仕方で有効性が証明されている，少なくとも２つの良質の群間比較実験
Ａ．偽薬または偽心理療法または他療法に優る（superior）（統計的有意性に基づく）
Ｂ．しかるべき統計的検出力，すなわち各群 30 程度から成る実験において，すでに確立している療法と等価である（equivalent）
Ⅱ．（省略）［一事例実験の場合の要件が述べられている。ⅠまたはⅡを満たすこと，かつ，Ⅲ以下を満たすこと，とつながる］
Ⅲ．実験は治療マニュアルによって行われなければならない
Ⅳ．クライエント標本の特質は明確に特定されなければならない
Ⅴ．効果は，少なくとも２つの異なる研究者または研究チームによって証明されていなければならない

が優先されるべきかわからない，個々の実践家や研究者まかせとなってしまい単なる折衷主義になってしまう，だから精神病理の医学化に歯止めをかけられなかったのだ。事態によって優先されるべき要因がある。漫然と３要因を措定することではない。公認心理師も心しなければならない。専門性の要件の１つは，他の専門性を尊重／顧慮することであり，自らの専門性に還元しないことである。

３．実証的支持のある治療（EST；Tolin et al., 2015）

「実証的支持のある治療（empirically supported treatment; EST）」から「エビデンスに基づく実践（EBP）」への流れはすでに見たが（本巻２章），まず「実証的支持のある治療」を見る。EST のリストは逐次更新されている APA 第 12 部会のウェブサイトに譲り（https://www.div12.org/psychological-treatments/），1998 年の“有効基準”と 2015 年の“推奨基準”を示す（前者は「有効」「たぶん有効」の２段階だが「有効」のみ，後者は「最強」「強」「弱」の３段階だが「最強」のみ示す。それぞれ表４，表５）。

EST 1998 年“有効基準”のⅠは２つ以上の RCT（randomized controlled trial；ランダム化比較試験：４巻「心理学研究法」２章「実験法の基礎」，６巻「心理学実験」１部「心理学実験の基礎」）を，Ⅲは治療マニュアルを，Ⅳは DSM-5-TR などによる対象の特定を，Ⅴは独立に行われた２つの研究を，それぞれ要請する。マニュアルが作りにくい療法がある。また，臨床心理学的実践の対象は DSM-5-TR で特定し尽くされるものではない。EST リストにあるのは，これらに見合う治療と対象の組み合わせであり，リストにないことは，ただちにその療法の“無効”“有害”を意味しない[注6)]。

これを補足するかのように，早い頃から「エビデンスに基づく治療（evidence-

表5　EST　2015年"推奨基準"における「最強」(Tolin et al, 2015, p.330)

・以下3点において，その療法は臨床的に意味のある効果（clinically meaningful effect）を生むという高品質のエビデンスがある 1．対象とした障害の症状に対して 2．機能改善に対して 3．症状ないし機能改善に対して，治療終了後少なくとも3カ月 ・少なくとも1つの良質の研究が，非実験場面における効果（effectiveness in nonresearch setting）を証明している

based treatments; EBT)」のリストが公刊されている（Roth & Fonagy, 2005 [1st ed. 1996] ; Nathan & Gorman, 2015 [1st ed. 1998]）。これらはEST 1998年"有効基準"に照合すればリサーチに限界のある療法や発展の初期段階にある療法まで拡げたもので，療法選択の幅の広さの点，ESTリストより実用性が高い。

EST 2015年"推奨基準"は，1）「統計的有意性」だけでなく「臨床的有意性」，2）「症状」だけでなく「心理的・社会的・職業的機能」，3）連動して，「実験場面における有効性」だけでなく「現実場面における効果」，さらに，4）「少なくとも3カ月の効果持続」が規定されている[注7]。消費者にとっては，当然のことである。

いずれにせよ，本邦でもこの種の基準が使えるような研究遂行に対する科学政策がほしい。

4．エビデンスに基づく実践（EBP；APA Presidential Task Force, 2006）

さて「エビデンスに基づく実践」，その定義は次のとおりである（表6）。

EBPとESTとの関係も判然と述べられている（p.273）。1）EBPの方が包括的概念である。ESTは療法を出立点とし，それが特定の障害や問題に効くかどうか問う。それに対してEBPは，患者を出立点とし，どのリサーチ・エビデンス（RCTを含む）が，心理学者が最善の結果を得るのに役に立つか問う。また，2）EST

注6）ESTリストでおそらく唯一"No research support/Potentially harmful；リサーチによる支持無し／有害可能性有り"とされているのが"Psychological debriefing for Posttraumatic stress disorder；PTSDに対する心理的ディブリーフィング"（2022年10月4日）である。ディブリーフィングは2001年の"9.11"では一世を風靡し，邦訳も相次いだ。開発者であるミッチェルとエヴァリーの著作，2002年『緊急事態ストレス・PTSD対応マニュアル』（金剛出版［原著は3rd ed. 2001］），2004年『惨事ストレスケア』（誠信書房［原著は2nd ed. 1999］）である。が，すでに東日本大震災（2011年3月11日）では禁忌となっていた。

注7）実験における有効性（efficacy）と現場における効果（effectiveness），また，統計的有意性（statistical significance）と臨床的有意性（clinical significance）はそれぞれ対概念であり，前者のみの評価から，後者も評価することになっている。

表6　EBP（APA Presidential Task Force on Evidence-Based Practice, 2006, p.273）

Evidence-based practice in psychology is the integration of the best available research with clinical expertise in the context of patient characteristics, culture, and preferences. 心理学におけるエビデンスに基づく実践は，患者の特質・文化・選択に即して，入手可能な最善のリサーチを臨床技能と統合する。

はRCTで有効性が示された心理学的治療である。それに対してEBPは，より広範な臨床活動（例えば，心理的アセスメント，ケース・フォーミュレーション，治療関係）を包含する。かくて，3）EBPは，リサーチ・エビデンス（RCT/ESTに限られない。当然EBTも含まれるが，これにさえ限られない）を介入過程に統合するための意思決定過程を明確化するものである[注8)]。

「患者を出立点とする」のが第一である。EBPはEST第一を言っているのではない。治療者第一でもない。クライエント第一が言われているのである[注9)]。

Ⅲ　臨床心理学の体系

臨床心理学の体系については，定義に関連してすでに一言した。「臨床心理学の対象は正常も異常も含む。実践方法論としてはアセスメント，予防，治療，さらに心の健康教育を含む」（本章1節）。前節で述べた基礎理念「科学者－実践家モデル」に照合すると，臨床心理学の対象を特定する「対象認識論」と，方法を特定する「実践方法論」は述べられているが，「研究方法論」が述べられていない。また，「BPSモデル」遂行の基礎となるものが述べられていない。さらに，「実践分野」や「倫理」が述べられていない。定義にこれらを要求することは無理である。全学問体系を見る必要がある。

以下では，『APA臨床心理学ハンドブック』（Norcross, VandenBos & Freedheim,

注8）公認心理師カリキュラム等検討委員会『報告書』（2017年5月31日）の「カリキュラムの到達目標」には次のようにある。「心理に関する支援を要する者の特性や状況に応じて適切な支援法を選択・調整することができる」（p.7）。まさに臨床的な意思決定過程のことが述べられている。

注9）「精神療法の概念を極端まで拡げ，たとえば月を眺めることで淋しさが癒やされることまで含めるとしたら，不幸せからの離脱を求めている人だけで精神療法が成り立つこととなる。この極端な例で分かることは，治療を求めている人が精神療法の最も基本的構成単位であるということである。精神療法の理論や技法を持っている人，いわゆる精神療法家が精神療法の最も基本的構成単位であるかのような錯覚がはびこっている今日，こうした当たり前の視点に立ち戻ってみるのも，自他にとって有益であろう」（神田橋，1989, p.75）。

2016）によってその体系を見る。“臨床心理学の体系”を軸として，公認心理師の「大学における必要な科目」とのあらましの対応を表7に示す。『ハンドブック』は5巻から成り，部を通し番号にすると19部になり，量的には一見膨大だが，構造は単純である。

第1巻『歴史・専門分科・実践分野』注10)の「1. 歴史」に該当するのが本巻1部「臨床心理学の成り立ち」である。「2. 専門分科」の基軸は公認心理師カリキュラムの「⑩神経・生理心理学」「⑪社会・集団・家族心理学」「⑫発達心理学」であり，BPSモデル遂行の基礎を成すことは判明である。それぞれB，S，Pに対応する。分けても“P”に該当する発達軸は，公認“心理師”の専門性の絶対的一部である。「4. 実践分野」は主として保健医療，福祉，教育，犯罪・司法，産業・労働の5分野であり，それぞれ「⑯健康・医療心理学」「⑰福祉心理学」「⑱教育・学校心理学」「⑲司法・犯罪心理学」「⑳産業・組織心理学」に対応する。もう1つの大きなカテゴリーは「開業」である。

第2巻『基礎理論・研究方法論』のうち，臨床心理学固有の「5．基礎理論」に対応するのが本巻2部「臨床心理学の代表的な基礎理論」である。「6．研究方法論」に対応するのが「④心理学研究法」「⑤心理学統計法」「⑥心理学実験」であり，科学者－実践家モデルの“科学者”の前提である。臨床心理学としては，特に「事例研究法」「一事例実験」「実験（準実験，RCT）」「メタ分析」は理解しておきたい。

第3巻『実践方法論』の主軸を成すのは「7．アセスメント」「8．治療」であり，それぞれ「⑭心理的アセスメント」「⑮心理学的支援法」に対応する。

第4巻『正常と異常』は，臨床心理学の方法を特定する「研究方法論」「実践方法論」に対して，対象を特定する「対象認識論」であり，障害心理学や異常心理学に相当する。幅広くは「㉑人体の構造と機能及び疾患」を含み，「⑬障害者（児）心理学」「㉒精神疾患とその治療」に対応する。

第5巻『養成・専門職』はほぼ「①公認心理師の職責」「㉓関係行政論」に対

注10)「専門分科」と訳したspecialtiesだが，APAは“専門医認定”のような認定を行っており，その各専門をspecialtyと言う。現在17あり（2022年10月4日），「個人の専門性」を特定する（臨床神経心理学，臨床健康心理学，精神分析的・精神力動的心理学，学校心理学，臨床心理学，臨床児童青年心理学，カウンセリング心理学，産業組織心理学，行動認知心理学，司法心理学，夫婦家族心理学，高齢者心理学，警察公安心理学，リハビリテーション心理学，集団心理学・集団心理療法，重症精神疾患心理学，臨床心理薬理学）。「実践分野」と訳したsettingsは，正確にはemployment settingsで，「実践機関」の方が相応しい。本巻は正確には「個人の専門性」とその専門性を以て「実践を行う機関」とを独立に特定しており，両者はマトリクスを成す。

表7　臨床心理学の体系

APA 臨床心理学ハンドブック	大学における必要な科目
Ⅰ．歴史・専門分科・実践分野 Roots & Branches 1．歴史 History 2．専門分科 Specialties 3．新しい専門分科 Emerging Specialties 4．実践分野 Settings	 ［基礎科目］③臨床心理学概論（1部） ［基礎心理学］⑩神経・生理心理学 ［基礎心理学］⑪社会・集団・家族心理学 ［基礎心理学］⑫発達心理学 ［実践心理学］⑯健康・医療心理学 ［実践心理学］⑰福祉心理学 ［実践心理学］⑱教育・学校心理学 ［実践心理学］⑲司法・犯罪心理学 ［実践心理学］⑳産業・組織心理学
Ⅱ．基礎理論・研究方法論 Theory & Research 5．基礎理論 Theoretical Approaches 6．研究方法論 Research Approaches	 ［基礎科目］③臨床心理学概論（2部） ［基礎科目］④心理学研究法 ［基礎科目］⑤心理学統計法 ［基礎科目］⑥心理学実験
Ⅲ．実践方法論 Applications & Methods 7．アセスメント Assessment 8．治療 Treatment 9．予防 Prevention 10．その他 Other Professional Activities	 ［基礎心理学］⑭心理的アセスメント ［基礎心理学］⑮心理学的支援法
Ⅳ．正常と異常 Psychopathology & Health 11．診断分類 Diagnosis & Classification 12．心理障害 Psychological Disorders 13．健康障害 Health & Relational Disorders 14．健康増進 Promoting Health	左右対照せず，まとめて， ［基礎心理学］⑬障害者（児）心理学 ［関連科目］㉑人体の構造と機能及び疾患 ［関連科目］㉒精神疾患とその治療
Ⅴ．養成・専門職 Education & Profession 15．資格取得 Educational Paths 16．資質向上 Developing the Psychologist 17．倫理基準 Ethics & Standards 18．専門組織 Professional Organizations 19．将来展望 Future of Clinical Psychology	左右対照せず，まとめて， ［基礎科目］①公認心理師の職責 ［関連科目］㉓関係行政論
［基礎科目］②心理学概論 ［基礎心理学］⑦知覚・認知心理学，⑧学習・言語心理学，⑨感情・人格心理学	
注）「大学における必要な科目」は，「A．心理学基礎科目」「B．心理学発展科目」「C．実習演習科目」から成る。Bはさらに「基礎心理学」「実践心理学」「心理学関連科目」から成る。表では［　］内に分類を示した。丸番号は元来の科目番号であると同時に，本シリーズの巻数。本シリーズはAとBを全面的にカバーしている。	

応する。「17．倫理基準」を学ぶことが何より枢要である。倫理は，自他を守り，自由にするためのものだ，との認識がポイントである。

単純化すると次のようになる。１）BPS モデル遂行の基礎，２）「実践分野」，３）臨床心理学固有の基礎理論，４）「研究方法論」，５）「実践方法論」，特には心理的アセスメントと心理学的支援法，６）「対象認識論」としての障害心理学や異常心理学，７）「倫理」。公認心理師の「大学における必要な科目」は，“臨床心理学の体系”を軸とすると，これらを充足する一大体系である。

この体系に現れない「②心理学概論」「⑦知覚・認知心理学」「⑧学習・言語心理学」「⑨感情・人格心理学」は，心理学の一部門たる臨床心理学にとって，基礎中の基礎である。公認心理師カリキュラム等検討委員会『報告書』の「カリキュラムの到達目標」は言う。「人の心の基本的な仕組み及び働きについて概説できる」（p.5）。臨床心理学以前，そもそもの心理学の基礎である。

学ぶべきことは多い。専門職なのだから当たり前である。自己愛は満たされなければならない。だが，他害は禁忌である。よって，怠け者は去るべし。だが，「国民の心の健康の保持増進に寄与する」（公認心理師法第１条）。この世にこの時この国で，ともに生きる者として，やりがいのあることではないか！

◆学習チェック表

□　本章で採用したアメリカ心理学会第 12 部会（臨床心理学部会）による臨床心理学の定義を概説できる。

□　専門職の養成モデルは当該専門職の専門性の姿を定義する。公認心理師もそれに基づく科学者－実践家モデル（ボールダー・モデル）を概説できる。

□　心理体験は万事に伴う。だからと言って“心の問題”とは限らない。だが，（公認心理師の専門性の対象たる）心は，生の困難の，発見・解決・解消の一エージェントである。生物・心理・社会モデル（BPS モデル）を概説できる。

□　エビデンスに基づく実践（EBP）は臨床心理学実践の“良心”である。その３つの要素，とりわけその第一の要素は何か概説できる。

□　臨床心理学の体系を概説できる。

より深めるための推薦図書

Cautin, R. L., & Lilienfeld, S. O. (Eds.)（2015）*The encyclopedia of clinical psychology (Vols. 1-5).* Wiley.［Norcross, VandenBos & Freedheim（2016）が頻繁に参照している臨床心理学百科事典[注 11)]］

原田隆之（2015）心理職のためのエビデンス・ベイスト・プラクティス入門―エビデンスを「まなぶ」「つくる」「つかう」．金剛出版．［EBP を学ぶ］

Norcross, J. C., VandenBos, G. R., & Freedheim, D. K. (Eds.)（2016）*APA handbook of*

clinical psychology (Vols. 1-5). American Psychological Association.［当面これなしに臨床心理学は語れない[注12)]］

丹野義彦・石塚琢磨・毛利伊吹・佐々木淳・杉山明子（2015）臨床心理学—Clinical Psychology：Evidence-Based Approach．有斐閣．［EBP，BPSモデルに基づく］

渡辺俊之・小森康永（2014）バイオサイコソーシャルアプローチ—生物・心理・社会的医療とは何か？　金剛出版．［BPSモデルを学ぶ］

文　献

Albee, G. W.（2000）The boulder model's fatal flaw. *American Psychologist*, 55(2); 247-248.［科学者－実践家モデル批判］

APA Presidential Task Force on Evidence-Based Practice（2006）Evidence-based practice in psychology. *American Psychologist*, 61; 271-285.［心理学におけるEBP原典］

Engel, G. L.（1977）The need for a new medical model: A challenge for bio-medicine, *Science*, 196; 129-136.［BPSモデル原典；精神医学への適用はEngel, G. L.（1980）The clinical application of biopsychosocial model. *American Journal of Psychiatry*, 137, 535-544.］

Ghaemi, S. N.（2010）*The Rise and Fall of the Biopsychosocial Model: Reconciling Art and Science in Psychiatry*. Johns Hopkins University Press.（山岸洋・和田央・村井俊哉訳（2012）現代精神医学ゆくえ—バイオサイコソーシャル折衷主義からの脱却．みすず書房．）［至極簡潔にはGhaemi, S. N.（2011）The rise and fall of biopsychosocial models. *British Journal of Psychiatry*, 194(1); 3-4.，BPSを折衷主義と批判。前作は『現代精神医学原論』みすず書房，2009［原著2003］：多元主義の提唱］

井上勝夫（2014）テキストブック児童精神医学．日本評論社．［続編は『テキストブック児童精神科臨床』日本評論社，2017］

神田橋條治（1989）精神療法１　神経症．In：土居健郎・笠原嘉・宮本忠雄・木村敏編：異常心理学講座９　治療学．みすず書房，pp.69-118.

Korman, M. (Ed.)（1976）*Levels and Patterns of Professional Training in Psychology*. American Psychological Association.［実践家－学者モデル原典］

McFall, R. M.（1991）Manifesto for a science of clinical psychology. *The Clinical Psychologists*, 44; 75-88.［臨床科学者モデルの出立点］

Nathan, P. & Gorman, J. M. (Eds.)（2015）*A Guide to Treatments that Work (4th ed.)*. Oxford University Press.［1st ed. 1998, 2nd ed. 2002, 3rd ed. 2007；アメリカのEBTリスト］

Norcross, J. C., VandenBos, G. R., & Freedheim, D. K. (Eds.)（2016）*APA Handbook of Clinical*

注11）リリエンフェルドの著作。『ロールシャッハテストはまちがっている』（北大路書房，2006［原著2003］），『臨床心理学における科学と疑似科学』（同，2007［1st ed. 2003; 2nd ed. 2015］），『本当は間違っている心理学の話』（化学同人，2014［2010］），『その脳科学にご用心』（紀伊國屋書店，2015［2013］）。どれも面白く勉強になる。

注12）ノークロスの著作。Norcross, J. C., & Lambert, M. J. (Eds.)（2019）*Psychotherapy Relationships that Work (3rd ed.) (Vol. 1-2)*. Oxford University Press.［1st ed. 2002, 2nd ed. 2011；今日これなしに治療関係は語れない］，『チェンジング・フォー・グッド』（法研，2005［1994］；治療関係の“調整変数”としての「変化の段階」理論：本巻13章「統合的アプローチ」），『心理療法の構造』（誠信書房，2003［2001］），『心理療法の諸システム』（金子書房，2010［6th ed. 2007; 9th ed. 2018］）。

Psychology (Vols. 1-5). American Psychological Association.

Raimy, V. C. (Ed.)（1950）*Training in Clinical Psychology.* Prentice-Hall.［科学者－実践家モデル原典］

Roth, A. & Fonagy, P.（2005）*What Works for Whom?: A Critical Review of Psychotherapy Research (2nd ed.).* The Guilford Press.［1st ed. 1996；イギリス発世界初の EBT リスト］

佐治守夫（1968）心理療法（１）．In：井村恒郎・懸田克躬・島崎俊樹・村上仁編：異常心理学講座３　心理療法．みすず書房，pp.1-90.

Tolin, D. F., McKay, D., Forman, E. M., Klonsky, E. D., & Thombs, B. D.（2015）Empirically supported treatment: Recommendations for a new model. *Clinical Psychology: Science and Practice,* 22; 317-338.［2015 EST“推奨基準”原典。1998“有効基準”原典は Chambelss, D. L., & Hollon, S. D.（1998）Defining empirically supported therapies. *Journal of Consulting and Clinical Psychology,* 66; 7-18.］

渡辺俊之・小森康永（2014）バイオサイコソーシャルアプローチ―生物・心理・社会的医療とは何か？　金剛出版.

コラム

代表的な臨床心理学研究法

岡村達也

『ハンドブック』（Norcross et al., 2016）の２巻２部「研究方法論」は 12 章から成る。「質的研究法」「事例研究」から「一事例実験」「メタ分析」に及ぶ。①さまざまな障害の定義の点から「診断分類研究法」「疫学」，②データの情報源・収集法・解析法の点から「検査開発」「縦断的研究法（横断的研究法と対概念）」「多変量解析」，③心理療法の効果研究の点から「過程－効果研究法」「効果研究法」，④神経科学への関心から「神経生理学的研究法・神経画像法」が取り上げられている。系統性とは趣を異にし，プラグマティックである。

本シリーズ４巻「心理学研究法」では系統的に研究法を学ぶが，エビデンス・レベル（levels of evidence）あるいはエビデンスの階層（hierarchy of evidence）（表１）に関連する代表的な研究法を挙げると，①実験（experimental design），②準実験（quasi-experimental design），③相関研究（correlational design），④事例研究（case study），⑤一事例実験（single-case designs），⑥メタ分析（meta-analysis）となる。以下，極端に単純化して記す。

単に①実験と言う場合，端的には「RCT（randomized controlled trial；ランダム化比較試験）」を指す。独立変数（independent variable）と従属変数（dependent variable）を特定し，前者から後者への“因果関係”を特定する。独立変数の“操作”は当然として，その名にあるように，実験群（experimental condition）と対照群（control condition）を設定し，参加者の両群への“ランダムな割り付け”を行う。②「準実験」は，後者が行えない場合である。

③相関研究は，変数は特定しても独立・従属の別が特定できず，“相関関係”は言えても“因果関係”は言えない場合である。現時点で事象の発生はないが，特定の関連変数（例えばリスク・ファクターの有無）によって群を設定し，前向き

表１　エビデンスレベル（原田，2015, p.37；一部改変）[注1]

Ⅰ.	（系統的レビュー）RCT のメタ分析
Ⅱ.	RCT
Ⅲ.	準実験
Ⅳa.	（観察研究）コホート研究
Ⅳb.	（観察研究）症例対照研究，横断研究
Ⅴ.	（記述研究）症例報告，事例集積研究
Ⅵ.	専門委員会や専門家個人の意見

に（prospective）事象の発生を“観察”するのが「コホート研究（cohort study）」，逆に，現時点での事象発生の有無によって群を設定し，後ろ向きに（retrospective）特定の関連変数を“観察”するのが「症例対照研究（case-control study）」である。

「横断的研究（cross-sectional study，縦断的研究；longitudinal study と対）」は，現時点における事象発生と現時点における関連変数を“観察”する典型的な相関研究である（変数間の“相関係数”を求めても，群間の“平均値の差の検定”を行っても，等価）。SEM（structural equation modeling；構造方程式モデリング，covariance structure analysis；共分散構造分析）は，得られた“データ”と仮説された因果関係“モデル”との“適合性”を示し，“因果関係”を特定するものではない。

④「事例研究」は，エビデンス・レベルは低いが，万般（仮説）の宝庫である。これを行えない者は，そもそも「科学者－実践家モデル」の“実践家”でない。「一個人の全体性を損なうことなく，その個人の世界を探求した結果は，臨床家が他の個人に接するときに共通のパターン，あるいは型を与えるものとしての普遍性をもつ。個人の世界において，その『個』を明らかにすればするほど，それは普遍性をもつ」（河合，1976，pp.291-292）[注2]。臨床技能の教育的意義は大きい。

⑤一事例実験は事例研究同様一事例でも，例えば症状の頻度に関し，介入前（A）の頻度を“ベースライン”とし，介入中（B）と介入中断後（A）の頻度の変化を経時的に測定し（ABA デザイン），B において頻度が減少し，かつ，次の A において頻度が増加すれば，その介入は有効となる。ときに，RCT に匹敵する。

⑥「メタ分析」はエビデンス・レベルのトップだが，個別の研究法ではなく，RCT を中心とする諸研究を統合して介入の“効果量（effect size）”を算出する，研究結果の統合法である。

完璧な研究はない。各研究法にメリットとデメリットがある。“研究を行う者”はもとより“研究結果を利用する者”も，研究法に無知ではいられない。

文　　献

河合隼雄（1976）事例研究の意義と問題点―臨床心理学の立場から．In：河合隼雄（1986）心理療法論考．新曜社．［新版　創元社，2013］

注 1）福井次矢・吉田雅博・山口直人編（2007）Minds 診療ガイドライン作成の手引き 2007．医学書院，p.15. による。

注 2）“What is most personal is most general.”（Rogers, C. R.（1961）*On Becoming a Person: A Therapist's View of Psychotherapy.* Houghton Mifflin, p.26.）

第２部
臨床心理学の代表的な基礎理論

第4章

精神分析的アプローチ

妙木浩之

Keywords　精神力動，自我心理学，対象関係論，自己心理学，関係論的精神分析，短期と長期，転移，葛藤の三角形，人の三角形，パーソナリティ障害

Ⅰ 定　　義

精神分析は 19 世紀末にウィーンの神経学者であり，開業医であったジークムント・フロイト（Sigmund Freud 1856-1939）が着想した学問だが，無意識の探求を基盤に人間の心にアプローチする方法で，私たちの心には意識していない膨大な領域があると考え，その領域が心の病に密接に関連していると考えることから出発する。日常的な意思決定の多くは無意識的だが，フロイトが考えた領域には意識しようとしてもできないような層が存在しており，その層は深く意識に上るのが難しいという。その意味で精神分析は，広い意味では深層心理学という領域の中核的な理論となっている。

精神分析は①独自の精神病理学をもち，②発達理論とその観察法をもち，③それらと関連づけられた臨床技法や臨床仮説をもっている。①の精神病理学は発展して，力動的精神医学の発展のなかでパーソナリティ障害の理論仮説を組み立てることに寄与してきた（Gabbard, 2014）。また，②の発達理論は，発達心理学に大きな影響を与えてきた。③の臨床技法は，転移や抵抗など，その後心理療法の多くの鍵概念となっているものを創案してきた。

精神分析がこの 100 年にわたって心理療法に影響を与えてきた精神分析的な発想をギャバード（Gabbard, 2010）は次のようにまとめている。①精神生活の大部分は無意識である。②幼少期の経験は，遺伝的要因とあいまって成人期を決定する。③患者の治療者に対する転移が主な理解の源となる。④治療者の逆転移は，患者が他者に引き起こすものについて適切な理解を与える。⑤治療過程に対する患者の抵抗が，治療の主な焦点になる。⑥症候や行動は種々の機能を果たし

ており，それを決定するのは複合的で多くの場合無意識的な力である。⑦精神力動的治療者は，患者が自分は真っ当でかけがえのない存在だという感覚に到達できるよう援助する。

II　歴　　史

フロイトが最初に19世紀に出会ったのは古典的なヒステリー患者[注1)]であり，その出会いから，彼は「抑圧」という心の防衛の概念を考えるようになった。つまりヒステリーの患者は，自分の体験を想起せずに健忘しており，その背景には「抑圧」という心の防衛機制があるという発見をする。同時期にフロイトは自らの神経症を治癒させるために「夢解釈」の手法を発見しており，その手法を治療における自由連想法という技法に結実させる。この手法は，寝椅子に横になった患者の自由な思いつきを聞きながら，抑圧されている記憶や感情を発見して意識化して言葉にするという手法だが，医療の歴史全体から見れば，医療者主体の施術から患者主体の技法への大きな変化をもたらし，心理療法の歴史の出発点の1つが，このクライエントが「自由に思いつくことを言う」技法である。

自由連想法の実践を通して，フロイトは抵抗，転移，行動化など，その後の心理臨床で使われるさまざまな道具を見出す。特徴的なことは，抵抗や転移がそうであるように，治療過程において障害となった現象についての概念が，徐々に治療的な道具とみなされるようになったということである。例えば，「転移（transference）」は最初自由に連想することが難しい理由が，これまでの人間関係における心の問題（例えば忘却）が医療者との関係で起きる，あるいはかつての問題になった人間関係の感情が医療者に向かうために起きる，抵抗のこととみなされていた。徐々にそれが必要不可欠な臨床概念と見なされるようになり，もともとの人間関係から作り出される神経症的な対人関係のパターンが，医療者との間での転移神経症に発展するようになる。そこでの治療者との間での関係が言語化されたり，乗り越えられたりしていくことで，想起されたり，意識されたりしていくことを，治療的なプロセスの一環であると見なされるようになった。そのため今日の心理療法理論で使われる「転移」概念は，この概念をより広く，セラピストとクライエ

注1）ヒステリーは，西欧医学の歴史では古く，その語源に「子宮」をもつように，また日常語として取り入れられているように，特定の解離・意識障害や身体的症状をもつ心の病ととらえられてきた。フロイト以後，精神分析はそれらの病態を「抑圧」によって，意識障害や身体的な症状を生み出す回路を持った神経症として定義した。

ントの間で繰り返される，古くからある人間関係のパターンであると見なすようになっている。精神分析はフロイト周辺部の人たちを中心に 1920 年代に訓練制度が作られて，インスティテュート（研究所）のなかで訓練分析，スーパーヴィジョン，そして教育セミナーを３本柱に精神分析家の育成を始めたので，この訓練制度はその後も 100 年の間，維持されている（これを束ねるのが国際精神分析協会（IPA）であり，その日本支部が日本精神分析協会になっている）。精神分析で作られた臨床的な概念は，そうした協会の動きとは別に，カウンセリングや心理療法に広く流布していく。寝椅子を用いた毎日分析である精神分析と区別して，精神分析に影響を受けたアプローチのことを「精神力動的」とか「力動的」と呼ぶのはそのためである。精神分析的心理療法，あるいは短期力動療法をはじめ，精神分析の概念に着想を得て進歩したカウンセリングや心理療法は多いので，精神力動論としての精神分析の影響は現代まで多岐にわたる。

フロイト以後，精神分析の本体は第一に児童の分析を通して，早期発達の理論が組み立てられていった。フロイトの娘だったアンナ・フロイト（Anna Freud 1895-1982）はその著『自我と防衛機制』（1936）で防衛概念を洗練させた後，子どもの「発達ライン（developmental lines）」の概念を明確化していった。これは英国では愛着の母子関係理論（ボウルビィ（Bowlby, J. 1907-1990）の愛着理論），米国での児童の発達理論の発展へとつながっていく（マーラー（Mahler, M.S. 1897-1985）の「分離個体化」理論など）。またメラニー・クライン（Melanie Klein 1882-1960）は，児童分析を通して「抑うつポジション（depressive position）」「妄想分裂ポジション（paranoid-schizoid position）」などの対象関係の理解の基盤となる概念を創出していった。これらの概念は，統合失調症やうつ病などの重症の精神病理を理解するうえで，重要な鍵概念となっていく。前者は自我心理学（ego psychology），後者は対象関係論（object relations theory）として精神分析の発展の出発点となっている。

自我心理学は，フロイト後期の理論である「自我（ego）」「エス（Es）」「超自我（superego）」の構造論を基盤としてアンナ・フロイトの着想からアメリカを中心として発展したもので，精神構造としての自我は環境への適応のための装置であるという考え方や自我が内側の衝動と外的現実とを調整するために防衛機制が発達してくという理論が発展してきた。発達心理学に多大な影響を与えたのもこの理論の特徴だし，自我や防衛のアセスメントのためにロールシャッハテストや WAIS などを組み合わせたテストバッテリー論を組み立てたのは，米国の自我心理学の貢献である。

対象関係論は，イギリスで発展したクライン学派の影響を受けた人たちが，早期の母子関係を基盤として発展した理論で，クライン学派は早期の母子関係のなかにある対象関係が，統合失調症やうつ病などの原因となる部分対象関係を構成しており，そこから全体対象関係へと抜け出すプロセスを発達の中に探索しようと試み，このプロセスを基盤にして転移解釈を中心とした治療のモデルを考えるようになった。クラインの理論に影響を受けながら，英国の精神分析は発展してきたので，ウィニコット（Winnicott, D. W. 1896-1971）やバリント（Balint, M. 1896-1970）など独自の立場から早期の母子関係を構成した人たちを含めて対象関係論と総称することが多い。

一般に英国と米国の「精神分析的」「精神力動的」発展が異なるのは，歴史的な事情によるところが大きい。米国の精神分析協会は 1938 年に精神分析を精神医学の中に位置づけた（つい最近までその傾向が強かった）ので，米国圏では心理学の分野でのカウンセリングや心理療法を発展させようとすると，訓練制度の門戸が狭かった精神分析そのものとは別のさまざまな領域で独自の技法を開発する必要性があった（そして第二次世界大戦中にカウンセリングや心理療法の需要が高まり，さまざまなインスティテュート，そして新しい心理療法が開かれた）。例えば交流分析（Transactional Analysis：ちなみに創始者であるエリック・バーン（Berne, E. 1910-1970）はサンフランシスコで精神分析家資格を申請したが却下されるという歴史がある）のように，米国圏の心理療法は精神分析に影響を受けた「精神力動的」な技法が多く，精神力動的な技法，なかでも短期力動療法が発展したのはそのためである。また米国にはつい最近まで国際精神分析協会に属していなかったウィリアム・アランソン・ホワイト研究所がそうであるように，多数のインスティテュートが遍在している。例えばこのホワイト研究所は，米国の精神科医であったハリー・スタック・サリバン（Sullivan, H. S. 1892-1949）の伝統を引き継いでいるが，彼は統合失調症の精神療法家であり，独自の対人関係論的な精神分析的な理論を組み立て，古典的な精神分析とは距離を置く精神力動的な立場である。

ハインツ・コフート（Kohut, H. 1913-1981）は，フロイトが後期に導入した「自己愛（ナルシシズム）」という概念を自我と自己の中核概念としてとらえ，フロイトにおいて転移が起きないと考えられていた自己愛の病態の人たちをパーソナリティ障害として捉え直し，その人たちにも独自の自己愛の転移が生じると述べて，自己の発達を中心としたパーソナリティ障害のための治療の新しいモデルを導入した。彼は米国で自己心理学を創始しその発展を促した。現在，自己心理

学は米国の精神分析で大きな勢力になっている。また自己心理学と対人関係論，さらには自己心理学から発展した間主観性理論とは統合され始めており，自我心理学，対象関係論や発達心理学などのさまざまな知見の影響を受けながら，関係論的精神分析という大きな流れを作り出している。

「精神分析的」「精神力動的」という意味が国によって異なるのは，その国ごとに歴史と文化があるからで，例えば英国では非医師の精神分析家（フロイトの時代から lay analyst と呼ばれる）が許容されていたので，セラピストの多くがつい最近まで精神力動的であったが，米国では州ごとの地域差が大きい。また戦後フランスや南米はその地域独自の展開によって精神分析の文化を育成している（特にフランスの精神分析はジャック・ラカン（Jacque Lacan 1901-1981）の登場によって爆発的に拡張発展して文化的に大きな変質を遂げている）。日本も古澤平作（1897-1968）が日本精神分析協会とは別に 1950 年代に日本精神分析学会を創始し，この学会は力動精神医学の領域で治療構造論という技法や甘えの文化論など，アジアの辺境として独自の発展を遂げてきた。現在，国際精神分析協会はこれらの地域性を考慮に入れながら（訓練制度の変更などを行って）発展しており，精神分析は今後国際的な共通基盤を模索しながら，文化に根差した独自の発展を遂げていくだろう（日本の精神分析的心理療法の伝統については北山・高野（2017）を参照のこと）。

III　病理論（パーソナリティ論）とアセスメント論

フロイトは，晩年の『精神分析入門講義』（1917）の頃には，神経症を中心とした精神病理学の全体的な体系を作る。そこではトラウマによって生じる外傷神経症，現実的なストレスや欲求不満が作り出す現実神経症，そして過去の幼児期での問題が思春期以後に問題を生じる精神神経症を分類した。さらに「自己愛」の概念を導入したことで，統合失調症や躁うつ病（メランコリー）が自己愛を力動とする精神障害として定義できるようになり，精神病理学は全体的な布置を獲得した。前述のようにフロイトの神経症論は，転移神経症を媒介とした治療論として組み立てられているので，神経症である限りは，心理療法の力動的な治癒の対象となると考えてきたが，自己愛（自己への内向）はその意味で転移が起こりにくい状態として定義されていた。フロイト以後，重症の精神障害との精神分析的アプローチが積み重ねられた結果，それらの重症の病態でも治療者との関係で転移や逆転移が発見されるようになり，病理論は統合失調症やうつ病など，そし

て何よりもパーソナリティ障害にその視野が拡張されてきたし，そのためにアセスメントの必要性は大きくなった。

もともとパーソナリティはその形成を遺伝，気質，構造，そして環境との相互の発達のプロセス抜きで論じることができない。長い間にわたって作られるものだから，その治療モデルを考えるときにも長い経過をたどって変化，変容を求めるべきものだろう。その点では長期的で頻度の多い精神分析的な関与との相性がよいと言える。パーソナリティの障害に対して愛着理論や自我の早期発達の考え方，クライン以後の対象関係論で発見された諸概念が用いられるようになったのはそのためだし，転移の概念が拡張され多様化して，逆転移に治療的な意味が付け加わったのもそのためであった。

自己愛と対象関係とに基づくフロイトの病理学は，自我と対象との関係を，神経症を中心として体系化したものだが，その後の精神分析は精神病理学，特にパーソナリティ障害の分類に大きな貢献をはたした。精神医学は DSM-III 以後，精神障害を統計的な事実と照らし合わせて分類整理するために疾病分類を精神障害の鑑別に特化して，神経症を削除するが，パーソナリティ障害は DSM-IV ではⅡ軸として拡張され，DSM-5 で障害に特化し直す形になっていて，その領域は依然として精神力動論の視点を継承している。力動精神医学，米国の精神医学界で活躍しているオットー・カーンバーグ（Otto Kernberg）は「境界性パーソナリティ構造（borderline personality organization）」を概念化したが，その際，自我心理学の構造論と対象関係論のモデルを統合して記述している。DSM は記述的な類似性に基づいてパーソナリティ障害を３群に分けており，奇異で風変わりなA群（猜疑性パーソナリティ障害，シゾイドパーソナリティ障害，統合失調型パーソナリティ障害），演技的で情緒的に不安定なB群（反社会性パーソナリティ障害，境界性パーソナリティ障害，演技性パーソナリティ障害，自己愛性パーソナリティ障害），さらに不安や恐怖に支配されやすいC群（回避性パーソナリティ障害，依存性パーソナリティ障害，強迫性パーソナリティ障害），そしてその他の群という分類となっているが，境界性パーソナリティ障害と先述のコフートが概念化した自己愛性パーソナリティ障害とは，精神医学の診断として DSM-5 のパーソナリティ障害のモデルのなかでも引き継がれており，パーソナリティ全般の機能的な理解のために自我（自己）と対象関係（対人関係）の２極を使ってパーソナリティのモデルが採用されている。

健康なパーソナリティは環境の適応において柔軟性が高いが，発達のプロセスで欠損や歪曲が生じると，パーソナリティは硬直化して極端になりやすい。パー

ソナリティ障害は，複合的なプロセスの欠損や歪曲の結果の症候群であり，例えばマクウィリアムズ（McWilliams, 1994）は，１）欲動，情動，気質の考察，２）自我の適応的および防衛的はたらき，３）性格タイプの発達に寄与し内在化され，「台本」のように繰り返される対象関係のパターン，４）自己の経験（自分自身に向けられる意識的および無意識的な見方，および自尊心の支え方)，５）自己と他者およびその間に繰り返し生じる関係の内的表象から生じる転移と逆転移，６）治療の意味，７）精神医学的な鑑別診断に関する考察の７点からパーソナリティ障害を吟味する必要があると述べている。パーソナリティ傾向の分類として，彼女はパーソナリティをおおまかに，①精神病質性（反社会性）パーソナリティ，②自己愛性パーソナリティ，③スキツォイドパーソナリティ，④パラノイドパーソナリティ，⑤抑うつ的と躁的パーソナリティ，⑥自虐的パーソナリティ，⑦強迫性パーソナリティ，⑧演技性パーソナリティ，⑨解離性パーソナリティに分類できるという。

精神力動論は発達プロセスの視点に立つので，クライエントの主観的体験と付き合う場合にも，症状や問題，つまり障害や疾病の局面からだけではなく，パーソナリティと精神機能の発達上の欠損という視点から病理を見ていく。ちなみに『精神力動的な診断マニュアル（第２版）』(Lingiardi & MacWilliams, 2017）が米国で出版されているが，心の病の診断においては，１）主訴の中核である主観的な症状の軸（Ｓ軸),そして２）発達のプロセスに大きく影響するパーソナリティ症候群の軸（Ｐ軸）と３）精神機能のプロフィールの軸（Ｍ軸）の３つから総合的に見ていく必要があるとされている。主観的な訴えである主訴を構成するのは葛藤であるが，発達のプロセスで本人の生き難さや問題となる困難を作り出しているのは，その人の精神機能のプロフィールとパーソナリティの歪みが生み出す適応不全や適応障害であることが多い（パーソナリティ障害は本人よりも周囲が困っていることも多い)。

古典的な精神分析はその対象を神経症的な葛藤としてきたために，フロイトの時代には症状に困っている人を寝椅子に横にして，毎日分析を行う方法だけで心理療法をしていた。そのためアセスメントに関して目立った仕事は必要なかったが，その後力動精神医学あるいはその周辺の心理査定の精神力動論，そして他の形式の心理療法の発展に伴って，現代では力動的な診断や査定に基づいてアセスメントし精神分析的なアプローチが妥当かどうか，クライエントとの合意妥当性を確認してから治療選択を行うことが求められている。精神力動的心理療法は短期から長期まで，頻度や期間の長短はあるが，米国精神医学会によれば，以下の

表1　精神力動的心理療法（Ursano, Sonnenbcrg & Lazar, 2004）

焦点（Focus）	過去の体験の現在の行動（認知，感情，空想や行為）への影響
目標（Goal）	特に医師患者関係に現れる，防衛機制や転移反応を理解すること
技法（Technique）	治療同盟 自由連想 防衛解釈と転移解釈 多頻度のセッション
治療の期間（Duration）	数カ月から数年

表1のような特徴をもっている。

これらが米国で医師に期待されている心理療法の姿だとすれば，今後公認心理師に求められる精神力動的なアプローチは，表記のようになる可能性が高いだろう。もちろん治療選択は期待される治療様式からだけ決められるものではないので，主訴と来談経緯，そして現病歴と生育歴や家族歴，またクライエントの資源を照合しつつ，可能な限り合理的な治療選択を行うこと，つまり「力動フォーミュレーション」あるいは見立てが求められている（妙木，2010）。一般に精神分析では，症状はその裏側にある大きな問題の氷山の水面部分にすぎない（軸の1つにすぎない）と考えているので，症状に特化した治療，つまり症状軽減よりも困難の背景にある葛藤や発達課題，人生全般の見直しや解決を志向してきた。つまり症状を構成している心的葛藤だけを除去するのではなく，過去から現在まで繰り返されている対人関係のパターンのなかでのその人となりのあり方（広い意味でのパーソナリティ）に対峙することが求められている。

Ⅳ　治療論（治療過程論，治療関係論）

精神分析から抽出した因子を用いる心理療法を「精神力動的」と広く定義するとき，それらはフロイトの時代から大きく発展してきているだけでなく，これまで行われていたものを現代的な新しい視点から見直す再発見の作業も進んでいる（例えば自由連想はフロイトにとって抵抗を浮き彫りにするための技法であったが，クリス（Kris, 1982）やボラス（Bollas, 2002）が述べているように，それだけではなく自由な想像の広がりを可能にする拡散的な形と解釈へと収束させるプロセスの方法論と見なされている）。

「治療同盟（therapeutic alliance）」あるいは作業同盟は最晩年にフロイトが指摘した概念で，精神力動論のみならず，いろいろな心理療法に適用されている。も

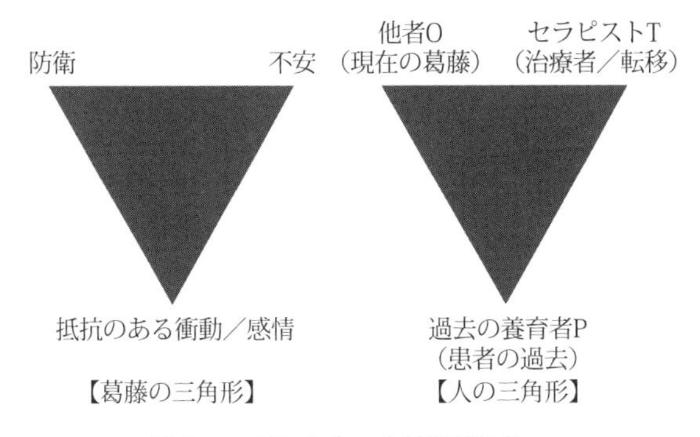

図１　マランの２つの三角形から

ともと抵抗のある感情は防衛されている，あるいは不安を喚起しやすいので，それと対峙するには治療者がクライエントと契約，同盟関係を結ぶ必要があり，その枠組みの中で作業をしていくという考え方である。また健康な同盟関係の中での「治療構造（therapeutic structure）」「治療的枠組み（therapeutic framework）」が治療的に作用すると考えると，健全な契約関係や現実という枠組み，さらには枠組みが抱える環境として作用する，セッションの枠組みが守られたものになると，治療的退行を引き起こすとも見なすことができる（Gray, 1994）。

「抵抗」と「転移」はフロイトの時代から治療概念であった。フロイトの初期の精神分析は抵抗の除去が中心であったので，抑圧抵抗と転移抵抗を取り扱うことが精神分析の技法であった。抵抗は主に触れにくい情動があって，それが表面化すると不安が喚起されやすく，防衛が働くという考え方である。転移は，抵抗として発見されるが，対人関係全般のパターンとして見直されるようになって，内的な世界が外的関係に，あるいは治療関係に反復されるモデルとして拡張されていった。自我心理学は抵抗の概念を重視したので抵抗除去が治療の優先課題と見なされ，転移は抵抗の除去に従って明確な形をとると考えた。それに対してクライン派は，転移が分析で中心的な役割を持つと考えるようになった（そのため対象関係論は，長期的な治療関係が転移を解消させていくと考えやすく，抵抗はその結果として徐々に解除されていくと考える）。心理療法の研究者であるマラン（Malan, 1979）は抵抗と転移の考え方を，前者は葛藤の三角形，後者を人の三角形と呼んで図１のように示した[注2)]。

精神力動論では，幼少期における養育者との関係がその後の心理的問題の発生における重要な要因となるとみなす。現代ではこのパターンの早期の関係性，つまり愛着とその回避など早期の対人関係が後の対人関係のパターンを修正したり，

歪曲したりしながら人間関係が形成されると考えている。そのため早期のパターンが生み出す相互作用によってセラピストとクライエントの治療関係にも影響がもたらされる。結果として治療関係という二者の対人相互作用のなかで転移が構築されていく，と考えるようになっている。早期の対人関係や防衛のパターンが転移関係の中で働いている精神力動を理解して，それを修正するために，セラピストが言葉で介入する行為を「解釈（interpretation）」と呼ぶ。先述のマランの２つの三角形を用いるなら，表現に抵抗のある感情に触れることの不安，そしてその不安の結果として生じる防衛を取り扱いながら，防衛されている内容（思考や感情など）を言葉にできるようにしていく。それと同時に，過去の養育者との対人関係のパターン（愛着や回避）が，セラピストとの今ここでの治療関係を通して，現在の生活場面における人間関係でのパターンを徐々に変えていくように言葉にしていくのである。

ギャバード（Gabbard, 2010）の精神科医向けのテキストの原題が「長期（long-term）」精神力動療法となっているように，もともと精神分析は毎日分析から始まったので，北山・高野（2017）が述べているように，週１回だとしても長期的にクライエントに会い続けることが治療的な因子だと考えられてきた（ちなみにギャバードの定義する「長期」は，期限設定の場合は週１回以上 24 セッション以上，無期限の場合には６カ月以上のセッションのことである）。そのため逆に力動論の原則を応用した短期のさまざまな精神力動的療法が開発・試行されている（短期力動療法［short-term dynamic psychotherapy］，時間制限力動療法［time-limited dynamic psychotherapy］，加速化体験力動療法［accelerated experiential dynamic psychotherapy］など：邦訳は Solomon ら［2001］参照）。これらは抵抗解除，つまり「情動に焦点を当てる」，あるいは「終わり＝分離体験を重視する」など精神力動論で抽出された特定の因子を治療的と考えている。

精神分析は治療の中で生じる障害を治療の道具に変えてきたが，「今ここでの転移（here and now transference）」の理解が累積されて治療関係の研究が進むにつれて，1950 年代からしだいに逆転移（治療者がもつ転移）を治療的な因子として用いるようになっている。そのため現代の精神力動的心理療法ではセラピスト

注２）マランの２つの三角形は，現代の短期力動療法では若干修正されたり，もう１つの三角形が付き加わったりしている。例えば葛藤の三角形は防衛（D:Defence），不安（A：Anxiety），衝動／感情（DAI/F：Impulese/Feeling），人の三角形 OPT（Other-Parent-Transference）は現在 - 過去，今ここでの CPT（Current Conflict, Past Parent, Terapist Transference）という形で記号と意味が変形されているが，基本的な着想は変わりがない。Solomon ら（2001）を参照のこと。

は転移関係の中で生じやすい自分の感覚を吟味しながら，クライエントとの関係を理解するようになっている。

V　リサーチ・エビデンス

以前から精神分析では，理論と実践に関するエビデンスに関する研究は行われているが，近年医療場面でエビデンスの必要性が高まっているため，精神分析および精神力動的な治療にもエビデンスが求められている（精神分析についてはフォナギーら［Fonagy et al., 1999］，あるいは邦訳があるレビィとアブロン［Levy & Ablon, 2009］を参照のこと）。長期の（無期限の）多頻度の関わり方（あるいはその終結）によってもたらされる治療関係は直観的に良いものだと感じたとしても，効果（effectiveness）や効率（efficiency）という視点から費用便益性の壁とバランスをとる必要があるだろうし，治療因子の抽出とその作用の明示化は科学的な実践にかかわる限りは不可欠なことだろう。倫理的に，マニュアル化とRCT（ランダム化比較試験）の対象とするには制限が必要な場合も多いが，それでもリサーチの必要性は広く認識されつつある。

現時点で，マニュアル化とRCTに関しては，レビィら（2009）が編集しているように，パニック障害に関して詳細な精神力動療法の研究があり，また短期力動療法だが情動焦点化を重視した「情動恐怖症（affect-phobia）」の治療の研究はエビデンスが高い。また境界性パーソナリティ障害に関してはカーンバーグら（Yeomans, Clarkin, & Kernberg, 2002）が「転移焦点化精神力動療法（transference-focused psychodynamic psychotherapy）」を，そしてフォナギーら（Bateman & Fonagy, 2004）が「メンタライゼーション精神力動療法（mentalization-based psychodynamic psychotherapy）」を開発して，エビデンスの高い結果を残している。

スーパーヴィジョン以外は長期的な訓練に関するエビデンスがないことは，精神分析の訓練が長期的で負担が重いことにとって深刻な欠点となっている[注3]。

VI　臨床心理学への寄与と将来展望

精神分析的アプローチは診断，治療，そして心理的アセスメントと心理療法において精神科臨床に大きな影響を与えてきた[注4]。今後公認心理師の数が増えていけば，臨床場面で精神分析の知識と臨床とが必要な場もまた増えていくだろう。

精神力動論の論点を明確な言葉にしていくこと，そして臨床場面での実践を累積していくことが今後ますます求められている。

◆学習チェック表
□　精神分析的アプローチの特徴を理解した。
□　精神分析の歴史的な経緯をおおまかに理解した。
□　精神分析のパーソナリティ論から見た障害論を理解した。
□　精神力動論の治療的概念，転移その他の概略を理解した。

より深めるための推薦図書

Gabbard, G.（2010）*Long-term Psychodynamic Psychotherapy: A Basic Textbook.* Washington D. C.; American Psychiatric Association Publishing.（狩野力八郎訳（2012）精神力動的精神療法：基本テキスト．岩崎学術出版社.）［新版が出されているが内容は基本変わりがない］

McWillams, N.（1999）*Psychoanalytic Case Formulation.* The Guilford Press.（成田善弘ら訳（2006）ケースの見方・考え方：精神分析的ケースフォーミュレーション．創元社.

妙木浩之（2010）初回面接入門．岩崎学術出版社.

小此木啓吾（1985）精神分析の臨床的課題．金剛出版．［オンデマンド版がある］

文　献

Bateman, A. & Fonagy, P.（2004）*Psychotherapy for Borderline Personality Disorder: Mentalization-based Treatment.* London; Oxford University Press.（狩野力八郎ら訳（2008）メンタライゼーションと境界パーソナリティ障害．岩崎学術出版社.

Bollas, C.（2002）*Free Association.* New York; Icon Book.

Fonagy, P., Kachele, H., Krause, R., Jones, E., Perron, R. & Lopez, L.（1999）*An Open Door Review of Outcome Studies in Psychoanalysis.* London; International Psychoanalytical Association.

Freud, A.（1936）*Das Ich und die Abwehrmechanismen.* Fischer Taschenbuch; Auflage.（外林大作訳（1985）自我と防衛．誠信書房.）

Gabbard, G.（2010）*Long-term Psychodynamic Psychotherapy: A Basic Textbook.* Washington D. C.: American Psychiatric Association Pblishing.（狩野力八郎訳（2012）精神力動的精神療法：

注３）訓練分析や個人分析に関するエビデンスはほとんどない。また国際精神分析協会も精神分析家になる訓練にかかるコストの問題に直面しており，訓練分析の頻度の週３回を許容しつつある。

注４）歴史的に見れば，かつてラパポート（Rapaport, D.）らがメニンガー・クリニックで開発した心理テストのバッテリー論は，米国での心理師たちの医療の中での地位を高めてきたし，少なくとも米国では 1938 年の精神分析協会の決定が良い意味でも悪い意味でもさまざまな心理療法の流れを生み出す契機になった。ちなみにアメリカ心理学会には，歴史の長い第 39 部会という精神分析部会があるが，80 年代にはその部会を中心に，心理学者たちに精神分析協会が門戸を開放するための訴訟が行われて，和解の形で勝訴している（Wallerstein, 1998）。

基本テキスト．岩崎学術出版社．）

Gabbard, G.（2014）*Psychodynamic Psychiatry in Clinical Practice.* American Psychiatric Association Publishing.（奥寺崇ら監訳（2019）精神力動的精神医学［第５版］．岩崎学術出版社．）

Gray, A.（1994）*An Introduction to the Therapeutic Frame.* London; Routledge.

北山修・高野晶編（2017）週１サイコセラピー序説．創元社．

Kris, A. O.（1982）*Free Association: Method and Process.* New York; Yale University Press.（神田橋條治訳（1987）自由連想―過程として方法として．岩崎学術出版社．）

Levy, R. & Ablon, S. J. (eds.)（2009）*Handbook of Evidence-Based Psychodynamic Psychotherapy: Bridging the Gap Between Science and Practice.* Human Press.（安達圭一郎訳（2012）エビデンスベイスト精神力動的心理療ハンドブック―科学と臨床実践をつなぐ試み．北大路書房．）

Lingiardi, V. & MacWilliams, N. (eds)（2017）*Psychodynamic Diagnostic Mannual, 2nd Edition.* New York; The Guilford Press.

Malan, D. H.（1979）*Individual Psychotherapy and the Science of Psychodynamics.* London; Butterworth.（鈴木龍訳（1992）心理療法の臨床と科学．誠信書房．）

McWillams, N.（1994）*Psychoanalytic Diagnosis: Understanding Personality Structure in the Clinical Process.* New York; The Guilford Press.（成田善弘ら訳（2005）パーソナリティ障害の診断と治療．創元社．）

妙木浩之（2010）初回面接入門．岩崎学術出版社．

Solomon, M. F., et al.（2001）*Short-Term for Long-Term Change.* New York; Norton Professional Books.（妙木浩之訳（2014）短期力動精神療法入門．金剛出版．）

Ursano, R. J., Sonnenbcrg, S. M., & Lazar, S. G.（2004）*Concise Guide to Psychodynamic Psychotherapy: Principles and Techniques of Brief, Intermittent, and Long-Term Psychodynamic Psychotherapy.* Washington D. C.; American Psychiatric Association Publishing.

Wallerstein, R. S. (1998) *Lay Analysis: Life Inside the Controversy.* London; Routledge.

Yeomans, F. E., Clarkin, J. E., & Kernberg, O. E.（2002）*A Primer of Transferece-focused Psychotherapy for the Boaderline Patient.* Lanham; Jason Aronson Book.

第5章

分析心理学的アプローチ

河合俊雄

Keywords　自己関係，イメージ，集合的無意識，発達障害，分離と結合，物語，象徴，前近代

分析心理学（analytical psychology）は，スイスの心理学者・精神科医のユング（Jung, C. G. 1875-1961）が創始した。最初ユングはフロイト（Freud, S.）に後継者と目され，1910年に設立された国際精神分析協会の初代会長を務めたほどであったが，後に袂を分かった。前章の「精神分析的アプローチ」とは理論的に「無意識」を前提とするように共通点も多く，広い意味では力動論的な立場に入る。ここでは主に心理療法に関わることに関連して，分析心理学の理論を紹介したい。なお日本では，「ユング心理学」というのが一般的であるが，学会名が「国際分析心理学協会」（International Association for Analytical Psychology, https://iaap.org）であるように，創始者の名前を使うのではなく「分析心理学」が海外では主に用いられるようになってきている。

I　心理療法と自己関係

心理療法は，うつや人間関係の問題など，何らかの症状や問題を抱えた人が解決を求めて受けにきたり，あるいは問題を感じた周囲の人によってリファーされてきたりするものである。するとその症状や問題を，医学的処置のように，セラピストや精神科医が解消したり，解決方法を具体的に教えたりできるように思われるかもしれない。クライエントの中にはそのような期待を持って心理療法を受けにくる人もいる。しかし多くの心理療法の特徴は，1週間の決まった時刻に50分間相談室で面接するなどのように，決められた時間・場所という場を設定し，提供することによって，クライエントが自ら主体的にその症状や問題と時間をかけて取り組み，解決していくことを目指すところである。

その意味で，多くの心理療法は，クライエントが自分自身と向き合うための方

法を用意しており，そのベースには自分と自分自身との関係，つまり「自己関係」（self-relation）のモデルがある。たとえば，一世を風靡し，また多くの心理療法の基本的な姿勢ともなっているロジャーズ（Rogers, C. R.）によるクライエント中心療法（本書７章「ヒューマニスティック・アプローチ」）における非指示的な応答を例にとってみると，セラピストはクライエントの発言に対して，問い直したり，解釈したり，助言したりしない。「Ａさんのことに腹が立つ」とクライエントが言うと，「腹が立つのですね」などとそのまま受け入れて返す。「先生はどう思われますか？」と尋ねられたことに対しても，「私の考えを知りたいと思っているのですね」と返す。つまりクライエントの発言は，「自分はそのように思っている」として自分自身に戻ってくる。精神分析（本巻４章）における自由連想では，クライエントは自由に連想することを求められ，それに対してセラピストは助言や価値判断などを控える。フロイトが分析家を「曇りのない鏡」にたとえたことからもわかるように，自由連想とは，たとえセラピストが存在していても，クライエントの自分自身との対話である。

このようにして心理療法の中でクライエントは自分自身について内省し，問い直すことを求められる。そこには常に自己関係が前提とされている。これはクライエントの主体性を最大限に生かそうとする力動論的な立場や，クライエント中心療法に限らない。たとえば認知行動療法（本巻６章「行動論・認知論的アプローチ」）においても，クライエントが自動思考や思い込みなどの自分の認知の歪みを自覚し，それを修正することが大切なので，その意味では自己関係に基づいている。

臨床心理学や心理療法のさまざまな理論を考えてみると，自己関係をどのような方法で心理療法において実施し，それをどのように理論的に捉えているかによって立場が分かれてくる。たとえば精神分析の「自由連想」という自己関係の方法には，その際にクライエントが自分では思いもしなかったことが語られるようになるということで，自分の意識していない「無意識」を理論的前提としている。そして自由連想がセラピストに関係づけられることによって，自己関係はさらにセラピストとの「転移関係」として捉えられていく。家族療法などのシステミック・アプローチ（本巻８章）においては，現実を外から見るリフレーミングが重要な技法であり，これも１つの自己関係のバリエーションである。つまりその場合には自分と家族などのシステムとの関係が自己関係となっている。

また自己関係は，心理療法のための道具や前提となると同時に，過剰な自意識として，問題や症状を作り出す原因ともなることにも留意しておく必要がある。

つまり多くの症状は自己関係によって生じている。たとえば，非常によく見られる症状であるうつ状態は，罪悪感によることが多く，罪悪感は，まさに自分が自分を責めるという自己関係によって生じてくる。不安や恐怖症は，自分が何かに脅かされていると感じるという自己関係から生じてきて，恐怖症の場合にはその脅かす対象が特定されている。つまり閉所恐怖のように，脅かすものは必ずしも客観的に見て脅威的なものではなく，自分の作り出しているものなので，自分と脅かすものとの関係は実は自己関係にあるのである。

このように心理療法は自己関係を前提にしているので，そのようなこころの構造を持っていなかったり，自己関係にとどまることがむずかしかったりする人が適用外になってしまう。たとえば，直面している問題に対してすぐに行動化してしまい，自分の問題として受けとめて内省することができない人は，心理療法で扱うことがむずかしい。それどころか身体疾患に心理的なことが関連しているのに，自分に問題があるとか，自分が困っているとかすら感じることができない人は，心理療法の対象外となってしまう。しかし逆に心理療法は，自己関係の持てない人に対してもその適用を拡大していったと言え，分析心理学におけるこの試みについても後でふれたい。

それでは分析心理学はどのような形で自己関係を心理療法において行い，またどのような理論に基づいているのであろうか。まず分析心理学における自己関係の特徴は，イメージを用いることである。ユング派の心理療法においては，イメージが重視される。その結果として，理論的には個人を超えた無意識を前提とするようになる。しかしその前に，ユング初期の研究と理論であるコンプレックスについて解説したい。

II　自己関係とコンプレックス

分析心理学の理論は，自己関係をイメージによって捉えていくことによって成立しており，それに対応して，同じ無意識でも，個人を超えた集合的無意識が理論的に強調される。その中で，やや例外的にイメージの演じる役割が少ないのが，コンプレックスの理論である。

これはコンプレックスの考え方が，ユングの初期の研究である言語連想検査から生まれたことにも関係している（Jung, 1973／高尾訳，1993）。チューリッヒ大学の精神科勤務時代にユングは，100 語の刺激語に対して，それぞれの連想を一語で求めて反応時間を記録し，終了後に反応語の再生を求める言語連想検査に

よって，多くの研究成果をもたらした。その際にユングが注目したのは，言語連想において，どの刺激語にどのような反応語が生じるかという内容ではなく，反応時の混乱や障害である。反応語自体に特に注目に値する内容はなくても，たとえば反応時間が遅れたり，後から反応の再生を求めたときに覚えていずに再生できなかったりするように混乱が見られることがある。

そのような場合，反応や再生に障害が認められた刺激語を検討すると，それらの意味が関連しあって，１つの複合体をなしていることが多いのをユングは見出した。これが「感情に色づけられたコンプレックス」（複合体；gefühlsbetonter Komplex）である。たとえば，父親や権威的なことにひっかかりやこだわりがある人は，父親や権威につながるいくつかの刺激語に対して動揺したり，反発する気持ちが生じたりするので，反応時間が遅れたり，反応時に大きな動作を示したり，後から反応語を思い出せなかったりなどの混乱を示す。これがコンプレックスである。

このコンプレックスの理論には，分析心理学における自己関係の捉え方の特徴が，特に精神分析との対比でよく示されている。まず精神分析においては，エディプス・コンプレックスが中心になり，また性的な側面が強調されるのに対して，分析心理学におけるコンプレックスは性的なものだけでなくて，非常に多様である。そして父親コンプレックス，母親コンプレックス，金銭コンプレックス，劣等感コンプレックスなど，さまざまなコンプレックスが，言語連想時に混乱を引き起こしたように，現実においてもさまざまな症状や問題を引き起こしていると考える。不安障害，うつ状態，人間関係の問題など，さまざまな症状や問題で心理療法を受けに来る人たちにおいて，どのようなコンプレックスが働いているかという発想を持つことは，非常に有効である。

分析心理学の理論の中では，意識の中心である自我がさまざまなコンプレックスによって脅かされると考える。つまりコンプレックスも自分のこころの中にあり，自分の一部だとすると，自我とコンプレックスとの間に，自己関係が存在するのである。自我はさまざまなコンプレックスによって脅かされ，それによって症状や心理的な問題が生じてくる。またコンプレックスが意識の中心である自我とは区別されていることからわかるように，コンプレックスの多くは無意識である。だからこそコンプレックスは思わぬところで問題やトラブルを引き起こすのであり，またコンプレックスにまず気づくことの意味は大きいことがわかる（河合隼雄，1971）。

さらにユングにおいて特徴的なのは，自我も多くのコンプレックスの中の１つ

と考えているところである（Jung, 1971, par. 810／林訳, 1987）。つまり自我のポジションは絶対的なものではなくて，他のコンプレックスによって取って代わられることが可能であり，その中心性や支配性は相対的なものに過ぎない。ここには解離性障害や，統合失調症を理解するためのヒントが含まれている。

このようなコンプレックスをどのように克服したり，統合したりするかについては，後で検討する。

III　自己関係とイメージ

分析心理学は心理療法において，夢，描画，箱庭などのイメージを重視している。特に分析家になるための訓練において受ける分析（心理療法）は，ほぼ夢分析だけによってなされている場合が多い。もちろん分析心理学にもさまざまな立場があって，いわゆる教育分析においても，寝椅子で週複数回のセッションを設けて，精神分析に近いセッティングを用いるグループや分析家も存在する。しかし一般的には，週1度のセッションに，記録しておいた夢を持っていき，それについて話し合うことが中心である。その意味で夢を扱う心理療法は，夢において表現された自分を，セッションのときに捉え直す作業をしており，まさにイメージによる自己関係を検討している。夢にたとえば母親や友人などの現実に知っている人が登場しても，それらは実際の母親や友人と異なり，あくまでも自分の作り出した母親イメージや友人イメージであり，その意味では自分自身の一部である。つまり夢を検討することは自己関係に基づいているのである。

また日本における分析心理学は，箱庭療法（sandplay therapy；本書13章「非言語的アプローチ」）を通じて広まったところが大きい。箱庭療法においては，内側を青く塗った箱の中に砂を入れたものに，砂を掘って海や川のように見えるようにしたり，盛り上げて山のようにしたり，またミニチュアやおもちゃを並べたりして，風景などを作っていく。それはまさにイメージを通じて，自分を表現していることに他ならない。さらには，72 cm × 57 cm という箱庭の大きさは，近くにいてもちょうど全体が視野に入るくらいであり，全体を見渡すこと自体が暗黙のうちの理解や解釈を促しており，自己関係に寄与している。

その意味で分析心理学は，自己関係を自分とイメージとの関係として捉えていることがわかる。その方法論をユングが自分自身に実施した成果が『赤の書』（Jung, 2009／河合俊雄訳, 2010）である。ユングは第一次世界大戦前にフロイトとの決裂もあって精神的な危機に陥り，圧倒されるような夢やヴィジョンを体

験した。それに対してユングは，それを避けるのではなくて，イメージを積極的に喚起して，現れてきた人物像と対話したり関わったりすることによって，危機を乗り越えていった。これはアクティヴ・イマジネーション（active imagination）と言われる技法である。そのイマジネーションの内容を記録し，また絵を付け加えたものが『赤の書』である。喚起したイメージに関わったり，人物像と対話したりするように，ここには自己関係によってこころを探求し，また危機を乗り越えようという姿勢と方法論が認められる。また『赤の書』の各章が，必ずイメージの記録とそれの解釈の２つの部分から成り立っているように，自己関係にはまず自分を表出し表現することと，それからそれを理解していくことの両面がある。また『赤の書』の例にも示されているように，描画もイメージの表現としてユング派の心理療法の中でよく用いられる方法である。

分析心理学の心理療法は，イメージを通して自己関係にアプローチする方法論を用いるとしたが，それでは夢を見ない人，あるいは夢を報告しない人，箱庭や描画を拒否する人はどうすればよいのであろうか。他の心理療法においても，通常の語りの中で夢が報告されることがある。その場合に，夢は語りの一部として理解される。したがって夢に母親が登場しても，それは母親についての語りの中の１つの側面として理解される。つまり夢はふだんの母親との関係など，現実から理解される。それに対して分析心理学では，次節で解説するように，現実や過去の事実から夢を理解するのではなくて，現実とは異なるイメージとして捉えていく。同じようにして，現実の語りに対しても，夢のようにして，イメージとして聴くことになる。それではイメージとして聴き，捉えるとはどういうことなのであろうか。

Ⅳ　補償，集合的無意識と元型

先に示唆したように，分析心理学ではイメージを親子関係など，個人の記憶や経験に還元しない。たとえば母親に否定的なことを言われる夢をクライエントが報告したとしよう。すると，このクライエントの母親は実際にいつも否定的なことを言っているのではないか，それがこのクライエントの問題を作り出しているのではないかなどと考えがちになる。

しかしそのようにイメージを捉えていくと，イメージは現実のコピーのようになってしまって，何の新しい要素ももたらさない。むしろイメージが現実とどのように異なるのかが大切である。ユングは夢や無意識の「補償」（compensation）

という機能に着目した（たとえばJung, 1987／氏原監訳，1992, p.21)。つまり現実での認知のあり方と違って，夢には現実と異なっていたり，それどころか「補償」と言われるようにそれと正反対だったりするあり方や見方が生じてくる。夢での母親のあり方は現実と同じように否定的に思えても，それは現実でのあり方と少し異なるかもしれない。現実では母親の否定的な言動に従っているだけのクライエントが，夢では異なる反応や対応をすることに成功しているかもしれない。それどころか現実では否定的な母親が，夢ではそれと全く異なっていたり，正反対に肯定的な接し方をしたりするかもしれない。

このように過去の生育史や，現実に縛られないでイメージにアプローチすることによって，分析心理学の心理療法ではイメージから新たな治療的インパクトや方向性を得ていこうとする。その背景にある理論的仮定が，人間のこころ・無意識は個人的な経験に限定されず，個人を超えた集合的無意識（collective unconscious）にまで広がっているというものである。たとえば先の母親の例では，人間のこころには個人的なスケールを超えた「母なるもの」のイメージが存在していて，それには魔女や山姥（やまんば）のような否定的なものもあれば，女神やマリアのような肯定的なものもある。したがって生育史においてや現実の母親が非常に冷たくて拒否的であるにもかかわらず，肯定的な母親イメージが生じてくる可能性がある。逆に必ずしも現実の母親が否定的な人ではないのに，子どもからすると非常に悪く，冷たい母親のように感じられることが，心理療法を行っているとよく見られる。これはまさに，人間のこころに存在する集合的無意識の働きのためであると分析心理学では考える。

このような個人のこころを超えた集合的無意識をユングが仮定するようになったのは，ユングが精神科において統合失調症の治療に関わっていたこともおおいに関係している。統合失調症の発病は，個人の生育史や親子関係だけからは理解しがたい。またその妄想や幻覚には，個人の経験だけによるのではなくて，神話的な内容が現れてくることがある。ユングは，ある統合失調症患者の述べた「太陽のペニス」についての妄想が，ミトラ教の経典に出てくることを発見し，またその患者がこの経典のことを知っていたはずがないことから，個人の体験を超えた集合的無意識の存在，さらにはその内容である「元型」（archetype）の存在を確信するようになる（Jung, 1960, par. 317ff；河合隼雄，1967/2009, p.77)。

つまり人間のこころの中，特に集合的無意識には，たとえば「母なるもの」「グレートマザー」という元型があって，それには養い，絶対的に守ってくれる肯定的なものもあれば，呑み込んでしまったり，迫害したりするような否定的なもの

も存在するのである。河合隼雄が日本における不登校の心理療法に取り組むうちに，自分のクライエントの見た「肉の渦」の夢をきっかけとして，子どもを呑み込んでしまうような否定的なグレートマザーの存在を認めたのは有名な例である（河合隼雄，1967/2009, p.71）。河合は，日本人の社会やこころでは，分け隔てをしなかったり，「甘え」の概念に代表されるような全てを受け入れたりするような母性的な力が強いけれども，それの呑み込んでしまい，縛ってしまうような否定的な側面が不登校や，後のひきこもりなどを引き起こしていると考えた。

V　物語と象徴

自己関係としてのイメージには，自分を表出し，表現していく面と，それを内省し，理解する面の両方が含まれる。イメージを理解し，内省するために分析心理学において重要なパラダイムが，「物語」と「象徴」である。

ユングは，夢を理解するためには，その劇的構造，つまり物語性に注目することが大切であるのを指摘していた（Jung, 1987 ／氏原監訳，1992, p.49）。劇には，起承転結の構造がある。つまりそれと同じように夢を理解していくことが大切であるとユングは見ていた。そして，最後にまとめる結末の部分が欠けている夢は問題であるとしている。これについては，日本で夢を扱っていると，結末部分の欠けている夢によく出会い，結末部分をまとめるということには西洋的な自我の機能や主体性が強く関わっていることが推察される。

同じようにパラダイムとしての物語構造は，夢，箱庭，絵画など，どのイメージをとっても，個々のものだけでなくてシリーズで理解していくことの大切さに示されている。たとえば箱庭療法において，最初川によって分断されていた２つの領域に橋が架かるようになる，ごちゃごちゃでカオスだったものに秩序ができるようになる，さまざまな部分に柵などによって閉じられていたのが，開放されるようになるなどのように，回数を重ねていくうちに連続的な変化が生まれるのに対して，ある種の物語性を読み取っていくのは大切である。

夢に関しても，系列で理解するのが大切なことはよく強調されている。たとえば不安発作の人が，心理療法の最初のころには，何かわからないものによって脅かされて不安になる夢を見ていたのが，次第に不安の対象が明らかになっていき，その対象と関係を持てるように変化していくなどのように，夢もシリーズによって理解していくことが大切である。

もう１つの重要なパラダイムが象徴性である。イメージを個人の生育史などか

ら理解するのではなく，集合的無意識の現れと見るときに，その内容を理解するための手がかりとなるのが象徴性である。われわれはどうしてもイメージをクライエントの過去の経験やパーソナリティから捉えようとしたり，あるいは常識的な判断から理解したりする傾向を持っている。しかし個人を超えた無意識の層から生じてきていると考えられるイメージには，そのような見方と全く異なる次元が存在する。それにアプローチするための手がかりとなるのが象徴性である。

たとえば夢や箱庭に蛇が登場することはしばしば認められるが，そのようなときにクライエントは，最近テレビで蛇を見たからとか，蛇は気持ち悪いなどと常識的な見方で片付けてしまいがちになる。しかし蛇には神話や昔話に認められるように，さまざまな象徴的意味がある。たとえば蛇は脱皮をすることから，死と再生の象徴として登場することが多く認められ，したがって心理療法における転機を示すことがある。あるいはアスクレピオスの杖のように，薬や医術と関係したり，鳥とペアになって天地のコスモロジーを示したりもする。このようにイメージは象徴性によって全く違う次元を開くし，またその象徴性を知っていることが，イメージの正しい理解につながる。だから分析的心理学の訓練においては，神話，昔話，宗教儀礼など，象徴に関する知識を身につけることが重視されるのである。

イメージの象徴的理解に近いが，ある夢やイメージの背景にどのような物語があるのかという見方も重要である。たとえば非常に冷たい母親のことが夢でテーマになっているときに，シンデレラの物語をある種の補助線のようにして見ていくと，よく理解できることがある。夢やイメージだけでなくて，クライエントの語りを聴くときにも，背景となっている物語を想定していくと，その語りをもう少し違う次元で受けとめられるかもしれない。たとえば暴力的であるとか，発達障害的であるとか見なされている男の子のクライエントも，背景にスサノオの物語を置いて見てみると，より理解しやすいものになり，単に病的なものとして見なす見方から自由になれるかもしれない。

VI　個性化の過程

心理療法においては，問題を解決し，苦しみから多少とも解放されるのが大切である。しかしユングはこれにとどまらず，心理療法においては，イメージを通して現れてくるものとの関係を通じて，人格の発展や成熟が生じると考えていて，それを「個性化（individuation）」と名づけた。これは「自己実現」と言い換える

こともできる。

これは自分と対立するものとして現れてきた集合的無意識の内容を排除するのではなく，それとつながっていくことと言えよう。コンプレックスとの関係においても，それを抑圧したり，排除したりするのではなく，統合しようという姿勢が見られる。『赤の書』に記されたのはまさに個性化のプロセスとして理解できる。その際に無意識から生じてきたイメージは，最初は自分とは異なる同性の姿を取る「影」として，後には男性にとっての女性像である「アニマ」，女性にとっての男性である「アニムス」のようにして，異性像として現れてくることをユングは経験的に認めた。それはさらに，自我とは区別されたこころ全体の中心としての「自己」の像に至る（このプロセスは，Jung, 1953／松代訳，1995 に詳しい)。自己のイメージとしてユングは曼陀羅（マンダラ）を重視したことも知られている。

このように無意識からの異性像とつながることが大切になるからこそ，分析心理学においては「結合」が大きなテーマになる。晩年のユングは，錬金術の研究を通じて結合の問題と取り組んだが，それについては次節でふれたい。

Ⅶ　治療関係：第三のものとしてのイメージ

多くの心理療法において，自己関係は，クライエントとそれの表象との関係になる。イメージとは異なって，家族，治療関係，認知枠の場合は，表象ではなく具体的な現実であるかのように思われるかもしれない。しかしそれらも，自分を何かに投影しているという意味では共通している。

分析心理学の場合も，自分をイメージに投影しているように捉えることもできるが，それは他の心理療法と少し異なる。ユングは，イメージや無意識はクライエントが生み出すものではなく，クライエントとセラピストの間にある「第三のもの」と捉える（Jung, 1964, par. 399／林訳, 2016)。つまりクライエントのもたらす夢，描画，箱庭などは，単なるクライエントの表象や投影というレベルにとどまらないというのである。

これは箱庭療法を考えてみるとわかりやすい。箱庭はクライエントが一人で作り，またクライエントの視野におさまって暗黙の理解が促進され，クライエントの自己表現と自己関係として捉えられるかもしれない。しかし箱庭はまさにクライエントとセラピストの間にある「第三のもの」として見た方が適切である。

この見方に近いのが，ウィニコット（Winnicott, D. W.）の「移行対象」（transitional object）である。ウィニコットは，幼児がお気に入りのタオル，毛

布，ぬいぐるみなどを持っていて，それを手放したがらないことに着目した。ウィニコットによれば，それは母親が実際に子どもと一緒にその場に存在したり，子どもから接触できたりする状態から，母親が不在でも子どもの中に内在化されて，母親もお気に入りの対象もなくても大丈夫になる状態への移行期に出現する対象であると考え，それゆえに「移行対象」と名づけた。多くのこどもたちが，ある時期になるとお気に入りで絶対に手放さなかったぬいぐるみなどを必要としなくなるのは，母親が内在化されたからである。

しかし移行対象は，単に現前している母親から，不在だが内在化された状態への移行としてだけでなく，母親と子どもの中間にあるものと考えられる。つまりそれは母親の代わりであると同時に，クライエント自身の主体の代わりでもある。母親の現前に完全に依存している状態では，子どもは母親と一体であり，そこに何の隙間もない。しかしその両者が分離してくると，母親でもあり，自分自身でもあるものが第三のものとして対象化される。

このような第三のものとしての対象やイメージは，子どもの発達段階において特徴的なだけでなく，前近代の世界観においても一般的に存在した。たとえばオーストラリアの先住民は，チュリンガと呼ばれる模様を描いた扁平で楕円形の石や木の棒を持っている。それは祖先の身体とも見なされている。先ほどの移行対象が，母親の代わりであったり，母親と子どもの間に現れていたりしたのに対して，ここでは祖先の身体や霊的なものの現れと考えられている。

そうすると，治療関係というものも，クライエントとセラピストとの間の二者関係ではなくて，その間に生じてくるものが重要になる。

また晩年のユングは，錬金術の研究を通じて，転移と結合の問題に取り組んだ（Jung, 1964／林訳，2016）。イメージとの自己関係に着目すると，夢やイメージの中の自分とは異なるものとして登場してくる対象との関係が重要になる。たとえば不安発作や不安障害の女性の夢には，犬や男性に追いかけられているモチーフがよく登場する。それは異性像との関係や結合のテーマになっていく。

その際に重要となるのが，結婚の四位一体性と呼ばれるモデルである。自己関係としてのイメージとの関係に取り組むうちに，ユングは個人的な関係のレベルと，無意識での関係のレベルを区別するようになる。錬金術師（adept）には，「神秘の妹（soror mystica）」と呼ばれる女性の助手がいたが，重要なのは錬金術師と神秘の妹の関係ではなく，錬金術のフラスコの中での王と王妃のイメージ関係，つまり心理学用語を用いると無意識でのアニマとアニムスの関係である。その無意識の関係に至るために，現実の人間とは区別された異性像が大切になる。そして

究極的には，ユングは現実や自我のレベルではないところでの結合が大切であると考え，それを「結合と分離の結合」つまり結合と分離の両方の要素を含む結合として捉えようとした（Jung, 1955／池田訳，1995/2000）。

ここには転移の現象を，個人を超えたレベルで生じているものとして理解しようという姿勢が見られる。またこれは何か宗教的な，超越的なレベルでの話であって，実際の心理療法とは関係がないように思われるかもしれないが，それの臨床的な射程については，次節で説明したい。

Ⅷ　文化・時代的側面

日本で分析心理学は箱庭療法を通じて爆発的に流行したが，それにはものの魂を認めるような日本人のこころのあり方が大きく寄与したと考えられる。それは主体の自己関係に基づく心理療法というよりは，むしろ後期ユングの第三のものとしてのイメージに近く，こころの古層として残るものをうまく生かしているのである（河合俊雄，2020）。

このような歴史的・文化的な主体の弱さや，自己関係の弱さもあって，近年の日本において，発達障害が非常に増えていると思われる。1960 年代くらいまでの日本におけるポピュラーな症状は対人恐怖で，近所の人に噂されている，クラスで後ろの席からの視線を感じるなどのように，親しい人と見知らぬ人との中間にいる人に対して抱く不安であった。中くらいの親しさの人とは，まさに共同体を形成しているものなので，共同体から自立しようとすると，その共同体が恐ろしいものに思えて，対人恐怖という症状が生まれてきたと考えられる。その意味でこれは自己関係，つまり自分と投影された共同体（他者）の関係をベースにする症状であった。

それに対して近年の発達障害では，自立しよう，分離しようという方向性が見られず，親なども融合し，そもそも夢などにおいても自己関係が見られないところが問題であると思われる（河合俊雄，2010）。

意外なことに，結合をテーマにしたユング晩年の思想が，発達障害の心理療法に役に立つ。つまりユングは，いかに集合的無意識とつながるか，そこでの結合を目指したけれども，日本における発達障害の心理療法では，全く逆の方向に，融合からいかに分離し，主体が立ち上がるかが重要になる。またユングが「結合と分離の結合」ということを述べたように，発達障害・自閉症スペクトラム障害においては，ミニカーを並べるような規則正しい世界から一度カオスや融合を作

り出し，それから分離することが重要になる（河合俊雄，2010）。つまりここにおいても「結合と分離の結合」という論理が働いているのである。

さらには，近年における震災のこころのケア，ターミナルケア，身体疾患へのこころのケア，犯罪被害者への支援，逆に犯罪者への心理プログラムなどにおいて，アウトリーチの需要が高まっており，自己関係を前提としないこころのあり方をしている人への支援が増えてきている。その際に分析心理学のような非言語的アプローチが有効な場合も多いと考えられる。実際のところ，日本での震災のこころのケア，また海外での虐待，戦災を受けた子どもたちへの箱庭を用いての支援において（Pattis, 2012），大きな成果を上げている。今後の分析心理学的アプローチにとって非常に有望な方向であると同時に，従来の長時間に渡る訓練の意味も問い直す時期が来ているのかもしれない。

◆学習チェック表

- □　心理療法が自己関係とすると，精神分析と分析心理学はそれをどのように用いているか。
- □　発達障害の心理療法について，分析心理学はどのように有効か。
- □　イメージを使うことにより，どのように心理療法は広がるか。

より深めるための推薦図書

Jung, C.G. (1928/1953) *The Relations Between the Ego and the Unconscious. Two Essays on Analytical Psychology (Collected Works. 7).* Princeton University Press.（松代洋一訳（1995）自我と無意識．第三文明社.）

河合隼雄（1967/2009）ユング心理学入門．岩波書店.

河合俊雄（1998/2015）ユング：魂の現実性．岩波書店.

河合俊雄編（2013）ユング派心理療法．ミネルヴァ書房.

文　献

Jung, C.G. (1921/1971) *Psychological Types. (Collected Works. 6).* Princeton University Press.（林道義訳（1987）タイプ論．みすず書房.）

Jung, C.G. (1927/1960) *The Structure of Psyche. The Structure and Dynamics of the Psyche (Collected works 8).* Princeton University Press.

Jung, C.G. (1928/1953) *The Relations Between the Ego and the Unconscious. Two Essays on Analytical Psychology (Collected Works. 7).* Princeton University Press.（松代洋一訳（1995）自我と無意識．第三文明社.）

Jung, C.G. (1946/1964) *The Relations Between the Ego and the Unconscious. Two Essays on Analytical Psychology (Collected Works. 7).*（林道義訳（2016）転移の心理学．みすず書房.）

Jung, C.G. (1955) *Mysterium Conjunctionis (Collected Works. 14).* Princeton University Press.（池田紘一訳（1995, 2000）結合の神秘Ⅰ，Ⅱ．人文書院.）

Jung, C. G.（1973）*Experimental Researches (Collected Works. 2)*.（高尾浩幸訳（1993）診断学的連想研究．人文書院.）

Jung, C.G.（1987）*Kinderträume*. Walter Verlag.（氏原寛監訳（1992）子どもの夢Ⅰ．人文書院.）

Jung, C.G.（2009）*The Red Book*. Norton.（河合俊雄監訳（2010）赤の書．創元社.）

河合隼雄（1967/2009）ユング心理学入門．岩波書店.

河合隼雄（1971）コンプレックス．岩波書店.

河合俊雄編（2010）発達障害への心理療法的アプローチ．創元社.

河合俊雄（2020）心理療法家がみた日本のこころ：いま、「こころの古層」を探る．ミネルヴァ書房.

Pattis, E.（2012）*Expressive Sandarbeit: Eine Ethode psychologischer In-tervention in Katastrophengebieten und extremen sozialen Notlagen*. Psychosozial Verlag.（河合俊雄監訳，小木曽由佳訳（2018）危機介入の箱庭療法：極限状態の子どもたちへのアウトリーチ．創元社.）

第6章

行動論・認知論的アプローチ

坂井　誠

Keywords　認知行動療法，行動療法，認知療法，マインドフルネス，機能分析，認知モデル，ケースフォーミュレーション，実証的アプローチ

行動論・認知論的アプローチは，科学的，実証的な理論と臨床技術によって，問題の解決をはかる心理療法の集合体である。このアプローチには３つの大きな流れがある。1950年代に出現した「行動療法」，70年代の「認知療法」，そして90年代の「マインドフルネスとアクセプタンスのアプローチ」である。それぞれは，臨床実践のなかで洗練され，あるいは統合されながら，現在も発展し続けている。クライエントの苦痛が少しでも軽くなるように，生活しやすくなるように，協働関係を築きながら支援を行う臨床手段の体系である。

Ⅰ　定　　義

行動論・認知論的アプローチを包括的に表現する用語として，広義の「認知行動療法（cognitive and behavioral therapies）」がある。しかし，狭義には行動療法と認知療法を統合したものを「認知行動療法（cognitive behavior therapy）」と呼んでいる。もっとも，理論モデルを細かく見ると，「行動療法系の認知行動療法」と，「認知療法系の認知行動療法」に分かれている。マインドフルネスとアクセプタンスのアプローチになると，さらに考え方は微妙に異なってくる。

１．広義の認知行動療法

本章では特別に断りを入れないかぎり，認知行動療法という用語を，広い意味で使用する。英語表記では複数形である。認知行動療法という大きな傘の中に，多様なアプローチが集合しているというイメージである。行動療法，応用行動分析，論理療法（論理情動行動療法），認知療法，問題解決療法，ストレス免疫訓練，生活技能訓練（social skills training; SST，社会的スキル訓練），スキーマ療

法，統一プロトコル，マインドフルネス認知療法，弁証法的行動療法，アクセプタンス＆コミットメント・セラピー，行動活性化，メタ認知療法などがある。

認知行動療法の明確な定義は難しいが，次のような共通する特徴を有している。

①エビデンス・ベーストなアプローチである。
②問題解決のために現在に焦点を当てる。
③介入目標を具体的にしてその変容をめざす。
④クライエントのセルフコントロール力を育てる。
⑤クライエントとセラピストの協働関係を重視する。

日本認知・行動療法学会が学会ホームページで公開している内容をひと言でまとめると，認知行動療法とは「行動科学と認知科学を臨床の諸問題へ応用した，複数の理論と多数の技法を包含した治療法」である（http://jabt.umin.ne.jp/index.html）。

2．行動論的アプローチ

このアプローチは，学習理論に裏づけられた諸原理や方法を臨床に応用した行動療法が代表である。久野（1993）は行動療法の特徴を「①測定し制御し得る行動のみをとりあげる。②症状を学習された不適応な習慣行動，もしくは適応的な習慣行動の未成立としてとらえる。③治療は適応的行動の学習，もしくは不適応行動の学習解除としてとらえる」と述べている。なお，行動療法でいう「行動」とは，刺激－反応（S-R）の連鎖で認識把握できるすべての精神活動のことであり（山上，2016），いわゆる認知，感情，身体反応，運動行動を含んだ概念である。

3．認知論的アプローチ

このアプローチは，認知理論（情報処理理論）に準拠している。認知（思考やイメージ）の歪みによって，うつ，不安などの感情や問題行動が生じると考える。介入の焦点は，ネガティブな認知の内容を合理的，柔軟なものに修正することにある。ベック（Beck, A. T. 1921-2021）の認知療法（Beck et al., 1979），エリス（Ellis, A. 1913-2007）の論理療法（Ellis et al., 1975）が代表である。なお，このアプローチでは，認知，感情，身体反応，行動という4つの観点から考える。

4．マインドフルネスとアクセプタンスのアプローチ

このアプローチは，「第3世代の認知行動療法」と呼ばれる。認知の内容ではな

く機能に焦点を当て，「マインドフルネス」と「アクセプタンス」の要素を重視したアプローチである。マインドフルネスの明確な定義は確立していないが（大谷，2014），カバットジン（Kabat-Zinn, 1994）は，意図的に，その瞬間に，判断をせずに，独特の方法で注意を払うことであると述べている。アクセプタンスとは，不快な私的出来事を回避せずにそのまま受け入れることである。

シーガル（Segal, Z. V.）らのマインドフルネス認知療法（Segal et al., 2002），リネハン（Linehan, M. M.）の弁証法的行動療法（Linehan, 1993），ヘイズ（Hayes, S. C.）のアクセプタンス＆コミットメント・セラピー（Hayes et al., 2012），マーテル（Martell, C. R.）らの行動活性化（Martell et al., 2010）などがある。

II　歴　　史

行動論・認知論的アプローチの起源は，1900 年初頭のパブロフ（Pavlov, I. P. 1849-1936）がレスポンデント条件づけ（古典的条件づけ）の研究を始めた頃にまで遡ることができる。しかし科学的な心理療法としての確立は，いわゆる「第１世代の認知行動療法」と呼ばれる，行動療法の誕生を待たねばならない。

１．行動療法の誕生

1950 年代後半から 60 年代に，行動療法が誕生する。この心理療法は，精神分析の創始者フロイト（Freud, S.）のような，一人の始祖から始まってはいない。アメリカのスキナー（Skinner, B. F. 1904-1990）らの精神障害者へのオペラント条件づけ（道具的条件づけ）による行動分析研究，イギリスのアイゼンク（Eysenck, H. J. 1916-1997）の精神分析と比較した行動療法の効果研究，南アフリカの精神科医ウォルピ（Wolpe, J. 1915-1998）の系統的脱感作法に関する臨床研究，というそれぞれに独立した研究から始まる。行動に焦点を当て，「レスポンデント条件づけ」と「オペラント条件づけ」による学習理論を基礎にしている。

しかし，60 年代後半になると，従来の学習理論にバンデューラ（Bandura, A. 1925-2021）の「社会的学習理論」が加わる。直接体験だけでなく，観察することによる学習であるモデリング理論や，自己効力感のような認知的変数が導入され，行動療法に認知という要素が強調されてくる。

２．認知療法の台頭

「第２世代の認知行動療法」は，1970 年代に生まれる。ベックの認知療法がそ

の代表である。もっとも，先駆けとなったのはエリスの業績である。エリスは，1955 年に論理療法を創始し，のちに論理情動行動療法へと発展させた。非合理的信念（イラショナル・ビリーフ）が神経症的感情や行動を引き起こすと仮定し，その信念を論駁することによる介入を行う。エリスの影響を受けた精神科医ベックは，1960 年代からうつ病の臨床研究をはじめ，70 年代に認知療法を完成させた。認知の歪みを修正することによって，うつの改善を図るという認知モデルは，その後，さまざまな障害の支援に応用されていく。

なお，実証的アプローチである行動療法と認知療法は次第に統合され，狭義の認知行動療法へと発展する。パッケージプログラム化もされていく。例えば，マイケンバウム（Meichenbaum, D.）のストレス免疫訓練は，ストレスの概念把握，技術の獲得とリハーサル，実行という３つの段階で構成され，複数の技法がパッケージ化されている。

３．マインドフルネスとアクセプタンスへ

「第３世代の認知行動療法」は，1990 年代に生まれる。このアプローチの基本であるマインドフルネスの源流は，2500 年前の原始仏教にある。しかし，脱仏教化された臨床手段としてのマインドフルネスの歴史は新しく，活用法もさまざまである。例えば，マインドフルネス認知療法では，再発を繰り返すうつ病患者を対象に，ボディスキャン，ヨーガ瞑想，静座瞑想などマインドフルネス瞑想を含む複数の技法が導入されている。弁証法的行動療法（DBT）では，自殺企図を含む精神的混乱を示す境界性パーソナリティ障害患者に対して，行動変容の技法と共に，コアスキルとしてマインドフルネス技法が導入されている。アクセプタンス＆コミットメント・セラピーでは，クライエントが心理的柔軟性を作り出すための１つのプロセスとして，マインドフルネスという概念が導入されている。

なお，「世代」という表現は誤解を招きやすい。古い世代のアプローチが劣っている，ということを意味してはいない。実際，それぞれの世代のアプローチは実証科学としての洗礼を受けながら，今も発展し続けている。

Ⅲ　臨床理論

行動論・認知論的アプローチは，行動科学と認知科学を臨床の諸問題に応用するという考え方を共有している。１つの理論ですべてを説明できるような大理論は存在しない。臨床の要請に応じた複数の理論がある。特殊なパーソナリティ理

論も構築してはいない。

１．学習理論

学習理論は，行動療法の基礎理論である。この理論は，何らかの方法で観察でき，操作的に定義できる行動に焦点を当てる。そして，適応行動も不適応行動も同じ学習の原理によって形成されていると考える。その基本原理は,「レスポンデント条件づけ」と「オペラント条件づけ」である。

レスポンデント条件づけは，パブロフの唾液の条件反射に関する研究に端を発する。無条件刺激（食物）と条件刺激（メトロノームの音）の対提示を繰り返すと，条件刺激に対して条件反応（唾液の分泌）が誘発されるようになるタイプの学習である。乗り物恐怖や動物恐怖のような限局性恐怖症など，不安に関する理論モデルである。なお，この理論から発展した，不安を引き起こす刺激状況を回避せずに,持続的に直面することで不安の軽減を目指すエクスポージャー（曝露）法は，行動療法を含む認知行動療法による介入の重要な要素である。

オペラント条件づけは，ソーンダイク（Thorndike, E. L. 1874-1949）の試行錯誤学習を経てスキナーが研究を深化させた，行動療法の発展に最も影響を与えた理論である。図１に示すような，ある先行刺激（A：Antecedent）により，行動（B：Behavior）が生じ，その結果（C：Consequence）によって，行動が強化されるか弱化される，という機能分析（ABC 分析）を基本とする。この ABC の関係を三項随伴性と呼び，行動の形態（見え方）ではなく，その前後の文脈から明らかになる機能を重視する。例えば，泣くという行動（B）は，どのような状況（A）で生じ，どのような結果（C）が後続したか，という分析から機能を明らかにする。注目という機能かもしれない，苦痛な状況からの回避という機能かもしれない，あるいは何かを要求する機能かもしれない。機能を明らかにすることで，例えば，同じ機能を持つ適応的な代替行動を形成する，という代替行動分化強化に基づいた介入計画を立てることも可能になる。

２．認知理論（情報処理理論）

認知理論（情報処理理論）は，認知療法の基礎理論である。エリスは，環境からの賦活事象（A：Activating event）が，非合理な信念体系（B：Belief system）という認知を介して，不安，うつ，問題行動などの結果（C：Consequence）をもたらすと考えた。図２が認知療法の基本となる認知モデル（ABC モデル）である。

ベックはエリスの ABC モデルに影響を受け，ネガティブなライフイベント（A）

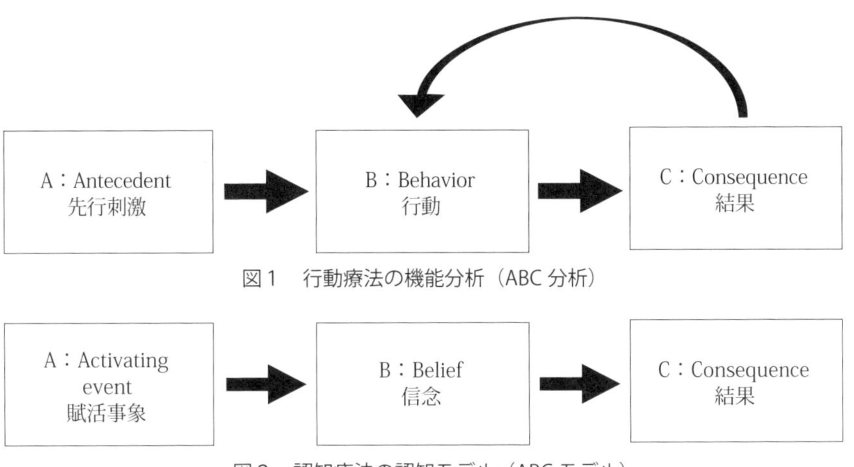

図１　行動療法の機能分析（ABC 分析）

A：Activating event
賦活事象
B：Belief
信念
C：Consequence
結果

図２　認知療法の認知モデル（ABC モデル）

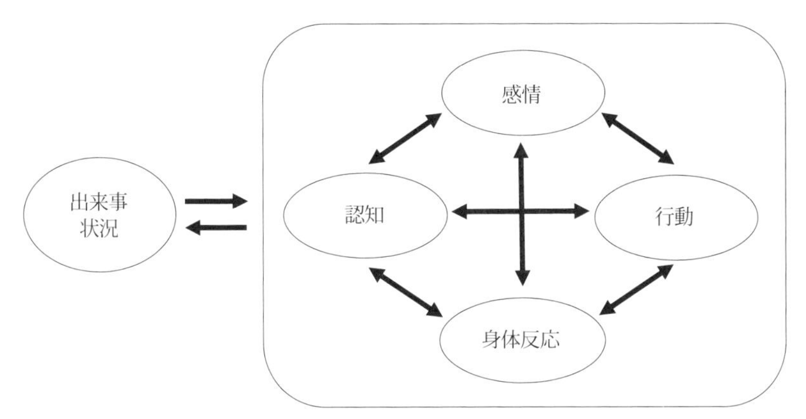

図３　狭義の認知行動療法の基本モデル

が,「抑うつスキーマ」「推論の誤り」「自動思考」という認知（B）を介して，抑うつ症状（C）が生じるというモデルを構築した。スキーマとは発達の初期段階に形成された認知構造，信念体系であり，自動思考とは自動的に瞬間に頭に浮かぶ考えやイメージである。推論の誤りには，全か無か思考，過度の一般化，選択的抽出などがある。

なお，現在，狭義の認知行動療法の基本モデルは，図３に示すような，出来事・状況，認知，感情，身体反応，行動の相互作用を仮定したモデルになっている。

３．マインドフルネスとアクセプタンスの理論

このアプローチの理論は，認知の内容というよりは機能に焦点を当て，マイン

ドフルネスとアクセプタンスという要素を共有しているものの，一枚岩ではない。例えば，マインドフルネス認知療法は，悲観的な考えをくよくよと繰り返す反すう思考や，感情に振り回されずに距離をとる，脱中心化に焦点を当てた認知理論に準拠している。そして，マインドフルネス瞑想の実践を中心とした８週間の集団プログラムで構成されている。一方アクセプタンス＆コミットメント・セラピーは，行動分析学を基礎にした人間の言語行動に関する理論に準拠している。そこでは，クライエントが自己決定した価値に沿った人生を送り，心理的柔軟性を高めるための理論が展開されている。

Ⅳ　介入論

行動論・認知論的アプローチは，個性記述的である。アメリカ精神医学会のDSM-5のようなカテゴリー診断との相性はよく，マニュアル化も可能ではあるが，実際の介入は機械的に行うわけではない。クライエント一人ひとりに合わせた，テーラーメイドの臨床実践が基本である。

１．セラピストの基本姿勢

クライエントとの信頼関係を構築することが，介入を成功に導く第一歩である。クライエントの訴えに注意深く耳を傾け，非審判的で温かく，共感的な態度をとる。共感の過程は，クライエントとセラピストが協働的な関係を築き，介入仮説を生成し，検証し，修正していく過程でもある（下山，2011）。協働的な関係とは，クライエントとセラピストがお互いを尊重し，問題解決に向けて一緒にチームとして機能するような関係である。

２．アセスメントのための情報収集

問題を具体的に理解するアセスメントのためには，主訴，現病歴だけでなく，既往歴，家族歴，生活歴，遺伝負因などの基本情報を丁寧に扱う。介入は現在に焦点を当てるが，過去を軽視するわけではない。クライエントの過去の学習履歴を詳細に把握することで，新しい適応的な学習体験を促進させるヒントが得られる。

情報収集の方法には，①面接，②質問紙法，③セルフモニタリング，④行動観察，⑤生理的指標の測定，などがある。

①面接による情報収集は，他の心理療法同様，最も広く用いられる方法である。面接

中のクライエントの言語報告だけでなく，表情，視線，声の調子など，非言語的行動による情報にも留意する。

②**質問紙法**は，ベック抑うつ質問票（BDI）のような，症状，状態，あるいは問題に焦点を絞った質問紙の使用が多い。

③**セルフモニタリング**は，標的とした問題に関する項目をクライエント自身に観察，記録してもらう方法である。

④**行動観察**は，クライエントの自然な環境状況での直接観察，治療場面での観察などがある。

⑤**生理的指標**は，不安や緊張の評定のために心拍数や筋電図，皮膚電気抵抗などを測定するが，日常臨床での使用頻度は少ない。

３．ケースフォーミュレーション

ケースフォーミュレーションは，アセスメントによって得られた情報をもとに，問題の構造と介入方法についての仮説を生成することを目的としている（下山，2011）。既存の診断分類にクライエントを当てはめる作業ではない。なお，ケースフォーミュレーションという考え方そのものは古いが，この用語自体は比較的新しい。従来はアセスメントという概念に包含されていた。事例の概念化と呼ばれることもある。

ケースフォーミュレーションは，一般的には次のようなプロセスで進んでいく。

①主訴を具体的な問題として明確化し，介入目標を設定する。

②標的とする問題が，どのような状況で出現し，どのように維持されているのか，というアセスメントを行う。例えば，行動療法では先述したような，先行刺激，行動，結果の機能的アセスメントを行う。狭義の認知行動療法では，出来事･状況，認知，感情，身体反応，行動に関するアセスメントを行う。

③問題の構造と介入計画を仮説として生成し，できるだけ図式化・外在化しながらクライエントと共有する。

④介入計画をもとに技法を選択し，介入を実施する。

⑤介入効果を評価し，問題が改善していれば介入を終了するが，そうでなければ仮説を修正して介入を継続する。

４．セッションの構造化

介入の方向性を明確にし，クライエントとセラピストの協働関係を促進するために，セッションは構造化される傾向が強い。

①クライエントの状態を把握する（チェックイン）。

②アジェンダを設定する（セッションで取り扱う内容の決定）。
③ホームワーク（課題）を検討する。
④アジェンダについて取り組む。
⑤次回のホームワークを設定する。
⑥セッションをまとめる。

一般的にはこのような構造である。堅苦しそうに見えるが，実際は柔軟なものである。

なお，他の心理療法との大きな相違点としては，介入に関する仮説－検証作業のために，セッション開始時に言語報告やチェックリストなどによって，クライエントの状態，前回セッションからの進歩をチェックしている（チェックイン）。また，セッション外でのクライエント自身の体験学習を重視するために，ホームワークを課している。

5．技法

ケースフォーミュレーションをもとに技法を選択する。代表的な技法を表１に示したが，その他にも多くの技法がある。山上（2016）は，治療を進める技術を論じるなかで，「それぞれの治療対象に合わせて，適用できる治療技法をそれぞれに用いる。その技法はその人に合わせたその人用の方法にして用いる」と述べている。クライエントに合わせた上手な技法の適用は，セラピストが習熟しておくべき重要な臨床技術である。

Ⅴ　リサーチ・エビデンス

行動論・認知論的アプローチは，実証に基づく心理療法の集合体である。アイゼンクの時代から実証研究が行われている。研究の方法も通常の事例研究だけではなく，より信頼性と妥当性の高い，「一事例実験デザイン」「ランダム化比較試験」「メタ分析」による研究が実施されている。そして，研究成果をもとにした治療ガイドラインの策定に寄与している。

1．実証研究の方法

一事例実験デザインでは，AB デザインが基本である。介入効果を調べるために，介入を行わないベースライン期（A）と介入期（B）を設ける実験デザインである。そのほかに，反転デザイン（ABAB デザイン）や多層ベースラインデザインな

表1　代表的な技法

技法	特徴
系統的脱感作法	不安階層表を作成し，深い筋弛緩状態でイメージによる不安刺激を提示する操作を繰り返しながら，不安反応を逆制止する方法。
エクスポージャー法	不安反応を引き起こす刺激状況に持続的に直面することで，不安反応を軽減させる方法。
正の強化法	望ましい行動に強化子を随伴させ，その行動の頻度，強度を高める方法。
トークンエコノミー法	強化子としてトークン（シールや得点のような代用貨幣）を用いた，正の強化法の1つ。
セルフモニタリング	自分で自分の標的行動を観察，記録，評価する方法。
社会的スキル訓練	対人関係技術の習得を目的とした，教示，モデリング，ロールプレイ，強化を含んだパッケージ技法。
認知再構成法	思考記録表（コラム表）を用いて，認知の歪みを柔軟なものに修正する方法。
問題解決法	問題の肯定的理解，問題の明確化，解決方法の産出と選択，解決方法の実行と評価という手順による，問題解決力を高める方法。
行動活性化	活動記録表を用いて活動をモニター，スケジュール化し，うつの改善を目指す方法。
マインドフルネス技法	レーズン・エクササイズ，ボディスキャン，呼吸のエクササイズから，本格的な瞑想法までさまざまな技法で構成されている。

どがある。ランダム化比較試験とは，対照群を用いた最も厳密な研究法である。同じ問題を抱えた複数のクライエントを，ランダムに介入群と対照群に割り付けて介入効果を検証する。メタ分析とは，これまでに発表された一定条件を満たす複数の研究を，統計的手法によって分析して介入効果を検証する方法である。

2．アメリカ心理学会第12部会のガイドライン

心理療法のガイドラインには，アメリカ心理学会第12部会（臨床心理学部会）や，第53部会（臨床児童青年心理学部会）のガイドラインなどがある。そのなかで第12部会のガイドラインは最も有名である。1993年にはじめて，「十分に確立された治療法」18項目と「おそらく効果がある治療法」7項目を公表しているが，そのうち19項目（76%）は行動論・認知論的アプローチであった。

このガイドラインは，1995年からウェブサイトで最新の情報を更新している（http://www.div12.org/psychological-treatments）。2022年10月現在，88項目の心理療法がリストアップされ，そのうち62項目（70%）は行動論・認知論的アプ

ローチであった（パッケージ化された治療法のなかで行動的・認知的技法が利用されている場合を含む）。そのなかの 42 項目（68％）が「研究による高度な支持（十分に確立された治療法）」もしくは「研究による中程度の支持（おそらく効果がある治療法）」であり，残りの 20 項目は再評価のために保留中などであった。

42 項目のなかで取り上げられている障害は，すべてが DSM-5 に準拠しているわけではないが，精神病，統合失調症，双極症，うつ病，限局性恐怖症，パニック症，全般不安症，強迫症，心的外傷後ストレス障害，神経性やせ症，神経性過食症，不眠，物質使用障害，アルコール使用障害，タバコ使用障害，境界性パーソナリティ障害，注意欠如・多動症，慢性頭痛，慢性腰痛，繊維筋痛症，リウマチ痛であった。

心理療法のガイドラインに対する批判もなくはない。心理療法にランダム化比較試験のような実証研究は馴染まない，という話を耳にする。しかし，丹野ら（2015）が主張するように，世界は「エビデンスに基づく臨床心理学の実践」というパラダイムシフトへと突入しており，その波は日本にも押し寄せている。

Ⅵ　臨床心理学への寄与と課題

行動論・認知論的アプローチという括りで，広義の認知行動療法の概略を紹介した。行動療法に始まり，認知療法，狭義の認知行動療法，そしてマインドフルネスとアクセプタンスのアプローチを含んだ心理療法の体系である。

科学者－実践家モデルに準拠したこのアプローチは，世界の臨床心理学に大きな影響を与え続けている。わが国でも，さまざまな分野に広がりを見せている。厚生労働省のホームページには，現在，うつ病，強迫症，パニック症，社交不安症，心的外傷後ストレス障害に関する，認知行動療法の治療マニュアルが掲載されている。矯正施設や保護観察所の性犯罪者処遇プログラム，薬物依存離脱指導プログラムなどにも，認知行動療法が積極的に取り入れられている。学校教育現場では，特別支援教育やストレスマネジメント教育などへの活用が期待されている。

しかし，認知行動療法は個性記述的なアプローチである。ガイドラインをどのように読みこなすのか，マニュアルをどのように使いこなすのか，どれ一つをとっても，セラピスト一人ひとりの確かな知識と臨床技術が必要である。何よりも，対人援助職としての臨床常識を身に付けた実践が求められる。そのための教育，訓練方法の整備は大きな課題である。

◆学習チェック表

□ 広義の認知行動療法に共通する特徴を理解した。
□ 行動療法，認知療法，マインドフルネスとアクセプタンスのアプローチの特徴を理解した。
□ 機能分析（ABC 分析）と認知モデル（ABC モデル）の違いを理解した。
□ ケースフォーミュレーションのプロセスを理解した。

より深めるための推薦図書

Beck, J. S.（2011）*Cognitive Behavior Therapy.* The Gilford Press.（伊藤絵美・神村栄一・藤澤大介訳（2015）認知行動療法実践ガイド：基礎から応用まで，第2版―ジュディス・ベックの認知行動療法テキスト．星和書店．）

熊野宏昭（2012）新世代の認知行動療法．日本評論社．

熊野宏昭・鈴木伸一・下山晴彦（2017）臨床心理フロンティアシリーズ―認知行動療法入門．講談社．

下山晴彦編（2011）認知行動療法を学ぶ．金剛出版．

山上敏子（2016）新訂増補　方法としての行動療法．金剛出版．

文　　献

Beck, A. T., Rush, J., Shaw, B. F., et al.（1979）*Cognitive Therapy of Depression.* The Guilford Press.（坂野雄二監訳（2007）うつ病の認知療法 新版．岩崎学術出版社．）

Ellis, A. & Harper, R. A.（1975）*A New Guide to Rational Living.* Prentice-Hall.（北見芳雄監修（1981）論理療法―自己説得のサイコセラピー．川島書店．）

Hayes, S. C., Strosahl, K. D., & Wilson, K. G.（2012）*Acceptance and Commitment Therapy: The Process and Practice of Mindful Change.* The Guilford Press.（武藤崇・三田村仰・大月友訳（2014）アクセプタンス＆コミットメント・セラピー（ACT）第2版―マインドフルな変化のためのプロセスと実践．星和書店．）

Kabat-Zinn, J.（1994）*Wherever You Go, There You Are: Mindfulness Meditation for Everyday Life.* Piatkus.（田中麻里監訳（2012）マインドフルネスを始めたいあなたへ．星和書店．）

久野能弘（1993）行動療法―医行動学講義ノート．ミネルヴァ書房．

Linehan, M. M.（1993）*Cognitive-behavioral Treatment of Borderline Personality Disorder.* The Guilford Press.（大野裕監訳（2007）境界性パーソナリティ障害の弁証法的行動療法― DBT による BPD の治療．誠信書房．）

Martell, C. R., Dimidjian, S., & Herman-Dunn, L.（2010）*Behavior Activation for Depression: A Clinician's Guide.* The Guilford Press.（坂井誠・大野裕監訳（2013）セラピストのための行動活性化ガイドブック―うつ病を治療する 10 の中核原則．創元社．）

大谷彰（2014）マインドフルネス入門講義．金剛出版．

Segal, Z. V., Williams, J. M. G., & Teasdale, J. D.（2002）*Mindfulness-based Cognitive Therapy for Depression.* The Guilford Press.（越川房子監訳（2007）マインドフルネス認知療法―うつを予防する新しいアプローチ．北大路書房．）

下山晴彦編（2011）認知行動療法を学ぶ．金剛出版．

丹野義彦・石垣琢磨・毛利伊吹ほか（2015）臨床心理学．有斐閣．

山上敏子（2016）新訂増補　方法としての行動療法．金剛出版．

第7章

ヒューマニスティック・アプローチ

中田行重

Keywords　第三の勢力，自己実現，現象学的，実存主義，人間性心理学，心理的成長

Ⅰ　人間性心理学の歴史

1．人間性心理学の誕生

人間性心理学（ヒューマニスティック・アプローチ）は1960年代に，当時の心理学を占めていた行動主義と精神分析に対するアンチテーゼとして米国で生まれた。すでに1940年代から50年代にかけてマズロー（Maslow, A. 1908-1970），メイ（May, R. 1909-1994），ロジャーズ（Rogers, C. R. 1902-1987）ら後年の人間性心理学の中心人物たちはそれぞれ，人間の可能性を追求する新たな視点を心理学に持ち込み始めていた。マズローは自己実現を頂点とする欲求階層説を発表し，メイは臨床心理学や精神医学に実存主義や現象学的視点を持ち込んだ。ロジャーズは医療モデルとは異なる成長モデルのクライエント中心療法を創始した。マズローは人間の可能性を信じ追求するこうした研究者たちが相互に交流するメーリングリストを作った。彼らは人間を，行動主義が考えるように刺激と反応の枠組みで捉えるのでも，精神分析が考えるように無意識から束縛されるだけの存在として捉えるのでもなく，主体的に自分自身を変えていく力を持つ存在として見ていた。そして，自己実現や創造性，人格的成長や愛などの行動主義や精神分析ではほとんど扱われることのなかったヒューマニスティックな側面に注目した。1961年にはその専門誌*Journal of Humanistic Psychology*が創刊され，その翌年にアメリカ人間性心理学会（The Association of Humanistic Psychology）が発足した。1971年には人間性心理学はアメリカ心理学会における一部門になった。こうして生まれた人間性心理学をマズローは，行動主義，精神分析に続く「第三の勢力」と呼び，心理療法の業界ではこれら３つは「三大学派」と呼ばれている。わ

が国においても「日本人間性心理学会」が1982年に発足した。

2．マズローとロジャーズの出発点

しかし，マズローもロジャーズも心理学徒としてスタートした時点では行動主義や実験心理学，精神分析の枠組みで研究・実践を行っていたのである。マズローが初めて心理学に興味を持ったのは行動主義の創始者 ワトソン（Watson, J. B. 1878-1958）の論文を通じてであった。さらにウィスコンシン大学では，学習理論の数学化を追求した新行動主義のハル（Hull, C. L. 1884-1952）に学んだり，サルの行動研究に打ち込んだりするなど，行動主義や実験心理学を熱心に学んだ。ロジャーズは臨床心理学をコロンビア大学のホリングワース（Hollingworth, L. S. 1886-1939）のもとで学ぶが，研究の方法論は試行錯誤説で有名なソーンダイク（Thorndike, E. L. 1874-1949）の指導による統計を用いた科学的アプローチであった。博士論文のテーマは人格測定の質問紙であった。その後，職を得たロチェスター児童虐待予防センターでは心理検査による診断と精神分析指向の指導的なカウンセリングを行っていた。

ところが，２人はそれぞれ，人間の見方を根本から変える出来事に遭遇する。マズローは『菊と刀』で有名な文化人類学者ベネディクト（Benedict, R.）に勧められてカナダのブラックフット・インディアンのフィールドワークに参加し，そのインディアンがインディアンである前にまず個人であることに気づかされた。また，自分が父親となると，どんな子どもでも条件づけでどのようにでもできるという行動主義者ワトソンの考え方に違和感を覚えた。そして，人間をこの人種だから○○，と決めつけたり，条件づけで変えようとするのではなく，一人の個人としてその全体を捉える心理学が必要であると考えるようになった。一方，ロジャーズは勤めていた虐待予防センターで，行動に問題のある子どもの母親とのカウンセリングで目を開かれる経験をする。何度面接を重ねても母親を洞察に導くことができなかったロジャーズは，カウンセリングの終了を提案し，母親も納得して部屋を出て行こうとしたのだが，そこで母親は振り返った。そしてロジャーズに「先生は大人のカウンセリングもやっていますか」と尋ね，ロジャーズが「やっています」と答えると，母親は「では，それをお願いします」と言って新たなカウンセリングがスタートした。そこで母親は子どもの問題ではなく，自分の夫との関係など，自分自身の生き方について話をした。その結果，子どもの問題も解決していったのであった。この経過はロジャーズにとって，専門家よりもクライエント自身が問題解決への道筋を知っている，ということを示す大きな経験

であった。

こうした経験を通じてこの２人はそれぞれ既存の心理学とは異なる独自の心理学理論を展開する。マズローは自己実現を頂点とする欲求階層説や至高体験の理論を，ロジャーズはセラピストが条件づけたり解釈したりせずに，そのままを受容・共感するクライエント中心療法／パーソン・センタード・アプローチ（Person-Centered Approach，以下 PCA）を創始する。いずれも実存的で現象学的なアプローチによって，人間を自己実現の方向性を創造する主体的な個人として尊重する心理学を指向するようになったのであった。

3．時代的背景

この２人のほかにも，行動主義と精神分析に限界を感じ，人間の創造性や可能性に注目する他の心理学者たちがいた。当時，心理学の研究室を支配していたのがネズミの実験であったのに対し，人格心理学のオルポート（Allport, G. W. 1897-1967）やマレー（Murray, H. A. 1893-1988）らは，人間を動物のように捉え，機能や部分に還元することに反対し，人間を全体的に捉える心理学の重要性を主張していた。一方，社会的には 1950 年代から 60 年代にかけては戦後民主主義を問う運動が盛んになっていた。根強い人種差別，キューバ危機やベトナム戦争などの国際的緊張に対して，公民権運動，大学紛争，エンカウンター・グループ（encounter group）による人間性回復運動（human potential movement）などが全米規模で起こっていた。こうしたことも人間性心理学誕生の背景にあった。

II　人間性心理学とは

人間性心理学は心理的成長や自己実現，主体性，意味の発見，創造性，人と人の深い出会い，喜び・愛，至高体験など，人間の持つ大きな可能性を信じ，人間存在固有の深い価値に根ざして研究・実践する心理学の立場である。人間を，刺激に対して反応するというような機械論的で還元的な見方や，無意識の支配から逃れられないという悲観的な見方ではなく，個々人の可能性と尊厳を尊重して現象学的な見方を重視する。人間の可能性を研究するため，従来の研究で扱われなかった領域や方法論に対してもオープンで創造的であるように努める。また，医者と患者，教師と生徒などの権威者－服従者という従来の関係性に対して，患者やクライエント，生徒らが主体者となる関係のあり方を模索する。

Ⅲ　パーソナリティ論と精神病理論，アセスメント論

人間性心理学は人間の成長的側面を重視するので，そのパーソナリティ論はタイプ論ではなく，人間としての成長の理論である。ここではマズローの自己実現論とロジャーズのパーソナリティ発展の理論を紹介する。精神病理論のほうは発展していない。というよりも，ロジャーズは心理的診断を，援助の観点から不要と述べている。これはロジャーズが医療パラダイムとは異なる成長パラダイムで援助する立場を明確に打ち出したものである。ただし，昨今はPCAにおいてはアセスメント論について議論がなされるようになっている。

1．マズローの自己実現論

これはマズローの有名な欲求階層説の中に含まれている概念である。彼は人間の欲求を5段階の階層にまとめた。低次の①生理的欲求から始まり，②安全の欲求，③所属と愛の欲求，④承認の欲求，最終的に最高次の⑤自己実現の欲求が来る，という階層である。①とは睡眠や食欲のような生命を維持しようとする本能的な欲求である。①がある程度満たされると，次に，②安全な場所や人に保護されることを求める欲求，が出てくる。②が満たされると，③の，組織に所属して仲間や親密な関係を求めるようになる。④は個人としての価値や信頼，能力を承認されたい，という欲求である。⑤は有名な自己実現（self-actualization）という欲求であり，人間の欲求の頂点にある。これは個人が，自分の持っているさまざまな可能性や潜在的な能力を実現化させていこうとする欲求である。マズローは優れた人の研究を通じて，人は①から④までの欲求を満たすと，自分に備わった固有の能力や可能性を自己探求し，仕事や生き方が創造的になることを発見した。逆に，①から④までを満たしていても，自分の可能性に目覚めなかったり，それを具現化したりしなければ自分に不満が生じる。マズローは，階層化された欲求が満たされた程度に応じて心理的健康が増すと述べており，逆に満たされない場合は心理的不健康になるということである。

自己実現はマズローによって提示されたが，今や人間性心理学全体で共有される人間観である。すなわち人は生産的な学びや成長，行動を導くための内的な資源を持ち，自らの可能性や成長，健康に向かう傾向を持ち，それを実現しようとしている。精神病理や破壊的な側面も人間は持っているが，生育史や環境が悪条件下にあっても生き延びて成長する回復力や自己治癒力を持ってそれを常に発揮

しようとしている。

2．ロジャーズのパーソナリティ発達論

ロジャーズのパーソナリティ発達論では，人は絶えず変化している体験世界の中心に自分を置いており，その体験し知覚した場こそがその個人にとっての現実であると考える。乳児は体験世界のうちのある一部を自己として分化するようになり，環境との相互作用を通じてしだいに自己構造の形成が進む。自己構造の一部である価値観には子どもが直接体験した価値（例えば「私はお母さんとじゃれ合うのが楽しい」）も含まれるが，他者からの肯定的な関心（例えば愛情）を求めてその他者から価値も取り入れる（例えば「こんなことをするお前はいけない子どもだ」）。後者はあたかも直接体験から入ってきた価値観のように歪曲されて組み込まれる。他者からの肯定的関心を得るために，自分の直接体験を否定することを価値の条件という。生活の体験のうち，自己概念に合うものは自己構造の中に受け入れられる（例えば「自分は出来がよくない」という自己概念の人は，数多くの体験のうち，それに適合する体験，例えば失敗体験等を選択的に知覚する）。自己概念に無関係な体験は無視される。自己概念と矛盾する体験は象徴化されることを否認される（例えば,「先生からいい子と思われる自分」という自己概念をもつある女子大生は，自分が実際はそれに束縛されていることに有機体としては苦しさを感じていても，その苦しさの体験は自己概念と矛盾するので，象徴化，意識化されない）。心理的不適応とは有機体としての重要な体験が象徴化されないために自己構造の中に組織化されない時に生ずる。自己構造にとって脅威のない条件下に置かれて初めて有機体としての体験は自己構造の中に取り込まれる。

Ⅳ　人間性心理学のセラピー

1．ロジャーズのクライエント中心療法／パーソン・センタード・アプローチ

ロジャーズのセラピーは３つの段階を発展していくのであるが，まずは，セラピストが専門家としてクライエントを正しい方向に導くという従来の指示的（directive）なカウンセリングの反対の，非指示的療法（non-directive therapy）を提唱する。クライエントの感じていることを許容的にそのまま受け止めることに重点が置かれ，技法としてはクライエントの特に感情を表す言葉をそのまま繰り返す（reflection）であった。その後，クライエント中心療法（client-centered

therapy）という新たなアプローチ名のもと，reflectionなどセラピストの言葉遣いよりもクライエントに対する共感的理解，無条件の肯定的配慮，自己一致という内的な態度こそがクライエントが建設的に変化するための必要十分条件であるとする理論を発表する。クライエントに対する共感や受容というロジャーズの考え方は，今やほとんどの他学派も共有する重要なものになった。その後，ロジャーズの関心はクライエントなど臨床群の人々だけでなく一般人の心理的成長や組織，国際問題などに対するベーシック・エンカウンター・グループによる社会的貢献にまで拡がった。この時期のアプローチを，パーソン・センタード・アプローチという。

2．ジェンドリンのフォーカシング指向心理療法

ロジャーズのシカゴ大学カウンセリングセンターに哲学科の院生だったジェンドリン（Gendlin, E. T. 1926-2017）がスタッフとして入ってきた。彼はセラピーがうまくいくクライエントは内面に動く身体感覚に注意を向け，それを言葉にして気づきを得ていることを見出した。身体感覚にピッタリの象徴化が起きると，クライエントの内的プロセスは次の位相に進展する。環境と相互作用しながら進むこの内的プロセスをジェンドリンは体験過程（experiencing）と名づけ，ピッタリの象徴化を目指す現象および技法をフォーカシングと呼んだ。体験過程の推進を目指す心理療法をフォーカシング指向心理療法（focusing-oriented psychotherapy; FOT）という。

FOTではフォーカシングを技法として用いる場合と，現象としてのフォーカシングが生起するのを促す場合とがある。多くの研究から，他学派を含むセラピーの成功に体験過程が鍵を握っていることが明らかになっている。また，フォーカシングは臨床群へのセラピーや健常者の内面での意味ある対話を進める方法として，技法的な展開が進んでいる。

3．パールズのゲシュタルト療法

パールズ（Perls, F. 1893-1970）は精神分析家の資格を持った精神科医であったが，フロイトに冷遇されたことをきっかけに精神分析から訣別し，ゲシュタルト療法を創始する。ゲシュタルトとは形象，全体という意味であり，ゲシュタルト療法の考え方は注意を向けていない「地」の部分に意識を向けることで，「図」として反転し，意識に浮き上がってくることを目指すというものである。実際にはクライエントが「今ここ」で何をどのように話し，感じているか，に焦点を当

てるため，クライエントが気づいていない感情や感覚に注意を向けさせたり，気づきを得るための体験的なワークを行ったりする。特に有名なのはエンプティチェア（empty-chair）やトゥーチェア（two-chair）の技法であり，処理が未完了の感情を明確にするために一方の椅子に座ったクライエントが，自分が葛藤を抱くもう一方の空の椅子に座っていると想定する相手に対して率直な感情を吐露したり，２つの椅子の間を行き来して自分と相手との対話を行ったりする。

4．グリーンバーグらによる情動焦点化法

ジェンドリンと同じくシカゴ大学でロジャーズのもとで学び訓練を受けていたライス（Rice, L. N.）は，上手くいくセラピーではクライエントはどのような課題を体験しているのかを分析した。それによるとクライエントは不適切な行動を取ってしまった場面をセラピー中に思い出し，自分で納得できる行動を再体験していることが分かった。ロジャーズがほとんど使うことのなかった認知という概念を用いて，認知処理過程の視点からクライエントの体験を分析したものであった。ヨーク大学で彼女の学生だったグリーンバーグ（Greenberg, L.）は仲間のエリオット（Elliott, R.）やワトソン（Watson, J.）らと共にこのライスの研究を継続発展させ，上手くいくセラピーではどのような場面でどのような課題をクライエントが通過しているのかを整理し，情動焦点化療法（Emotion-Focused therapy; EFT）を考案した。EFT はクライエントの体験プロセスの種類に応じてクライエントが体験すべき課題がマニュアル化されている。セラピストはクライエントがどのプロセスにあるかを診断（プロセス診断）し，それに応じた体験課題を提示する。その体験課題にはゲシュタルト療法のチェアワークやフォーカシング技法の一部なども含まれている。

5．実存的療法

人間性心理学の人間観は，ブーバー（Buber, M.）やヤスパース（Jaspers, K.），ハイデッガー（Heidegger, M.），サルトル（Sartre, J.-P.）ら実存主義哲学の思想的影響を相当に受けている。物ではなく動きつつある固有の存在として個人を見る視点や，自由に選択することのできる存在としての個人という人間性心理学の人間観を実存主義哲学は持っている。しかし違いもある。例えば選択における自由をロジャーズは個人が獲得できるもの，と考えていたのに対し，サルトルは生きているあらゆる瞬間が選択の自由を突きつけられている，と考える。そのため，実存主義は建設的な成長に向かう傾向を人は生得的に内在させていると仮定せず，

人生は自らの意識的な選択によって形作られる，と考える。

実存的療法にはボス（Boss, M.）の現存在分析，フランクル（Frankl, V. E.）のロゴセラピーなど，それ自身として独立したものがある。それらも人間性心理学のアプローチに含むとする考え方もあるが，ここでは人間性心理学の発展と密接な関係をもって発展した実存主義的人間性心理学のセラピーを挙げておく。これはメイやビューゲンタール（Bugental, J.），ヤーロム（Yalom. I.），シュナイダー（Schneider, K. J.）らによるものである。このセラピーは他の実存的療法と同じく，人の生の有限性，自由な選択に伴う厳しさや制限，不可避の不安や絶望などについての深い認識からその個人の人生の意味を探求することをセラピストが指示的に促す。しかし,「今ここ」での自身の欲求や感情など主観的体験世界に触れることにも重点を置いたり，他者とのつながりよりも本質的な孤独さを強調したり，人生の悲劇性のみならず，成長可能性を認識している点で異なっている。

6．セラピー以外の方法：グループ経験とセルフ・ヘルプ技法

エンカウンター・グループやTグループ，サイコドラマ，感受性訓練，自助グループなどのグループ経験はセラピーというよりも主に心理的成長のためのアプローチである。近年，九州大学名誉教授の村山正治氏の発案によるPCAGIP法という新しいグループアプローチが急速に普及しており，日本発の方法として発展が期待されている。加えて，昨今の職場において急増するうつ病や適応障害に対して，わが国の人間性心理学では自分に合った働き方を創造するグループワークの実践が始まっており,個人療法とは異なるアプローチとして注目される。また,自己への気づきを進めるためのイメージやボディワーク，自己内対話などを促すセルフ・ヘルプ技法も人間性心理学にはさまざまある。これらのグループや技法をセラピーに取り入れることもある。

V　研究結果

人間性心理学のセラピー，特にロジャーズのクライエント／パーソン中心療法は1940年代から50年代にかけて大規模なリサーチを行い，効果的であることを示していた。その後受容・共感・自己一致というクライエント／パーソン中心療法の中核をなすセラピストの態度条件の重要性は現在に至るまで数多くの研究によって証明されてきた。2008年の時点で行われた，それまでの約50年にわたる効果研究を調べてみると（Elliott et al., 2013），クライエント／パーソン中心

療法を含む人間性心理学のセラピーとクライエント変化には強い因果関係があった。クライエントの変化はセラピー後1年以内も，1年以上後も維持されていた。また，他学派を総合した効果と比較すると，他学派と効果の違いはなかった。しばしば議論になる認知行動療法との比較では，僅かに劣っていたが，研究者バイアス（researcher allegiance；研究者が属する学派に有利な結果になるというバイアス）を除いて計測すると，その違いは消失した。すなわち人間性セラピーは認知行動療法と実践上も統計的にも効果に違いがないことが分かった。症状別に見ても精神病や不安については僅かにCBTよりも劣っていたが，うつや対人関係の問題，慢性的な身体症状への対処，薬物乱用などの自己破壊行動などで有効であることを示していた。

人間性心理学のセラピーはCBTと同じく，クライエントのさまざまな問題に対応するエビデンスに基づくセラピーである。このような結果が出ているにも関わらず，認知行動療法だけが唯一効果のある学派のように扱われ，保険診療や研究費が認知行動療法だけに集まっている現代の世界的な傾向は大きな問題であり，修正されなければならない，とエリオット（Elliott, R.）ら（2013）は論じている。

Ⅵ　人間性心理学の成果と今後

個人の成長する力を信じ，個人の主観的体験世界に現象学的にアプローチする人間性心理学は共感や受容，自己実現という人間社会にとって普遍的な価値を持つ考え方を創出してきた。しかし，逆に人間性心理学は「クライエントの言うことをそのまま受け入れるだけの楽観的な心理学であり専門性がない」というような批判もある。そのような批判があっても，現在の人間性心理学は60年前の誕生当初とは異なる理由で重要な意義を持っている。一見，整備されている社会のようでいて，働き方や家族観，命や物の価値観などが急速に変化し，さまざまな価値観が入り乱れている。人や自分とじっくりと向き合えずプレッシャーや不安が蓄積し，便利さの裏返しでコミュニケーションが薄くなり，言葉が空虚になりがちなことを多くの人が感じている。生きる虚しさを感じる人もいる。心理臨床の業界においても学会発表や研修会のタイトルに現れているように，この疾患・問題にはこの方法を行うのが専門家という，即物的な考え方が一般的になりつつある。こうした現代においては，人にじっくりと向き合い，その人の内側から自分を支える考え方が生まれることを信じる人間性心理学の存在は大きな意味を持っている。人間性心理学を志す人は，その意義を認識しつつ，その研究・実践を

深めていく必要がある。

◆学習チェック表
□　人間性心理学の誕生について理解した。
□　人間性心理学の人間観について理解した。
□　人間性心理学のセラピーのアプローチについて理解した。

より深めるための推薦図書

Kirshenbaum, H. & Henderson, V. L. (Eds.)（1989）*The Carl Rogers Reader.* Mariner Books.（伊東博・村山正治監訳（2001）ロジャーズ選集―カウンセラーなら一度は読んでおきたい厳選33論文〈上／下〉. 誠信書房.）

文　　献

Cain, D. J. & Seeman, J.（2002）*Humanistic Psychotherapies: Handbook of Research and Practice.* APA.

Cain, D. J., Keenan, K., & Rubin, S.（2015）*Humanistic Psychotherapies: Handbook of Research and Practice, 2nd Edition.* APA.

Cooper, M.（2012）*The Existential Counselling Primer: Ross-on-Wye.* PCCS Books.

Elliott, R., Watson, J. C., Goldman, R. N., & Greenberg, L. S.（2009）*Learning Emotion-Focused Therapy: The Process-Experiential Approach to Change.* APA.

Elliott, R., Greenberg, L. S., Watson, J. C., Timulak, L., & Freire, E.(2013）Research on humanistic-experiential psychotherapies. In: Lambert, M. (ed): *Bergin and Garfield's Handbook of Psychotherapy and Behavior Change, 6th Edition.* New Jersey; Wiley and Son's.

Frankl, V. E. (1946) *Ein Psychologe erlebt das Konzentrationslager.* DTV Deutscher Taschenbuch.（池田香代子訳（2002）夜と霧 新版. みすず書房.）

Frankl, V. E.（1947）*Trotzdem Ja zum Leben sagen.*（山田邦男・松田美佳訳（1993）それでも人生にイエスと言う. 春秋社.）

Gendlin, E. T.（2003）*Focusing, 25th Anniversary Edition.* Rider.

Gendlin, E. T.（1996）*Focusing-Oriented Psychotherapy: A Manual of the Experiential Method.* Guilford Press.（村瀬孝雄・日笠摩子・池見陽・村里忠之（訳）（1998）フォーカシング指向心理療法〈上〉体験過程を促す聴き方. 金剛出版.）

Gendlin, E. T.（1996）*Focusing-Oriented Psychotherapy: A Manual of the Experiential Method.* Guilford Press.（村瀬孝雄・日笠摩子・池見陽・村里忠之（訳）（1999）フォーカシング指向心理療法〈下〉心理療法の統合のために. 金剛出版.）

Greenberg, L.（2010）*Emotion-Focused Therapy.* APA.（岩壁茂監訳（2013）エモーション・フォーカスト・セラピー入門. 金剛出版.）

倉戸ヨシヤ（2011）ゲシュタルト療法―その理論と心理臨床例. 駿河台出版社.

Maslow, A. H.（1954）*Motivation and Personality.* Harper and Row.（小口忠彦訳（1987）人間性の心理学―モチベーションとパーソナリティ. 産能大出版部.）

May, R.（1953）*Man's Search for Himself.* New York; Norton.（小野泰博訳（1970）失われし自我をもとめて. 誠信書房.）

諸富祥彦（1997）フランクル心理学入門―どんな時も人生には意味がある. コスモスライブラリー.

諸富祥彦（1997）カール・ロジャーズ入門―自分が“自分”になるということ．コスモスライブラリー．

村山正治（1991）ヒューマニスティック心理学．In：河合隼雄・村瀬孝雄・福島章編：臨床心理学大系 第１巻―臨床心理学の科学的基礎．金子書房，pp.127-150.

中野明（2016）マズロー心理学入門―人間性心理学の源流を求めて．アルテ．

日本人間性心理学会編（2012）人間性心理学ハンドブック．創元社．

Polster, E. & Polster, M.（1974）*Gestalt Therapy Integrated; Contours of Theory and Practice.* New York; Vintage Books.

Schneider, K. J., Pierson, J. F., & Bugental, J. F. T. (Eds.)（2015）*The Handbook of Humanistic Psychology: Theory, Research, and Practice, 2nd ed.* Thousand Oaks, CA; Sage Publications.

Tudor, K. & Merry, T.（2002）*Dictionary of Person-Centred Psychology.* Whurr Publishers.（岡村達也監訳（2008）ロジャーズ辞典．金剛出版．）

第8章

システミック・アプローチ

若島孔文

Keywords　システム，家族ライフサイクル，二重拘束理論，戦略，解決志向，家族アセスメント

本章では，システミック・アプローチである家族療法とブリーフセラピーについて，その概説，歴史的展開，理論・モデル，アセスメント，面接プロセス，エビデンス，臨床心理学への寄与，将来展望について論じ，解説していく。

Ⅰ　システミック・アプローチとは

システミック・アプローチとは，家族療法やブリーフセラピーに特徴づけられるシステム理論に基づく見立てと介入を実行する心理療法的アプローチである。家族と面接をすればそれが家族療法であるということではない。家族療法では，家族を1つの有機的システムとして捉えることが基本である。フォン・ベルタランフィ（von Bertalanffy, L., 1968）の一般システム理論が最も参照されたが，それに留まるものではない。長谷川（1987）によると，システムには，「全体性」「自己制御性」「変換性」という特徴がある。

全体性というのは，全体（家族）は部分（家族成員それぞれの性質）の総和では説明できないというゲシュタルト心理学の主張と同様な性質を意味している。たとえば，住まいも独立し，たいへん成熟した大人の20代の息子。しかしながら，実家の両親のもとを訪れると，依存的な子どものような振る舞いが生じてくるなどが一例である。

自己制御性とは，現在のルールに従い，ズレや逸脱を修正，制御しようとする性質である。たとえば，家族成員の誰かに問題が生じたとき，その問題を解決しよう，あるいは対処しようとする動きが家族の中で自然に生じてくるなどがあげられる。

変換性は，ルール自体を変更することを意味している。たとえば，「暗くなるま

でに戻ってきなさい」と母親から言われている子ども。しかしながら，高校生になってもこのルールが適用されるはずもない。もしこのルールが適用されるならば，その子どもは多くの問題（ルールからの逸脱）を起こし，そして，母親はこのルールに基づき自己制御することになる（「なぜこんなに遅くなるまで家に帰らないの！」と言う）。子どもの成長とともにルールの変更が必要である。家族ライフサイクルの各段階で，人々の問題が生じやすいとするのが家族療法の基本的考え方である。家族の発達段階に基づいてルールの変更が必要であるにもかかわらず，それがうまくいかないことも多いからである。ルールの変更が行われないと，これまでうまくいっていた対処行動や解決行動が逆に問題をエスカレートさせてしまう結果になる。ワツラウィックら（Watzlawick, P. et al., 1974）は，既存のルールに基づく自己制御による問題解決を「第一次変化」とし，ルール自体の変更に基づく問題解決を「第二次変化」と定義した。基本的に家族療法家の仕事は第二次変化を導くことである。

加えて，ブリーフセラピーの特徴は次のようなものである。1つ目は，家族療法と同様に，精神内界論ではなく，相互作用論の視点をとる。問題となっている行動に関する訴えを個人の内的な問題，例えば，性格や病理から生じていると見なすことによって，結果的にセラピーを長引かせてしまうことを指摘する。そのために記述的情報「具体的に何がどのように生じたか？」を訊ねていく。2つ目は，洞察志向ではなく，課題志向である。これまでの取り組みとは異なる行動をクライエントがとるように直接的，間接的，明示的，暗示的，いずれかの形で指示する。3つ目は，ゴール志向である。どんなことが起これぱセラピーを終えることができるのかについて少なくともセラピストが比較的明確な考えを持っていることである。

II　歴史的展開

本来，過去の親子関係などを分析対象とする精神分析では，現在の家族と専門家が会うことや家族合同面接を禁止していた。しかしながら，アメリカでは1950年代から1960年代にかけて，精神分析の訓練を受けた専門家が患者だけではなく，その家族と会いはじめた。

1．家族療法の成立

家族療法の先駆者の1人であるアッカーマン（Ackerman, N. W., 1966）は1950

年代に家族へのアプローチの有効性を述べ始め，家族を1つの有機的システムとして捉える視点を提示した。アッカーマンは精神力動論的視点を家族に応用した。精神力動的家族療法では，家族成員に対して，自分自身についてや，他の成員との相互作用の仕方についての洞察を促していく。一方で，1947年より晩年の精神分析家サリヴァン（Sullivan, H. S.）から教育を受けたのがジャクソン（Jackson, D. D.）であり，また，彼は1951年までチェスナット・ロッジで仕事をしていたので，精神分析家フロム・ライヒマン（Fromm-Reichmann, F.）の影響も受けている。1959年に家族療法のメッカとも言われるメンタル・リサーチ・インスティテュート（Mental Research Institute；以下，MRI）を設立し代表となったジャクソンは，ニューヨークのアッカーマン・インスティテュート（Ackerman Institute）の代表であるアッカーマンと並び家族療法を成立させた中心人物である。1962年に，彼らが協力して家族療法・家族研究の専門誌『ファミリー・プロセス（*Family Process*）』を発刊した。そういう意味では，この年が家族療法元年と言える。現在でもこの雑誌は，家族療法・家族研究の最も重要な専門誌である。

2．システム理論の導入

1950年代初期，文化人類学者ベイトソン（Bateson, G. 1904-1980）らの研究グループ（文化人類学者ウィークランド（Weakland, J. H. 1919-1995），コミュニケーション学者ヘイリー（Haley, J. 1923-2007），精神科医フライ（Fry, W.）などがそのメンバーであった）がコミュニケーションの複雑性（メッセージとメタ・メッセージなど）に関する研究を進めていた。そして，1954年にベイトソンがジャクソンの「家族ホメオスタシス」についての講演を聞いたことを契機に，ベイトソンの研究グループに，精神科医であるジャクソンがコンサルタントとして加わり，統合失調症の患者とその家族に関する研究が開始された。家族ホメオスタシスとは，家族関係における均衡を意味している。家族はその家族成員が相互的に均衡と恒常性（ホメオスタシス）を維持するようなルールを持つ，と考える。例えば，子どもの問題行動が両親の夫婦関係の問題を棚上げさせ，両親の協力関係を作り上げることになるなど。つまり，子どもの問題行動はこの家族をある意味で守ることになっているのである。子どもの問題行動が収束したならば，両親の夫婦関係の問題が浮上してくることが予想される。ベイトソンは「サイバネティクス」と言われるシステム理論に関心を持っていたため，ジャクソンのこのような視点に関心を示した。サイバネティクスとは自己制御性という性質を示したシステム理論である。そのシステムにおいて，目標からのズレ，すなわち，逸脱

が生じたとき，そのシステムの内側で逸脱を修正し，制御しようとするというのが自己制御の意味である。

３．家族コミュニケーション研究へ

ジャクソンが加わり，ベイトソンの研究グループは，統合失調症患者とその家族の研究成果を公表した（Bateson et al., 1956）。趣旨は，統合失調症の症状をコミュニケーションという視点から分析し，その症候と発生を探求しようとするものである。彼らによると，患者は「①他者から受け取るメッセージに，適切なコミュニケーション・モードをふり当てることが困難である。②自分が発する言語的・非言語的メッセージに，適切なコミュニケーション・モードをふり当てることが困難である。③自分の思考，感覚，知覚に，適切なコミュニケーション・モードをふり当てることが困難である」。コミュニケーション・モードというのは，あるメッセージに対してより高次の論理階型のメッセージを意味するものである。患者がどのようにして，メッセージの整然とした論理階型化ができない状態に陥るのかを説明したのが「二重拘束理論（double bind theory）」である。

二重拘束状況を構成する必要条件は次のようなものである，①２人あるいはそれ以上の人間，②繰り返される体験，③第１次の禁止命令（例「これをすると，おまえを罰する」「これをしないと，おまえを罰する」），④より抽象的なレベルでの第１次の禁止命令と衝突する第２次の禁止命令（例「これは罰ではないのだよ」「おまえを罰するのは，おまえを愛しているからなんだ」など），⑤犠牲者が関係の場から逃れるのを禁ずる第３次の禁止命令。最終的に，以上のような条件によって二重拘束を繰り返し体験し，生きる世界をそのようなパターンで知覚するようになれば，以上の構成因子のすべてが揃う必要はなく，その一部が生じるだけで，パニックや極度の興奮が引き起こされる。

以上が二重拘束の説明である。しかしながら，この 1956 年の論文は，理論と実践における到達点ではなく，開始点であった。ウィークランド（1974）は，この研究が行動とコミュニケーションとの間に見られる一般的関係に関するものであることを述べ，1979 年に次の点を指摘している。①セラピストが通常扱う「問題」は，基本的に，行動によって構成されている，②社会的（単独ではない）行動の最も重要な側面は，コミュニケーションによって影響を及ぼすことであり，と同時に，コミュニケーションは（活動と言語的行動を含む）行動の社会的位置づけにおいて重要な要因となっている，③コミュニケーションは，基本的に広く

相互的で体系的である（Weakland, 1979）。

家族システムはその成員である個人と，個人と個人をつなぐ情報により構成されている。すなわち，システム理論と同時に，コミュニケーションに関心がもたらされた。そして，家族研究からのコミュニケーション理論は「コミュニケーションの語用論」とも呼ばれ，実践的，相互作用的見方を提示している（参考として，若島・長谷川，2000）。

4．ブリーフセラピーへの展開

ベイトソンの研究グループが研究を終え，ヘイリーは戦略的家族療法を発展させた。そして，ジャクソンは1959年にアメリカ・パロアルトにMRIを設立しその代表となった。ウィークランドはジャクソンとともにこの研究所で，臨床と研究を進めていく。数年後，この研究所内で，ブリーフセラピー・プロジェクトが開始され，1967年にブリーフセラピー・センターが設けられる。センターの初代ディレクターはフィッシュ（Fisch, R.）であったが，ウィークランドや，その後はワツラウィックなどが理論の構築に中心的な役割を示し，構成主義に基づくセラピーの先駆けにもなっていく（本巻9章参照）。

ここで卓越した臨床家，催眠療法で有名なエリクソン（Erickson, M. H. 1901-1980）に触れる必要がある。なぜならば，ベイトソンの研究グループのメンバーであったヘイリーやウィークランドらがエリクソンと交流したことが理論と技法に大きく影響しているからである。彼が提示する介入は常にオーダーメイドであり，クライエントに変化を促す際に，症状や問題を利用するという姿勢を持っていた。ブリーフセラピーはエリクソンのこうした影響を受けている。

Ⅲ　理論・モデル

精神力動的家族療法についてはすでに言及したが，ここではそれ以外の代表的な家族療法モデルについて紹介し，システミック・アプローチに基づく心理療法の視点を理解していく。

1．構造的家族療法

ミニューチン（Minuchin, S. 1921-2017）による構造的家族療法（Minuchin, S. et al., 1978）は，一般的に家族合同面接で，「境界」「提携」「勢力」などについて見立てて介入していく。特定の相互作用に誰が参加し，誰が参加しないのかなど

から，家族のサブシステムと境界を定義していく。境界の曖昧さは絡み合いという関係を作り出す。また，ほとんど家族から影響を受けない家族成員は解離した関係として見立てられる。提携には,「連合」と「同盟」がある。連合は誰かと対抗するために，誰かと手を結ぶことを意味する。同盟は誰かと対抗するということに関係なく，誰かと結束することを意味する。勢力は，その場においてルールを決定しようとするのは誰かということにより定義される。構造的家族療法におけるセラピストは家族システムにジョイニングし，上記のような視点で家族構造をアセスメントする。そして，その場で見られるパターンに直接的・間接的な指示を行っていく。誰かが会話から外れているならば，それを明示的・暗示的に指摘する。誰かが自分の意見を誰かに言わせているときは，自分自身の意見を言うことを求めるなど，繊細さとアクティブさが求められることになる。

2．戦略的家族療法

ヘイリー（1976）による戦略的家族療法は,コミュニケーションが勢力関係の規定を導くことや，コミュニケーションとヒエラルキーの関係に関心を持つ。例えば，夫婦が言い争いをするとき，その言い争いの内容に関心を持つのが一般的であるが，彼らは「あなたが言うことに従うこと」に関して争っているのだと考えていく。戦略的と言われるのは，すべての事例に適用されるような方法ではなく，それぞれの特定の問題を解決するような戦略を考案するためである。また，夫婦の会話を増やしたいという目標を持つとき,「夫婦で話し合いをすることを増やしてください」などという直接指示ではなく,「週に２回は妻の好きな食事を夫が準備してください。そして週に２回は夫の好きな食事を妻が準備してください」などという間接指示を介入として利用することもその特徴である。ヘイリーはベイトソン・グループのメンバーであったが，研究終了後，戦略的家族療法を発展させた。また，ミニューチンとヘイリーは交流を持ち，互いに影響関係にあった。

3．体験的家族療法

ウィテカー（Whitaker, C. A. 1912-1995 ）を代表とする体験的家族療法（1976）では，理論というものが，未知のものを既知とする努力であるとして，理論化やモデル化することを批判する。体験的家族療法ではセラピスト自身が武器である。症状の消去や問題の解決よりもむしろ家族成員が家族の問題を共有し，理解することを勇気づけていく。強調される点は，機能不全に陥る相互作用や症状を取り

除くことではなく，家族成員がお互いに今ここで体験していることをお互いに共有し，理解することにより，家族成員個々人が成長していくことである（参考として，若島・末崎，2008）。個別性，選択の自由，自己成長などを大切にする。サティア（Satir, V. 1916-1988）なども体験を重視する家族療法家の一人である。

４．多世代家族療法

ボーエン（Bowen, M. 1913-1990）の多世代家族療法（1976）では，家族の問題は多くの場合，家族成員が自身の原家族から心理的に分離していないことに由来すると考えていく。例えば，父親が自分の原家族の親たちの問題に強く巻き込まれていて，そのために夫婦関係が悪化しているなどというケースである。それはこの父親が原家族の自我に包囲され，情緒システムの一部になってしまっている，と理解することができる。したがって，セラピストの目標は，自我の包囲から父親を分離させ，原家族ではなく，現在の家族の成員として独立して自律的に機能できるように（自己分化）することである。

以上，さまざまな家族療法を述べてきたが，共通することは，病気そのものではなく，問題に焦点を当てたこと，そして，問題を個人に還元することなく，人と人との間に見る姿勢である。次に，ブリーフセラピーのモデルを紹介する。

５．MRI モデル

MRI モデルでは，訴える問題に対して，どのような解決行動をとっているのかを見立てていく。それをシステムとして捉える。子どもの問題に対して親がとる解決行動，あるいは部下の問題に対して上司がとる解決努力，このような相互作用パターンをシステムとして捉えるのが見立てである。こうした見立てに基づき，解決行動，解決努力を止める，あるいは，異なる行動に置き換えることが介入である（Weakland et al., 1974）。そのために，リフレーミング（認識の枠組みを変更する技法）と行動課題を利用する。また，行動課題として逆説的な指示（paradox）[注1）]を使用することもある。

注１）パラドックス：症状処方や問題の肯定的意味づけにより，問題をむしろ推奨するアプローチ法。

6．解決志向ブリーフセラピー

MRI の研究員であったド・シェイザー（de Shazer, S. 1940-2005）とバーグ（Berg, I. K. 1934-2007）が独立し，ミルウォーキーにブリーフ・ファミリーセラピー・センター（Brief Family Therapy Center）を開設した。1978 年のことである。そして彼らは解決志向アプローチ（Solution Focused Approach；以下，SFA）を新たなブリーフセラピーモデルとして提示した。MRI モデルでセラピストがぶつかる困難さの１つは，介入課題，すなわち，現在の解決努力を止めさせるための他の解決行動を考えることにあると，ド・シェイザーは述べている。そこで，問題の中で生じている小さな解決（例外）を見つけ出して，それを拡張していくという方法をとりはじめた。セラピーではクライアントの問題をセラピストが傾聴していくことが通常であるが，SFA では「ほんの少しでもましなとき（例外）」について，あるいは解決した状態のイメージについて，傾聴していく。「ウェルフォームド・ゴール（より現実的な目標）」の設定，「コンプリメント（ねぎらいや称賛すること）」，「ミラクル・クエスチョン（問題が解決したら，何が異なってくるのか，どんなことからそれに気がつくのかを問う質問）」や「スケーリング・クエスチョン（問題や解決を点数化する質問）」などの質問技法を効果的に利用していく。

SFA は初期には，MRI モデルと同様にシステム理論をその説明概念としていたが，その後，哲学者であるヴィトゲンシュタイン（Wittgenstein, L.）の言語ゲームという説明概念を用いて，「プロブレム・トーク（問題についての会話）」ではなく，「ソリューション・トーク（解決についての会話）」をカウンセリング場面で発展・創造していくことが重要となっている。

Ⅳ　家族アセスメント

家族療法・ブリーフセラピーでは，それぞれの理論やモデルによりアセスメントの仕方が異なる。例えば，構造的家族療法では，家族の構造を評価するし，MRI モデルでは，何を問題とし，それに対して誰がどのような解決努力をしているのかを評価するなど，さまざまである。したがって，ここではより一般にシステミックな視点で，家族をアセスメントするツールを紹介する。

1．FACES

オルソン（Olson, D. H. et al., 1979）の円環理論に基づき家族機能を測定するツールが FACES（Family Adaptability and Cohesion Evaluation Scale）である。円環理論では，家族システムの機能に関する要因として，「家族凝集性」と「家族適応性」の２次元，およびそれらの促進次元としてコミュニケーションをあげている。家族凝集性とは家族成員がお互いに対して持つ情緒的結合を意味しており，４段階として低い順から「遊離－分離－結合－膠着」となる。家族適応性とは内的・外的な圧力に対する家族の変化の柔軟性を意味しており，４段階として低い順から「硬直－構造化－柔軟－無秩序」となる。家族凝集性と家族適応性の組み合わせから 16 タイプに区分され，それらは「バランス型」「中間型」「極端型」[注2)]のいずれかに分類され，家族システムの機能が評価される。

2．FIT

FIT（Family Image Test）は亀口（2003）が 1980 年代半ばから開発を続けているツールであり，個々の家族が自分たち家族にどのような視覚的イメージを抱いているかを明らかにするものである。各家族成員の「位置関係」「向き」「結びつき」「パワー」「親の子どもとの関係」「家族全体のイメージ」の６点から分析する。量的な研究には不向きであるが，具体的な家族アセスメントができるため，質的な研究として，また，臨床的アセスメント・ツールとして利用しやすい。

3．ICHIGEKI

より効率的に家族構造を測定しようとするツールが，ICHIGEKI（Inventory for Character of Intra-Inter Generation in Kinship）である。これは父－母－子の三者間において，「結びつき」「勢力」「利害的関係」「開放性」を測定するものであり，信頼性と妥当性が確認されている家族構造を測定する尺度である（野口ほか，2009）。これまでさまざまな家族関係や家族構造を測定しようとしてきた研究が扱ったさまざまな因子を検討した結果，重要とされてきた因子が上記の４つであることを確認し，作成された尺度である。本尺度は質問紙であり，項目が少なく簡便なため，臨床的アセスメントとして，また，量的な研究にも利用しやすい。

注２）「バランス型」は適切な凝集性と柔軟なかじ取りを示す家族。「極端型」は家族がバラバラあるいはべったりしすぎ，混沌あるいは硬直化を示す家族。その中間に位置するのを「中間型」としている。

Ⅴ　面接のプロセス

面接のプロセスは，理論・モデルに基づきさまざまであるが，より一般的な流れは次のようなものである。

最初にクライエント家族が来談したとき，その家族システムにセラピストがうまく融合していくことが求められる。これをジョイニングと言う。例えば，この家族をマネージメントしているのは誰か，誰に問いかけるべきなのか，（着席の並びから）誰と誰が密接なのか，どんな話し方の習慣を持っているのか，などを言語レベル・非言語レベルでアセスメントし，その家族のルールに参加していく。

次に，MRIモデルでは，家族合同面接で進めていくのか，スプリットし，誰と面接を進めるのかを戦略的に考える。スプリットする際には，そのための意味づけを行うことが大切である。また,「問題を訴えているのは誰か？」という視点が重要である。基本的に問題を訴えている人をクライエントとして面接を進めていく。その他，面接場面に誰が参加すればよいかは戦略的にセラピストが決定していく。合同面接を計画しないことが，その他の家族療法と一線を画するところである。加えて,問題を取り巻くシステムを家族に限定しないことである。例えば，しばしば仕事のミスをする部下のことを心配している上司は家族ではない。家族ではないが，問題を取り巻くシステムの重要な参加者である。

続いて，見立てを行っていく。構造的家族療法では，誰と誰の結びつきが強いか，誰が誰に影響力を持っているかなどを言語・非言語レベルでアセスメントし，連合関係，世代間境界，サブシステムなど家族構造を把握していく。家族アセスメント・ツールを利用することもできる。MRIモデルでは，問題に対するこれまでの取り組み（解決努力）を把握していく。解決努力（いつ，誰が，何を，どこで，どのように）は家族構造を反映していることが一般的である。SFAでは，問題が生じない，あるいは問題がエスカレートしないとき，すなわち，例外について把握していく。

最後に，介入を行っていく。構造的家族療法では，面接場面で家族の相互作用のあり方を明示的・暗示的に指摘し，その場で介入していく。面接場面で家族成員が協力したり，協力して子どもに指示（説明）するなど，その場で実際に実行を促す「エナクトメント（実演）」という方法を使うこともある。MRIモデルでは，問題に対するリフレーミングを行ったうえで，面接の最後に家族に課題を提示していく。SFAでは，コンプリメントをしながら，例外の観察や例外の拡張を

目指した課題を提示していく。家族面接（構造的家族療法, MRI モデル, SFA）の詳細については東ら（2014）を参照。

Ⅵ　エビデンス

ブリーフセラピーはその効果のエビデンスの提示から出発したセラピーである。ウィークランドら（Weakland et al., 1974）の報告では，72％が平均面接回数7回以内で治療目標を達成，あるいは顕著な改善を示した。また，ド・シェイザー（de Shazer, 1985）の報告では，72％が平均面接回数6回以内でその結果が満足である，としている。国内においては，小崎・長谷川（2000）は1988年12月から1998年11月まで，小児科外来での受診例にブリーフセラピーを実施した小児心身症132例（内訳は，不登校41例，過敏性腸症候群17例，神経性食欲不振症21例，遺尿症・遺糞症・夜尿症15例，その他心身症38例）のうち，治癒74例，軽快47例，不変5例，脱落6例であったことを報告している。平均治療回数は4.4回であった。また，東日本大震災における消防団員の惨事ストレスに対するブリーフセラピーでは，平均面接回数1.83回で，問題の改善が報告されている（若島ほか，2012）。以上のブリーフセラピーにおける治療効果のエビデンスは，クライエントの視点において，問題が解決したか，満足な結果が得られたかどうかということに基づいている。

また，近年のブリーフセラピーの理論と臨床のエビデンスについてはフランクリン（Franklin, C. et al., 2012）を参照。これらのエビデンスは，治療効果というだけではなく，そのメカニズムの解明をすることを中心としたものである。

Ⅶ　臨床心理学への寄与

システミック・アプローチの臨床心理学における貢献についてここで述べる。

第1の貢献は，システミック・アプローチでは，臨床心理学的視点が個人の特性に還元しがちな傾向にある中，個人の特性と見られているような行動パターンが他者との相互作用によって構成されるという視点を明確にしている点である（システム理論に基づく研究および臨床については，Thoburn, J. W. & Sexton, T. L.（2016）を参照のこと）。臨床において，家族は単なるサポート源ではない。そうではなく，個人の特性と見られるような行動のパターンを引き出すのである。そしてこの見方は同時に家族だけでなく，二者以上が参加するシステムにおいて見られることであり，保健医療分野や福祉分野だけではなく，司法・犯罪分野や産業・労働分野の臨床でも重要な理論となっている。第２に，応用範囲・適応領域の広さである。SFA に特に顕著であるが，病気や障害という視点ではなく，QOL（quality of life；生活の質）に根差した解決を志向することにより，さまざまな現場で利用されてきている。看護や介護の現場，学校教育の現場，犯罪被害者支援や震災支援の現場などで多くのユーザーがいる。近年では，児童相談所において，サインズ・オブ・セイフティー[注3] として SFA の手法が広まりつつある。

第３に，クライエントと別に，IP という視点をとることである。IP とは Identified Patient の略であり，問題とみなされた人という意味である。IP が必ずしも来談せずとも，システミックな見立てから介入できるという利点がある。また，セラピストにとって，問題がある者とみるのか，問題があるとみなされている者とみるのか，この視点の違いは大きい。

第４に，プラグマティズムである。私たちは「良い」－「悪い」，「正しい」－「間違い」という軸で物事を判断することが多い。例えば，両親の仲が良いのは良いことで，仲が悪いのは悪いことである。地域との関わりがあることが良いことで，地域と関わらないのは悪いことである，などなど。また，科学的知見はこの軸を明確化していく作業である。そういう意味でこの「良い」－「悪い」，「正しい」－「間違い」という軸は重要ではあるが，プラグマティックではない。臨床は個々人に対するオーダーメイドの作業であるからである。さまざまな家族療法モデルでは，この「良い」－「悪い」，「正しい」－「間違い」という軸を少なからず有している。一方で，ブリーフセラピーはプラグマティズム・ベースト・サイコセラピー（佐藤，2017）と呼ばれており，「有効」－「無効」－「逆効果」という軸を重要視する。

Ⅷ　今後の展望

システミック・アプローチはブリーフセラピーやナラティブ・セラピー（本巻９章）への展開など，常に進化し続けているセラピーであることから，認識論における最前線を走っているセラピーである。先に述べたように，家族療法・ブリーフセラピーはシステム理論やコミュニケーション理論をその理論的背景とする

注３）サインズ・オブ・セイフティー：児童虐待へのアプローチとして，専門家，家族と協力して子どもの安全をつくるものである。SFA が基礎となっている。

ところから，ワツラウィックによる構成主義の導入，その後，物語論，社会構成主義，ポストモダニズムなど，理論の背景となるパラダイム変更がなされてきている。家族療法・ブリーフセラピーは新たな科学のパラダイムや社会の動きに最もセンシティブなセラピーであると言っていい。したがって，私たちは科学的パラダイムや社会の動きに常に目を向けていくことが必要である。このようなことから専門誌には常に目を向けている必要がある。

国内においては，日本家族心理学会の学会誌『家族心理学研究』，同学会の年報『家族心理学年報』，日本家族療法学会の学会誌『家族療法研究』，日本ブリーフセラピー協会の年報『*Interactional Mind*』，同協会の学会誌『*International Journal of Brief Therapy and Family Science*』，日本ブリーフサイコセラピー学会の学会誌『ブリーフサイコセラピー研究』などを参照してほしい。また，海外においては雑誌『*Family Process*』は必読であろう。

◆学習チェック表

- □　家族システム理論について理解した。
- □　二重拘束理論について理解した。
- □　家族療法とブリーフセラピーの関連を理解した。

より深めるための推薦図書

Barker, P.（1981）*Basic Family Therapy.* Oxford; Blackwell Scientific Publications.（中村伸一・信田恵子監訳（1993）家族療法の基礎．金剛出版.）

DeJong, P. & Berg, I. K.（1988）*Interviewing for Solution.* Brooks/Cole Publishing Company.（玉真慎子・住谷祐子監訳（1998）解決のための面接技法．金剛出版.）

長谷川啓三・若島孔文編（2002）事例で学ぶ家族療法・短期療法・物語療法．金子書房.

東豊（1993）セラピスト入門―システムズアプローチへの招待．日本評論社.

若島孔文（2010）家族療法プロフェッショナル・セミナー．金子書房.

文　献

Ackerman, N. W.（1966）*Treating the Troubled Family.* New York; Basic Books.

Bateson, G., Jackson, D. D., Haley, J. et al.（1956）Toward a theory of schizophrenia. *Behavior Science,* 1; 251-264.（邦訳『精神の生態学』所収指示）

Bowen, M.（1976）Theory in the practice of psychotherapy. In: Guerin, P. (Ed.): *Family Therapy: Theory and Practice.* New York; Gardner Press.

de Shazer, S.（1985）*Keys to Solution in Brief Therapy.* New York; W. W. Norton.（小野直広訳（1994）短期療法：解決の鍵．誠信書房.）

Franklin, C., Trepper, T. S., McCollum, E. E. et al. (2012) *Solution-focused Brief Therapy: A Handbook of Evidence-based Practice.* Oxford University Press.（長谷川啓三・生田倫子・日本ブリーフセラピー協会編訳（2013）解決志向ブリーフセラピーハンドブック―エビデンスに基づく

研究と実践．金剛出版．）
Haley, J.（1976）*Problem-solving Therapy.* San Francisco: Jossey-Bass.（佐藤悦子訳（1985）家族療法―問題解決の戦略と実際．川島書店．）
長谷川啓三（1987）家族内パラドックス．彩古書房．
東豊・水谷久康・若島孔文・長谷川啓三（2014）匠の技法に学ぶ 実践・家族面接．日本評論社．
亀口憲治（2003）家族のイメージ．河出書房新社．
小崎武・長谷川啓三（2000）小児心身症に対する短期療法 10 年間のまとめ．心身医学，40; 143-149.
Minuchin, S., Rosman, B. L. & Baker, L.（1978）*Psychosomatic Families: Anorexia Nervosa in Context.* Cambridge, Massachusetts: Harvard University Press.（福田俊一監訳，増井昌美・川喜多好恵・金沢吉展訳（1987）思春期やせ症の家族―心身症の家族療法．星和書店．）
野口修司・狐塚貴博・宇佐美貴章・若島孔文（2009）家族構造測定尺度－ ICHIGEKI －の作成と妥当性の検討．東北大学大学院教育学研究科『研究年報』，58(1); 247-265.
Olson, D. H., Sprenkle, D. H. & Russell, C. S. (1979) Circumplex model of marital and family systems: I. Cohesion and adaptability dimensions, family types, and clinical applications. *Family Process,* 18(1); 3-28.
佐藤克彦（2017）ワークショップ：行き詰ったときのブリーフセラピー指定討論．日本ブリーフセラピー協会第９回学術会議プログラム抄録集，p.7.
Thoburn, J. W., & Sexton, T. L. (2016) *Family Psychology: Theory, Research, and Practice.* Praeger.（若島孔文・野口修司監訳（2019）家族心理学―理論・研究・実践．遠見書房．）
von Bertalanffy, L.（1968）*General System Theory: Foundation, Development, Applications.* New York; Braziller.（長野敬・太田邦昌訳（1973）一般システム理論．みすず書房．）
若島孔文・長谷川啓三（2000）よくわかる！　短期療法ガイドブック．金剛出版．
若島孔文・末崎裕康（2008）カール・ウィテカー．*Interactional Mind,* 1; 44-73.
若島孔文・野口修司・狐塚貴博・吉田克彦（2012）ブリーフセラピーに基づくスリー・ステップス・モデルの提案．*Interactional Mind,* 5; 73-79.
Watzlawick, P., Weakland, J. H. & Fisch, R.（1974）*Change: Principles of Problem Formation and Problem Resolution.* New York; W. W. Norton.（長谷川啓三訳（1992）変化の原理―問題の形成と解決．法政大学出版局．）
Weakland, J. H.（1974）Double-bind theory by self-reflexive hindsight. *Family Process,* 13; 269-277.
Weakland, J. H.（1979）The double-bind theory: Some current implications for child psychiatry. *Journal of the American Academy of Child Psychiatry,* 18(1); 54-66.
Weakland, J. H., Fisch, R., Watzlawick, P. et al.（1974）Brief therapy: Focused problem resolution, *Family Process,* 13; 141-168.
Whitaker, C. A.（1976）The hindrance of theory in clinical work. In: Guerin, P. (Ed.): *Family Therapy: Theory and Practice.* New York; Gardner Press.

第9章

ナラティヴ・アプローチ

森岡正芳

Keywords　物語的モードの思考，社会構成主義，疾患と病い，無知の姿勢，問題の外在化，リフレクティング・プロセス，ラベリング，ドミナント・ストーリー，オールタナティヴ・ストーリー

心理的支援の場面は多様であり，支援を求める人々へのアプローチも多彩を極めている現在，個人の体験世界に即して，現場で生きた体験を掘り起す視点としてナラティヴ（物語・語り）が注目されている。ナラティヴは，外界の出来事を受け入れ意味づける心の働きを基盤とする言葉の活動である。ナラティヴの視点を心理的支援の場に導入することによって，個人が生きていることの文脈を切り離さずに，病や障害，心理発達上の課題をとらえ，それによって社会・文化の持つ潜在的治癒力を活かすことができる。この視点をもとに現場での固定したとらえを少し動かし，人の生の深さに入ってみたい。

Ⅰ　ナラティヴの基本的な考え方

1．ナラティヴとは

ナラティヴ（narrative）は「プロット（筋）を通じて出来事が選択・配列され，体験の意味を伝える言語形式」である。物語，語りそしてストーリーという言葉も類義的に用いられている。ナラティヴは意味を生む行為と深く関係する。変えようのない事実や関係そのものも，語りのあり方で意味づけが変わり，あらたな現実を生んでいく。この特徴を心理療法に活かすアプローチも盛んである。

ナラティヴという言葉は，文学や歴史学に用いられてきた用語であるが，対人援助領域で導入する場合，以下のような特徴をとらえることができる。ナラティヴの素材は個人の生，人生の出来事，体験である。それらが特定の他者に向かって語られる。語らいを通じて出来事が意味づけられ，その意味も動いていく。出来事は会話の中で選択され，編成され，その文脈の中で出来事の重み付けも変わっていく。意味の構成と再構成は語り手／聞き手の協働作業である。

人は根本的に，体験を物語の形式やプロット構造へと体制化するレディネスあるいは傾向性をもつ（森岡・山本，2013)。プロットをもとに，出来事を選択し配列し，体験の意味を伝えるというのは特別な言葉ではなく，日常にあふれている。たとえば，駅に着いたときに，財布を忘れたことに気づき，もう一度家に戻ったため，職場にはぎりぎり間に合ったという出来事があるとしよう。仕事場の仲間には，「うっかり財布を忘れてね」という言葉が出てくる。これがすでにナラティヴである。財布を忘れたという出来事①によって，職場には危うく遅刻というところだったという出来事②を理由づけている。そこには緩やかな原因結果のプロットがあり，そのプロットの中に，二つの出来事が選ばれ，配列されている。この場合，「うっかり財布を忘れてね」という出来事①の言葉だけで，「危うく遅刻しそうになった」という現下の事態を理由付け，聞き手の納得を得ようとすることができる。この意味でナラティヴ構造を満たすことができる。

2．意味の優位性

心理学でナラティヴの視点を明確に位置づけたブルーナー（Jerome Bruner, 1915-2016）は，人間科学のパラダイム転換を課題として「人間の心理学」を積極的に提示した（Bruner, 1986)。その中心概念は意味であり，意味の構成（construction of meaning）に関わるものであることを強調した。生きる行動の主体として人は，他者との関係の中で，生の営みをどのように展開し，それを意味づけていくのだろうか。人間の心理学はこのような全体存在としての個人に焦点が当たる。ブルーナーは科学的心理学との対比から，因果関係の方法論によってはとらえられない事象，生活の社会的，個人的豊かさ，歴史的深さを測るもう一つの心理学を明確にしていこうとする

個人は，それぞれが信念（belief）という形で世界についてのまとまった知識を持っていて，それによって世に生じる出来事や人の行為の意味を理解する。この知はある程度の一貫性を持ち組織化されている。これをブルーナーはフォークサイコロジー（folk psychology）と名づけた。ここに接近するには，科学としての心理学が依拠する論理科学的モード（logico-scientific mode）とは異なる思考のモードが必要である。それをブルーナーは物語的モード（narrative mode）の思考とした。これは個人の行動の意図をとらえ，出来事の体験に意味を与える様式であり，具体的事象の背後に一般的な法則を探求する実証科学とは目的が違う。論理科学モードによる学問体系が合理的仮説に導かれた検証を基盤におくのに対して，物語的思考は，出来事と出来事の間をつなぎ筋立てることによる説明の真実

さ・迫真性（verisimilitude）をよりどころとする知を形作る。対象の記述は観察者を含む文脈が重視されるため，そこで喚起される意味はその場でたえず構成され，多元的なものとなる。

3．基本的構成要素

ナラティヴの基本的な構成要素は出来事（events），心的状態（mental states），登場人物（characters）あるいは役者（actors），そして彼らが関わって生じる事（happenings）である。それらは物語の筋；プロットの中で意味が与えられる。

心理実践場面では，投映法のTAT[注1)]が，ナラティヴの基本的構成要素をそのまま用いた検査であるとみることができる（田淵・森岡，2013）。たとえば第Ⅰ図版で，次のような反応がみられる。「少年がバイオリンを前にして悩んでいます。と言うのも，お父さんに買ってもらった大切なバイオリンを，うっかり落として壊してしまったからです。そのことをお父さんに打ち明けるかしばらく悩みましたが，最後は思いきって打ち明け，許してもらうことができました」（楠本［2015］による）。ナラティヴの視点からみると，次のようにとらえられる。主人公は少年で，父親が登場する。過去の出来事（「父に買ってもらった大切なバイオリンを，うっかり落として壊してしまった」）によって，主人公の現在の心的状態（「バイオリンを前にして悩んでいる」）の理由づけられ，結末の出来事（「悩んだ末に，思いきって打ち明け，許してもらう」）によって解決する。

TATにおいて被検者に要請されている物語は，このようなものである。被検者は図版を前にして浮かんできた無数のイメージの中から，特定のイメージ（つまりは出来事）を『選択』し，それらを過去・現在・未来の時間軸に沿って『配列』しなければならない（楠本，2015）。出来事は物語の筋；プロットの中で意味が与えられる。

4．変化プロセスの記述

ナラティヴの視点は時間変化の記述に特徴がある（Bruner, 1990）。ナラティヴは出来事につながりを与え，時間の展望をもたらすように構成していくはたらきがある。個人の現実における体験の時間は，直線的ではない。体験を語るときの時間構造は豊かな時間位相を含む。語りとは現在を通して過去を語り，過去を通

注1）TAT：マレー（Murray, H. A.）によって開発された絵画統覚検査。提示された絵を見てそれぞれのストーリーを語ることで，内的テーマを浮かび上がらせる投映法心理検査。31枚の図があるが，本文にある第1図は壊れたバイオリンの前にうつむく少年の絵である。

して現在の意味を捉える行為である。今ここでだれと語り合うかによって，過去の出来事の意味は変わる。変化プロセスの記述は，体験をなぞる複合的な時間に関わるものである。ナラティヴは特定の時間枠組みの中で体験の素材をとらえ再現し，体験の世界を一貫して表現する形式である。

ナラティヴは個人の生きた体験へと接近する視点を与えてくれる。それは物語のおもしろさ，インパクトに依拠する。ブルーナーはそれを迫真性（verisimilitude）とする（Bruner, 1986）。迫真性は物語のストーリー性とキャラクター（登場人物）の生き生きとした描写（活写）からくる。そして物語の物語性を介して他者と体験を共有する場を生み出す。

何よりも，物語から浮かびあがってくる個人の生きていることの具体性，真実性，それによる説得力こそがこの方法論の存在価値を示す。生が内包する矛盾や複雑さに添って物語が描き出されることが基本である。

II　臨床場面におけるナラティヴ論の意義

１．病いの語りによる主体の回復

クラインマン（Kleinman, A., 1988）は，医療の実際場面での資料をもとに，同一の病気に対し医療従事者側と患者側がまったく異なった描き方，つまり物語をもつということを明確にした。病気（sickness）が個人の人生のなかでもつ意味を切り離さないことの臨床的意味が注目される。クラインマンは医療専門職が医学モデルにしたがって「外側から」構成する疾患（disease）に対置する形で，患者や家族が自らの体験に即して「内側から」述べる「病い」（illness）を描き出した（図１）。同一の病気も視点を変えることによって異なる様相が見えてくるのである。病気には医療従事者側がとらえている側面とは異質の，ストーリーとして語られ，聞き取られることを本質とする側面がある。ここで個人の生の文脈と切り離さず，そのなかで病いや障害，心理的苦しみの意味をとらえていく立場が出てくる。さまざまな心理的援助や心理療法は，本人が生きやすい文脈をさらに創出していくための共同作業として位置づけることができよう。そのときにナラティヴという再現表象形式からとらえていくことが重要な手がかりを与えてくれる。

問題や症状について，患者の生の文脈に即した語りを聞いていくと，医療専門職の立場とはまったく異なった描き方になることがある。患者の自分の病気に対する理由付けや説明は，医療専門職がラベリングした病名とは異なった述べ方になり，それも病気の重要なもう一つの記述の仕方であると認める。まずこのよう

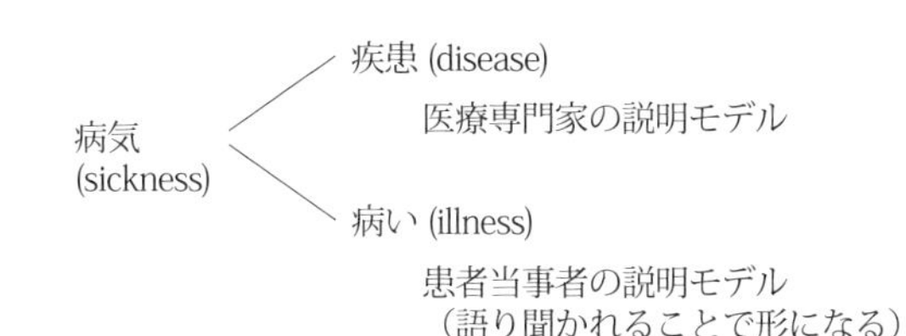

図１　病いと疾患のモデル（Kleinman, 1988）一つの病気に複数の説明モデルが可能になっている

な発想の転換がナラティヴの視点をとることによって生まれてくる。

２．現実は構成される

ナラティヴはとくに個人の人生のテーマ性，心的現実へと接近することに有力な視点を提供する。人は現実を多重に生きている。現実とは事実の総体以上のものである。そして語ることが複数の現実を作る。ナラティヴ・アプローチによって，このような現実へのとらえが可能となる。ナラティヴの基本軸となる出来事と出来事をつなぐプロットは，語り手が意味のある出来事を選びつなぐという作業のみで成り立つのではない。出来事と出来事の順序も体験をどのように語り聴くかによって異なってくる。一つの出来事はその後に生じる出来事との関係で新たな性質を加えていく。

生活の事実としては同一の出来事であっても，その出来事が異なった場面で繰り返し語られることによって，出来事の意味付けや描写の細部が変化する。語る行為は体験の領域を生み，構成する。その領域は事実か虚構かという判断とは別の次元の資料である。語ることで，心の中で思い浮かべられる対人関係を，外的な対人関係と並置して眺めてみる視点を取ることができる。語りが生む現実は，生（ナマ）の事実が支配する現実でもなく，主観的な想念でもない。

ナラティヴが接近するのは，人の体験領域，すなわち事実世界でもなく主観的世界でもない第三の領域である。この領域は可能性をも含む現実であり，ブルーナーは仮定法的現実（subjunctive reality）と名づける。語りの中に「選択できたかもしれないが実際には選択されなかった物語の道筋」や「明確に表現される可能性はあったが，実際にはされなかった」物語，「今でも明確に表現される可能性のある潜在的な解釈」が潜在する。物語は確実性よりは可能性と結びついている。心理的支援に意味があるのはこのような物語であることが多い。

Ⅲ　ナラティヴ・アプローチによる心理学的支援

1．ナラティヴと心理療法

心理療法の領域では1990年代より，ナラティヴを基本においたセラピーが話題を集めている。これは言語そして，人と人の相互行為が現実を構成していくという社会構成主義（social constructionism）に依拠するものである（McNamee & Gergen, 1992）。家族療法の理論的展開の中ではじまり，ナラティヴ・セラピー（White & Epston, 1990），コラボレイティヴ・セラピー（Anderson & Gehart, 2006）などが注目をあびて久しい。また同時期に，物語モデルをもとに保健医療および心理療法の実践を進め記述する動向が展開している。とくにNBM（Narrative Based Medicine）は医療領域にて注目を集めた（Greenhalgh & Hurwitz, 1998; Charon, 2008）。日本では河合（1993, 1998）が，分析心理学の立場から，「物語」「語り」という概念を心理療法の分野に導入し，独自の展開をおこなってきた。以上は，社会科学や人間科学にて，ナラティヴ・ターン（物語論的転回）が話題になったことと連動している。体験の想起，語り直しを通じて，クライエントの生活史に位置づけていくという作業がさまざまな心理療法の各学派で共有されるところから，ナラティヴは心理療法や対人支援，心身のケアにおいて立場の異なる学派をつなぐ概念と目されている（森岡，2007, 2015）。

このような動向が同時代的に生じたのは，科学技術の進展が，医療，福祉，教育の現場に行きわたり，人が科学的に処置される対象として断片化され，一人ひとりの人生，個人の生が見失われてしまう現代的課題に人々が直面したことが背景にある。

ナラティヴ・アプローチによる心理社会的実践では，個別の文化歴史を背景においた人と人が，率直に会話の場を作ることから始める。相手がその生活においてこちらが計り知れない現実を背負っている。しかし何らかの支援ができないか。接点そのものがわからない，ゴールもはっきりしない時に，せめて可能なのは相手の生活を知り，そこから教わることではないか。このような反省からナラティヴの立場が形成された。ブルーナーは，ナラティヴという思考様式の特徴の一つに，「例外的なもの（unusual）と規範的なものをつなぐ」ということをあげている（Bruner, 1990）。この例外的なものの極は戦争，災害といった社会歴史的な出来事であろう。規範だけでなく，例外的なものを許容し，理解可能にするストーリーの特質が人と人の葛藤を和らげ，緩衝地帯を作り出す。

2．リフレクティング・プロセス

社会構成主義は，人の言語行為，相互行為によって現実が構成されるという観点から，人間科学や社会科学の諸概念をとらえ直す立場の総称であり，ナラティヴ・アプローチの理論基盤をなす。現実は社会的に構成される。現実は言語による意味づけによって維持される。現実を維持するもっとも重要な媒体は会話である。ナラティヴ・アプローチの観点からすると，心理的対人支援は語り聞くことによって，現実が新たに構成されていく言葉の力を積極的に活かす実践である。個人の日常生活は，その人の主観的現実をたえず維持し変形し再構成する会話のはたらきに，支えられている。ナラティヴ・アプローチの実践は会話が基本となる。そして，セラピストは積極的に会話を維持する伴走者である。またセラピストとクライエントの会話が意味を生み自己を作り替えていく力は，心理的対人援助の共通の基盤である。

アンデルセン（Tom Andersen）のリフレクティング・プロセスは，このような観点の基盤をなす（Andersen, 1991）。家族療法のセッションを，リフレクティング・チームが観察する。それを家族に公開する形でディスカッションを行なう。専門家たちも断言は避け，家族の可能性を率直に話し合う。家族も，その会話を聞きながら，自分たちに対する肯定的な側面やこれまでとは違った新たな視点にふれる。相互のリフレクションが今ここの状況で動き出す。家族は新たな会話を始める。チームはまたその会話を観察し，コメントを述べ，家族はそれを聴く。この往還は，「会話が会話に影響を与え，影響を受けた会話がまたさらに異なる会話へと発展することになる」（坂本, 2013）。このような会話を重ねることで新たな現実が構成される。

リフレクティング・プロセスの実践で，会話が現実を構成していくことに注目することにより独自の認識論が展開する。オープン・ダイアローグ[注2)]などもその実践的展開形である。まず当事者という視点，人が生きている現実へのまなざ

注2）オープン・ダイアローグとは，臨床心理学者のセイックラ（Seikkla, J.）らが主導する精神障害への支援アプローチ。フィンランド・ケロプダス病院にて実践が始まった。患者家族に対話それ自体を目的として，ミーティングを行う。発症の連絡があれば，チームを作り24時間以内に訪問し，患者家族とチームが対話の場を作る。適宜リフレクションのセッションを設け，チームスタッフは患者家族の前でオープンに，方針を確認し合い，相談する。それに対するフィードバックを患者から得る。このような対話を継続することを通して，患者が自分の状態について，主体感覚を取り戻す。患者の変化，安定を目指すのではなく，それが対話の副産物として与えられるとする点で，従来の治療観を大きく変え，当事者主体のアプローチとして注目を集めている。

しが起点であること。そして，人の生の現実は多元的で，変容可能性をもつという現実観である。そこに他者がどのようにかかわるかによって，現実が変化する。

ナラティヴの生成とそれによる現実の構成に影響を与えるのは，聞き手の関与の仕方である。聞き手は，「未決定で不確定なものにしたがう」という受容力が欠かせない。「ネガティヴ・ケイパビリティ」（negative capability）ともいわれるセラピストの独自の姿勢，現場で聞き手が従う感覚をここで「未決定のものへの傾向性の感覚」と名づける（森岡，2002）。心理療法などの臨床の場で聞き手の側に生じる固有の感じは，今ははっきりつかめない何かに向かっているという傾向性（tendency）の感覚からなる。何かに向かって実現しようとしている未構成の感覚ともいえるものである（Stern, 2003）。

語る行為によって立ち上がってくる現実がある。一方で，語ることで見えなくなってしまうものがある。聞き手との共同性のあり方，力関係によっては，共有しえないもの，語りえないものは隠蔽される。実際の会話場面では，他者の承認を得やすいストーリーが作られやすい。体験の語りは固定しやすく，体験語りの定番の形式が前提となってしまうことがよくある。クライエント家族，そして支援者においても，社会・文脈の中で受けいれられやすい物語があり，定型化したストーリーをつくりやすい。

語ることでしか立ち現れない個人の体験がある。出来事の特異性，ある種の異常性は語られないままに消えてしまう。語りだすことでしか立ち現れない体験とは，語られた物語の外部にあるか，矛盾しているために気づかれない体験の一側面とみることができる。語りにあらわれる矛盾や語りの中に生じる質の異なった考えのゆれうごき，そして個人的で特異な信念の表明に注目することが，心理的支援場面で重要になることがある。

３．無知の姿勢

心理的支援でよく使われる診断名は有力で文脈を支配的に形成する。支援の対象はその文脈において固定されやすい。たとえばトラウマについての心理支援行為を見てみよう。そのアプローチは多々あり，それぞれのアプローチの仕方によってトラウマという臨床的対象は多彩な像を見せる。支援者のアプローチによって，対象像が構成されるともいえる。また単一の事例であっても，セラピーのプロセスにおいて，治癒回復の段階ごとにアプローチの仕方は変遷し，場合によってはまったく対立するアプローチが必要な場合が出てくる。心理的支援行為の独自性と多義性はこのようなところからくる。対象は文脈に応じて姿を変えるし，その状況環境に応

じて柔軟にそのつどの経験を積み上げ深めていくことが，心理的支援行為の基盤になると思われる。来談者の主訴となる症状や問題も，それだけを取り出して対象にし，対処を企てるのではなく，その人が生きているただ中において新たに意味づけることが可能であり，対処すべき問題や症状の様相も変わってくる。

臨床の場面で，疾患や障害の分類名にもとづいてクライエントの現実に接近しようとする態度は，専門家視点が陥りやすい隘路にはまる。ナラティヴ・アプローチの基本的な姿勢として，クライエントの問題の背景に何かの要因を仮定し，それらを探るという視点をはずすことがあげられる。個人の内部，関係性，社会などの要因のどれかに問題を集約し，単一の要因を優位におくことはしない。語られたことの背後に何かを読むのではなく，語りを通してどのような世界をクライエントは生み出そうとしていくのか，セラピストはそこについていく。専門家としての地図をいったんおいておき，クライエント，患者，当事者の現実を学ぶ。グーリシャン（Goolishan, H.）とアンダーソン（Anderson, H.）はこのような姿勢を，無知（not-knowing）という逆説的な言葉で表している（Anderson & Goolishan, 1992）。

クライエントは自分の生活と人生の専門家である。その途上において直面した困難について，支援者の側が正解をもっているのでない。クライエントの言動に対して，支援者は専門知による解釈や一般的な説明ではなく，クライエント自身の生活の専門性を尊重し，その生活世界を共に探索する。セラピストは積極的な会話の相手として，クライエントとの対話空間が広がるような問いかけの工夫をする（Anderson, 1997）。この問いは，クライエントの多様な体験をまとまったストーリーへと結ぶ手掛かりとなる。そこで形成されたストーリーラインは，「その人の多様な人生経験を一つに統合し，自身の歴史における連続感覚をその人に提供する」（White, 2007）のである。

４．問題の外在化

外在化（externalizing）は，1980年代前半に家族療法の領域にはじめて導入され，ナラティヴ・セラピーの中心となる技法である。面接場面で扱われる「問題」は，個人の内部にあると考えるのではなく，社会的に構成された産物として理解する。外在化とは，自分が問題と同一ではないということを理解できるようにする方法である。「その『問題が』あなたの人生にいつ忍び込んできたのですか？」このような問いからはじめ，問題を当事者がしっくりくる言葉で言い表すサポートをする。診断名ではなく，体験により近い言葉を探す。

「問題」が個人の人格や性格などに起因するものであり，個人の内面に存在するも

のというとらえが，当事者たちを自責や無力感に追い込む。生活の場だけでなく専門家を訪ねても，自己の内面に問題があると固定してしまったり，あるいは，家族構成員の一人を特定しその問題から，子どもの症状がはじまったというような理解が先行したり，診断名というラベルで強化したりすることがえてして生じやすい。

たとえば，理解できない行動，社会的に逸脱した行動を目の当たりにしたとき，どういう言葉をそこに向けるだろう。それをただすという場所からとらえると，視点は固定し，行動に「非行」というラベルを貼る。いくら理解を示そうと働きかけても，視点が固定している限り，彼らの行動を直そうとする動きが生じる。ラベルは，大人の側の納得の目安に過ぎない。行動をとらえるラベル，定義は作られるものである。自らの理解の枠組みや視点そのものを問いにのせることが，ナラティヴの発想である。

5．オールタナティヴ・ストーリー

ナラティヴという視点をとることで，クライエントたちは共通して，「自己物語」（self-narrative）を変えざるを得ない転機・節目にあるととらえることができる。「アイデンティティ」のテーマは，広くとらえると，自己物語の書き換えが問題になっていることが多い。それまでの自己を支配するドミナント・ストーリー（dominant story），たとえば学校や会社での成功，優等生や出世の物語が生活のうえで優勢であったが，クライエントが訴えている病や問題がそれに替わるストーリー，すなわちオールタナティヴ・ストーリー（alternative story）を生き直そうと動いているととらえることができる。

クライエントに対して自分の言葉で問題や症状を語ることをうながす。この試みをともにすることの効果は，けっして小さくない。医療や学校現場は，文脈を支配する有力なナラティヴが前提になっている。診断名というラベリング自体がドミナント・ストーリーであるととらえることもできる。専門家の側が症状・疾患に付与する物語であり，患者と家族を拘束することがありうる。だからこそ，患者と家族が自分の症状を自分たちの言葉で述べてみる。オールタナティヴ・ストーリーを生み出していく，その機会をサポートすることは心理支援の共通基盤である。

6．リサーチエヴィデンス

ナラティヴ・アプローチは意味の動きによる体験の現実構成にもとづく方法であり，意味の動きは文脈によって変化する。効果検証には，他の心理療法や技法において行われる効果測定とは次元の異なる発想が必要である。ナラティヴの根拠は記述の迫真性（verisimilitude）にある（Bruner, 1986）。意味生成の瞬間を描

き，協働のプロセスをクライエント，当事者とともに，記述する。そこに第三者による照合や，公共的な視点を包含させる。このような試みがなされる必要がある（Winslade & Monk, 2000; 森岡，2016）。支援者はむしろ証言に立ち会う伴走者であるとする観点が，ナラティヴベイスドの支援において提示される。

体験を一つの表象システムから，物語というまとまった表象形式へと転換させることが治療的に効果的（Bandler & Grinder, 1975）であり，体験をナラティヴという表象形式に転換することの効果は固有のものである。とくに感情のコントロールに意義がある（Hermans & Hermans-Konopka, 2010; Morioka, 2011, 2018）。このように社会言語学や対話的自己論[注3)]の立場から，ナラティヴ・アプローチの臨床的意義を確認し補強することが試みられてきている（Morioka, 2019）。

IV まとめ：語ることの創造性

ナラティヴ・アプローチは，語り聞くことを通じて新たなものが創出する言葉の力を基盤とする。ここで言葉とは，狭義の言語的コミュニケーションに限定されるものではない。さまざまな障害を抱え，発話が困難であっても，体を動かし，音を使って表現することでもナラティヴが生まれる。話が聞ける。私たちが俄かにとらえがたいにしても，重複する障害を抱えるその人が体験する現実がある。

ナラティヴ・アプローチは発話に含まれる前言語性に依拠している部分があり，これをどう活かすかが，実践での留意点となろう（森岡，2020）。アンデルセンも実際のセッションで，会話内容だけではなくその手前の前一会話（proto-conversation）に着目する（Andersen, 1991）。「クライエントが用いる言葉を，声の調子や言葉の後に続く身体の動きと同じように考え，そして，私が聞いたすべての事柄のうちどれについて，もっとも話をした方がよいのかを自問自答する」と述べ，聴取の勘所を「とっかかり」（openings）という。ナラティヴは話をする前の間（pause ; space），聞く前の間において生じる内的発話をも含む関係性の中の行為である。

看過してはならないのは，ナラティヴが今（present）という時間を生み出すということである。ナラティヴは産出された物語に注目すると，テクスト化された言語的な特徴のみが顕在化しやすい。ナラティヴは特定の今と，ここにおいて語る行為であ

注3）対話的自己論（dialogical self theory）は，オランダの心理学者ハーマンス（Hermans, H. J. M., 1937-）が展開している自己を対話ととらえる理論。自己は複数で多声的であり，相互に対話的交流を持つ。この力動過程をポジショニングとしてとらえる。心理療法の関係プロセス理解，組織における対話的リーダーシップ，社会における対人葛藤・紛争場面の解決へと対話的自己論は，実践的に適用されている。

る。過去の出来事も今，ここで，その意味が構成されていく。生きた時間の体験がナラティヴの基盤である。そして語る行為は，自分なりのやり方で自分自身を伝え，自己を作っていくものである。語ることで自分がはっきりしてくると，多くのクライエントが述べる。ナラティヴ・アプローチの実践上のよりどころはここにある。

◆学習チェック表
- □　心理的支援場面におけるナラティヴの働きについて理解した。
- □　社会構成主義の基本的視点を理解した。
- □　一つの病気が視点の違いによって，疾患と病いという異なったストーリーが表れることを理解した。
- □　リフレクティング・プロセスの実践で，会話が現実を構成していくことについて理解した。
- □　問題の外在化や無知の姿勢について説明できる。

より深めるための推薦図書

Charon, R. et. al.（2017）*The Principles and Practice of Narrative Medicine.* Oxford University Press.（斎藤清二・栗原幸江・斎藤章太郎訳（2019）ナラティブ・メディスンの原理と実践．北大路書房.）

McNamee, S. & Gergen, K.（eds.）（1992）*Therapy as Social Construction.* London: Sage.（野口裕二・野村直樹訳（2014）ナラティヴ・セラピー．遠見書房.）

森岡正芳編（2013）N：ナラティヴとケア　第４号：心理的支援法としてのナラティヴ・アプローチ．遠見書房.

森岡正芳編（2015）臨床ナラティヴアプローチ．ミネルヴァ書房.

Paré, D. A.（2013）*The Practice of Collaborative Counseling and Psychotherapy: Developing Skills in Culturally Mindful Helping.* Sage.（能智正博・綾城初穂監訳（2021）協働するカウンセリングと心理療法―文化とナラティヴをめぐる臨床実践テキスト．新曜社.）

文　　献

Andersen, T.（1991）*The Reflecting Team: Dialogues and Dialogues About the Dialogues.* New York: Norton.（鈴木浩二訳（2015）リフレクティング・プロセス―会話における会話と会話（新装版）．金剛出版.）

Anderson, H.（1997）*Conversation, Language, and Possibilities.* New York; Basic Books.（野村直樹・青木義子・吉川悟訳（2001）会話・言語・そして可能性．金剛出版.）

Anderson, H. & Goolishan, H.（1992）*The client is the expert: not-knowing approach to therapy.* In: McNamee, S. & Gergen, K. J. (Eds.): *Therapy as Social Construction.* London; Sage, pp.25-39.（野口裕二・野村直樹訳（2001）ナラティヴ・セラピー．金剛出版［遠見書房より 2014 年復刊］.）

Anderson, H., & Gehart, D.（2006）*Collaborative Therapy: Relationships and Conversations that Make a Difference.* London; Routledge.

Bandler, R., & Grinder, J.（1975）*The Structure of Magic: A Book About Language and Therapy I, II.* Science & Behavior Books.

Bruner, J. S.（1986）*Actual minds, Possible Worlds.* Harvard University Press.（田中一彦訳（1998）可能世界の心理．みすず書房.）

Bruner, J. S.（1990）*Acts of Meaning.* Harvard University Press.（岡本夏木・仲渡一美・吉村啓子訳（1999）意味の復権．ミネルヴァ書房．）

Charon, R.（2008）*Narrative Medicine: Honoring the Stories of Illness.* Oxford University Press.（斎藤清二・岸本寛史・宮田靖志訳（2011）ナラティブ・メディスン―物語能力が医療を変える．医学書院．）

Greenhalgh, T. & Hurwitz, S. (Eds.)（1998）*Narrative Based Medicine.* London; BMJ Books.（斎藤清二・岸本寛史訳（2001）ナラティブ・ベイズド・メディシン．金剛出版．）

Hermans, H. J. M. & Hermans-Konopka, A.（2010）*Dialogical Self Theory: Positioning and Counter-positioning in a Globalizing Society.* Cambridge, UK; Cambridge University Press.

河合隼雄（1993）物語と人間の科学．岩波書店．

河合隼雄（1998）物語と現代．創造の世界 , 106; 28-43.

Kleinman, A.（1988）*The Illness Narratives.* New York; Basic Books.（江口重幸・五木田紳・上野豪志訳（1996）病いの語り．誠信書房．）

楠本和歌子（2015）心理テストとナラティヴ① TAT を手がかりに．In：森岡正芳編：臨床ナラティヴアプローチ．ミネルヴァ書房，pp.249-264.

McNamee, S. & Gergen, K. J. (Eds.)（1992）*Therapy as Social Construction.* London; Sage.（野口裕二・野村直樹訳（2001）ナラティヴ・セラピー．金剛出版［遠見書房より 2014 年復刊］．）

森岡正芳（2002）物語としての面接―ミメーシスと自己の変容．新曜社．

森岡正芳編（2007）ナラティヴと心理療法．金剛出版．

森岡正芳編（2015）臨床ナラティヴアプローチ．ミネルヴァ書房．

森岡正芳（2016）特集にあたって 言葉に時間を読む―治療的コミュニケーション特集にあたって．臨床心理学，16(5); 513-517.

森岡正芳（2020）物語の一次過程と二次過程．N：ナラティヴとケア , 11; 22-28.

森岡正芳・山本智子（2013）心理的対人援助にナラティヴの視点を活かす―聴くことによる創造．N：ナラティヴとケア，4; 2-8.

Morioka, M.（2011）Creating dialogical space in psychotherapy: meaning-generating chronotope of ma. In: Hermans, H. J. M. & Gieser, T. (Eds.): *Handbook of Dialogical Self Theory.* Cambridge University Press, pp.390-404.

Morioka, M.（2018）On the constitution of self-experience in the psychotherapeutic dialogue. In: Konopka, A. Hermans, H., & Gonçalves, M. M. (Eds.): *The Dialogical Self in Psychotherapy.* Cambridge University Press.（in press）

Morioka, M.（2019）On the constitution of self-experience in the psychotherapeutic dialogue (Chapter 14). In: Konopka, A., Hermans, H. M. J., & Gonçalves, M. M. (eds.): *Handbook of Dialogical Self Theory and Psychotherapy: Bridging Psychotherapeutic and Cultural Traditions.* Cambridge University Press, pp.206-219.

坂本真佐哉（2013）ナラティヴ・セラピー―最近の展開．N：ナラティヴとケア，4; 23-30.

Stern, D. B.（2003）*Unformulated Experience.* London; Analytic Press.（一丸藤太郎・小松貴弘訳（2003）精神分析における未構成の経験．誠信書房．）

田淵和歌子・森岡正芳（2013）物語としての TAT．N：ナラティヴとケア，4; 54-59.

White, M.（2007）*Maps of Narrative Practice.* New York; Norton.（小森康永・奥野光訳（2009）ナラティヴ実践地図．金剛出版．）

White, M. & Epston, D.（1990）*Narrative Means and Therapeutic Ends.* New York; Norton.（小森康永訳（2016）物語としての家族（新訳版）．金剛出版．）

Winslade, J., & Monk, G. D.（2000）*Narrative Mediation: A New Approach to Conflict Resolution.* New York; Jossey-Bass.（国重浩一・バーナード紫訳（2010）ナラティヴ・メディエーション：調停・仲裁・対立解決への新しいアプローチ．北大路書房．）

第10章

統合的アプローチ

杉原保史

Keywords　心理療法の統合，折衷，共通要因，技法折衷主義，理論的統合，同化的統合，ドードー鳥評定，研究者の思い入れ効果

Ⅰ　統合的アプローチとは：概説と定義

臨床心理学には数多くの理論的立場（学派）がある。それらはそれぞれに，独自の視点を持ち，独自の用語を用い，特徴的な技法を用い，独自の発展を遂げようと努力している。しかしながら，臨床心理学が１つの学問として発展する中で，当然のことながら，これらの理論的立場はより上位の視点から相互に比較され検討されるようになってきた。

また，心理学的支援（心理支援，心理的支援）の現場においても，いずれの学派にせよすべてのクライエントのニードに応えられるわけではないということ，すなわち複数の学派の理論や技法を取り入れた実践に利点があることが理解されるようになってきた。学派の拠点の多くは欧米諸国にあるが，現在，その欧米諸国においてさえ，単一の学派にもっぱら依拠して実践している実践家はごく少数である。圧倒的多数の実践家は，複数の学派の理論や技法を取り入れて実践している。

統合的アプローチとは，特定の学派にもっぱら依拠するのではなく，多様な学派にオープンな姿勢を取り，学派を超えた視点から効果的な心理学的支援を探究し，実践しようとする立場の総称である。

心理療法の統合は４つのアプローチに分類されることが多い（Norcross & Alexander, 2019）。共通要因（common factors），技法折衷主義（technical eclecticism），理論的統合（theoretical integration），同化的統合（assimilative integration）の４つである。また，多様な学派の理論や技法を活用する心理療法実践へのアプローチとして，近年，多元的アプローチが注目を集めている。そこ

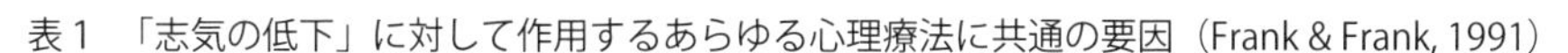

表1　「志気の低下」に対して作用するあらゆる心理療法に共通の要因（Frank & Frank, 1991）

1．援助者との間の，信頼して秘密を打ち明けるような，情動性を強く帯びた人間関係。
2．治療の場面設定。
3．患者の症状に納得できるような説明を与え，それらを解決するための儀式や手続きを提供する原理，概念的枠組み，あるいは神話。
4．患者と治療者がともに患者の健康を回復する手段だと信じており，患者と治療者がともに積極的に参加することが必要な儀式あるいは手続き。

で，ここでは従来の4つの分類にこれを加え，5つに分類することとする。それでは，それぞれについて解説していこう。

1．共通要因

20世紀を通して学派の数は増大し，400を超えるまでになった。そして，現在もなお新しい学派が誕生し続けている。しかし，過去40年間，心理療法全体の治療効果は高まっていない。このことは，学派の発展が必ずしも心理療法の効果を高めるわけではないことを示唆している。

各学派は，他学派に対する独自性や優位性を主張しようとして，他学派との違いを強調しがちである。そのため，その違いにこそ効果があるように見えてしまう。結果的に，あらゆる学派に共通する治療要因は背景に埋もれ，見過ごされがちとなる。共通要因アプローチの支持者たちは，各学派の違い（学派にユニークな見方や治療技法）よりも，各学派に共通する治療要因（クライエントの動機づけ，治療関係，心理療法家の共感など）の方が，治療効果を左右する，より重要な要因であると主張する。共通要因アプローチは，そうした共通の治療要因を明らかにしていくことによって，より効果的な実践を創り出そうとするアプローチである。

長年にわたって共通要因を精力的に探究した研究者の一人であるフランク（Frank, J. D.）は，あらゆる心理療法は「志気の低下」に働きかける面を共通して有していると考えた。そしてその前提に立って，表1のような共通要因を挙げるとともに，さまざまな治療における「神話」と「儀式」が共通して担っている機能として表2のような機能を挙げている（Frank & Frank, 1991）。

2．技法折衷主義

技法折衷主義は，そのクライエントにとっての，そしてその問題にとっての最適の働きかけを選択する心理療法家の能力を高めようとするアプローチである

表２　さまざまな治療における「神話」と「儀式」に共通の機能（Frank & Frank, 1991）

1．患者の疎外感を取り除いて治療関係を強める。
2．援助への期待を高め，維持する。
3．新しい学習体験を提供する。
4．情動を喚起する。
5．患者の統御感あるいは自己効力感を高める。
6．練習の機会を提供する。

（Lazarus, Beutler, & Norcross, 1992）。どのような働きかけが最適なのかの判断は，よく似た問題とよく似た特徴を持つクライエントに対して，これまでどのような働きかけが最も有効であったのかというデータに基づくべきだとされる。技法折衷主義においては，理論的な考察よりも，実際のデータが実践を導くべきだと考えられている。

技法折衷主義の支持者たちは，効果的であると認められれば，学派を超えて幅広い治療技法を用いる。しかしそのとき彼らは，必ずしもその技法の基礎にある理論を受け容れているわけではない。彼らは，技法の効果と，それを説明する理論との間に必然的な結びつきは存在しないと考える。

初期の技法折衷主義では，クライエントの問題や症状に対する働きかけの適合性に焦点が当てられていたが，最近では，変化のステージ，リアクタンスのレベル，文化的なアイデンティティなど，問題や症状以外のクライエントの特徴との適合性にも焦点が当てられるようになっている。

３．理論的統合

理論的統合は，２つないしそれ以上の学派を，より包括的な視点から検討することによって，いずれの学派の要素をも含んだ，整合性のある新しい理論的・技法的体系を創り出そうとするものである。単にさまざまな学派の技法を取り入れて効果的な実践をしようということではなく，その技法の背後にある理論を統合することに強調点が置かれている。

ワクテル（Wachtel, P. L., 1997）の循環的心理力動アプローチ（cyclical psychodynamic approach）は，精神分析，行動療法，システム論的心理療法を統合したものである。またライル（Ryle, A., 1990）の認知分析療法（cognitive-analytic therapy）は，認知療法と精神分析を統合したものである。これらは，理論的統合の代表的な例である。

プロチャスカ（Prochaska, J. O.）らによる多理論統合アプローチ

(transtheoretical approach)(Prochaska & Norcross, 2014)は，個々の学派の理論はそのままで，それらを構成要素として含み込むより上位の理論を構築しようとする試みである。これもまた理論的統合の例と言える。

4．同化的統合

同化的統合は，1つの学派にしっかり依拠して実践しながら，そこに他学派の技法や視点を選択的に取り入れていこうとするものである(Messer, 1992)。基本的に1つの学派に依拠することにより，実践上の安定性が確保される。そしてその安定性を基礎として，幅広い他学派の技法や視点に開かれることにより，実践上の柔軟性がもたらされる。

同化的統合は，洗練された統合へと至るための実際的な道筋である。経験を積んだ心理療法家の職業的成長過程の研究によれば，多くの心理療法家が単一の学派の訓練を受けて実践を開始し，その後，そのアプローチではうまくいかない事態を経験しながら他のアプローチの技法や視点を部分的に取り入れていく。特に統合的な立場を標榜していない心理療法家も，その多くが，事実上，同化的統合を行っているのである。

5．多元的アプローチ

多元論の哲学に基づく心理療法の立場として，近年，多元的アプローチが注目されている(Cooper & Dryden, 2015)。多元論とは，本質的な問題に対して，相互に対立する多様な解答が，いずれも妥当なものとして成立しうると考える哲学である。多元的アプローチでは，クライエント，セラピスト，そしてセラピー，それぞれの多様性を尊重し，クライエントとセラピストの対話と協働によって多様な方法を活用しようとする。この立場では，学派を超えた多様な技法が用いられるが，それは理論的考察による以上に，あるいはエビデンスによる以上に，多様性の尊重という倫理的要請によるものである。

II　心理療法統合の歴史

心理療法の統合というテーマは，心理療法の歴史のごく初期にすでに認められる。精神分析を創始したフロイト(Freud, S.)は，1919年においてすでに「精神分析療法を大衆に適用するときには，精神分析という純金に，直接暗示という銅を合金するような技法の修正や工夫を行わざるを得なくなるであろう」(Freud,

1919）と述べている。これは，消極的な姿勢ではありながらも，精神分析に他学派の技法を取り入れる必要性に言及したものである。

その後も，さまざまな論者によって統合的な観点に寄与する重要な議論が散発的に提示されてきた。1936年に，ローゼンツバイク（Rosenzweig, S.）は，すべての学派には共通する治療要因があると論じた。1950年，ダラード（Dollard, J.）とミラー（Miller, N. E.）は，精神分析を学習心理学の用語で説明する試みを提示し，後の心理療法統合に大きな影響を与えた。1961年には，先に共通要因の説明の中で紹介したフランクが，『説得と治療』という重要な著作を著した。1967年には，ラザルス（Lazarus, A. A.）が技法折衷主義の概念を提示した。1977年には，ワクテルが，精神分析と行動療法との理論的統合である循環的心理力動アプローチを論じた最初の著作を刊行した。

このように，学派を超えて統合的な視点を持った重要な議論は，心理療法の歴史の早期から提出され続けていた。しかし，それらは常に周辺的なものとして扱われ続けていた。心理療法の発展の歴史の中でも，この時期は，新しい学派が次々に誕生し，既存の学派が分裂し，学派の数が増大していった時期である。その間，それぞれの学派は自学派を確立する過程にあって，自学派の地盤を固めるため，他学派に対する優位性を示そうとしがちであった。その結果，学派どうしは敵対的となりがちであった。こうした状況においては，他学派に関心を持ち，その利点に目を向けて学ぼうとする統合的なアプローチに対する関心が高まらないのも当然のことだったと言えるだろう。

このような流れが変化し，心理療法の統合が多くの心理療法家の注目を集めるようになったのは，1980年代以降のことである。1980年代には，それまでの統合志向の議論を踏まえ，それらをさらに発展させる議論が力強く発展した。その傾向は世界的なものであり，各国で統合的なアプローチが論じられるようになっていった。1983年の「心理療法の統合を探究する学会」（Society for the Exploration of Psychotherapy Integration; SEPI）の創設は，こうした動きが具体的に結実したものである。

1990年代には，心理療法の統合を論じた著書や論文の数が飛躍的に増大した。心理療法の折衷・統合をテーマとした包括的なハンドブックもこの時期に相次いで刊行された。心理療法統合運動は，もはや心理療法の周辺勢力ではなく，メインストリームを担う重要な勢力となったのである。

Ⅲ　人格と精神病理の理論

統合的な心理療法の理論においては，精神病理と人格についての各学派の理論的説明が，一見すると互いに独立しているように見えながら，実際には相補的なものであることがしばしば論じられている。たとえばワクテル（1997）の循環的心理力動論では，精神内界の力動に注目した精神分析的な理解も，観察可能な行動に注目した行動療法的な理解も，いずれも大きな1つの悪循環の構成要素として見ることができ，そのように見ることでいずれの理解も深められると論じられている。

統合的な視点の多くにおいては，精神病理や人格についての説明（何が問題か）よりも，変化の過程についての説明（どうすれば変化が生じるか）が強調されている。すなわち，変化を促進するためには，どのようなクライエントにどのような関わりを提供すればよいかに焦点が当てられている。

このことは，統合的心理療法の理論がクライエントの人格に注目しないという意味ではない。統合的な理論の多くにおいては，クライエントの人格特性を把握し，それに基づいて技法を選択することで，治療効果が高められると考えられている。

Ⅳ　臨床的アセスメントと診断

統合的な立場の心理療法家の臨床的アセスメントは，伝統的な学派のそれと多くの点で共通している。ただし，統合的な心理療法家は伝統的な学派の心理療法家よりも広い視野でアセスメントを行うことが多い。

統合的な立場においても，さまざまな意味で，精神医学的診断は重要である。しかし，統合的心理療法家の多くは，診断名が同じクライエントはすべて同じ治療が適しているとは考えない。統合的心理療法家は，診断情報だけでは治療プランを立てられないと考え，診断以外のクライエントの特徴もアセスメントし，それらの情報を考慮して治療方法を選択しようとする。

診断以外のクライエントの特徴に関しては，1．変化のステージ，2．リアクタンス，3．希望（好み，選択），4．文化，が重要なものとして知られている。

1．変化のステージ

プロチャスカら（2014）の多理論統合アプローチにおいては，クライエントの

表３　変化のステージ（Prochaska, 2014）

前熟考期	当面，行動を変えようという意志をまったく持っていない。自分の問題に気づいていない。
熟考期	問題があることに気づいており，問題を克服しようと真剣に考えているが，まだ行動に移す決意はない。
準備期	変化したいという意志があり，変化の先駆けとなる小さな行動にすぐにでも取り組む準備ができている。
実行期	実際に明確に行動の変化が生じている。
維持期	行動変化が始まってから６カ月以上が経過しており，行動の変化が維持されている。
終結期	問題行動に戻る誘惑を経験しなくなり，逆戻りを予防する努力をしなくてもよくなる。

変化のステージを査定することにより，心理療法家は多様な心理療法の諸技法の中から，そのクライエントにとって効果的な技法を選択することが可能になると考えられている。

変化のステージとは，変化のサイクルにおける個人の準備状態のことである。クライエントの中には，人に言われて不承不承に心理療法家のもとにやって来た人もいれば，問題を改善するためにすぐにでも具体的な行動を取るつもりの人もいる。プロチャスカらは，こうした行動変化の準備状態を６つのステージに概念化した（表３）。

多理論統合アプローチにおいては，クライエントの変化のステージによって，どのような心理療法を用いることが効果的であるかが違ってくると考えられている。それぞれのステージで推奨される心理療法をまとめたものが表４である。

２．リアクタンスのレベル

リアクタンスとは，他者によって自由が制限された時に喚起される反発心の程度を表す人格特性である。リアクタンスは，心理療法家がどれほど指示的であるべきかを判断する上で有用な指標である。リアクタンスの高いクライエントには，非指示的な心理療法や逆説的な技法が効果的である。逆にリアクタンスが低いクライエントには，認知再構成法や行動契約など，より指示的で構造化された心理療法が効果的である（Beutler, Harwood, Michelson et al., 2011）。

３．クライエントの希望（好み，選択）

心理療法家は，倫理的・臨床的に問題がない限り，クライエントの希望に添う

表４　多理論統合アプローチにおける心理療法の諸システムの統合（Prochaska, 2014）

レベル	変化のステージ				
	前熟考期	熟考期	準備期	実行期	維持期
症状／状況	動機づけ面接法			行動療法 EMDR とエクスポージャー法	
不適応的な認知		アドラー派心理療法	論理情動行動療法 認知療法 第３世代の認知行動療法		
対人葛藤	対人関係精神分析	交流分析	対人関係療法（IPT）		
家族葛藤／システム葛藤	戦略的家族療法	多世代派家族療法		構造的家族療法	
個人内葛藤	精神分析的心理療法	実存的療法	ゲシュタルト療法		

よう努力するべきである。すなわち，クライエントに，心理療法家の性別や年代，治療関係の持ち方（暖かいか冷静か，積極的か受動的かなど），治療の方法（夢分析，描画，催眠など），治療の様式（個人，カップル，家族，グループなど）などについての希望を訊き，それを尊重するよう努力する。クライエントの希望を尊重することは，治療関係を強め，治療の中断を減少させ，心理療法の効果を高めることが調査から分かっている。

4．文　　化

クライエントの民族性，人種，性別，性志向，年齢などと結びついた文化も，心理療法のあり方を選択する上で重要な要因である。クライエントの文化に適合するよう調節された心理療法は，調節されない伝統的な心理療法よりも効果的であることが調査によって示されている。

ただし，クライエントがどのような文化的なアイデンティティを持っているのかは，クライエントの属性（生物学的性別や国籍など）や外見（肌の色など）だけで機械的に決められるものではない。この点に関してはクライエントと丁寧に話し合うことが必要である。

Ⅴ　治療関係

治療関係は心理療法の共通要因として，一貫して最も重視されているものの１

つである。数多くの研究が，治療同盟，共感，目標の合意，協働，肯定的尊重とサポート，自己一致，逆転移の管理といった治療関係要因が心理療法の効果と大きく関わっていることを示している（Norcross & Lambert, 2019）。

治療同盟とは，最も簡潔に表すと，クライエントと心理療法家の協働的な関係の質とそのつながりの強さのことである。治療同盟には，治療目標の合意，作業についての合意，肯定的で情緒的な絆の存在という３つの構成要素があるとされる。調査によれば，どのような学派の心理療法を行うにせよ，治療同盟と治療効果の間には相関関係がある。

治療同盟についての近年の研究では，治療同盟の悪化と修復のプロセスが治療効果を高めることが示されている（Safran, Muran, & Eubanks-Carter, 2011）。セラピストは，治療同盟の悪化の小さな兆しに注目し，それが認められるときには明確に取り上げてクライエントに思いを表現するよう促す。そして，クライエントの思いを尊重し，話し合いながら治療を進める。そうすることが，治療の中断を減らし，治療成果を高めるのである。

共感的に傾聴することは治療同盟の発展を促進する。心理療法家の共感の程度は，特定の技法よりも治療効果と深い関係がある。

また，治療過程を通して，クライエントから進捗についてのリアルタイムのフィードバックを得ることも，治療同盟を促進し，中断率を引き下げる。

Ⅵ　エビデンス

１．統合的な心理療法のエビデンス

アクセプタンス＆コミットメント・セラピー（ACT），認知分析療法，情動焦点化療法（EFT），弁証法的行動療法（DBT），マインドフルネス認知療法，多理論統合アプローチなどの統合的な心理療法は，よく検証されてきており，その治療効果がエビデンスによって示されてきた。

また，統合的な心理療法は，中断や時期尚早の治療終結が少ない。研究によると，さまざまな心理療法の中で，うつと心的外傷後ストレス障害（PTSD）に関しては統合的な心理療法は中断率が最も低かった（Swift & Greenberg, 2014）。

２．共通要因のエビデンス

学派に基づく心理療法の効果はしばしば過大評価されている。その理由としていくつかの要因が挙げられているが，最も重要なものの１つとして，効果研究を

行っている研究者の自学派への思い入れ効果（researcher allegiance）が挙げられる。実際，心理療法の創始者が筆頭著者として公表した論文で，著者の思い入れに沿わない調査結果が掲載されているものは見当たらない。多くの研究をもとにしてルボルスキーら（Luborsky, L. et al., 1999）が分析したところでは，治療効果の違いのかなりの部分はこの思い入れ効果によって説明できる。

思い入れ効果をはじめ，学派に基づく心理療法の効果を過大に見せている諸要因を除外すると，さまざまな心理療法の効果の程度にはほとんど違いが見出されない。多様な心理療法はどれも同じぐらい有効であるというこの見解は,『不思議の国のアリス』の一場面にちなんで「ドードー鳥評定」と呼ばれている。ドードー鳥評定は，心理療法の領域において長年にわたる論争の的となってきた。この論争はなお続いているものの，統合的な立場からは，ドードー鳥評定を支持する論者たちがエビデンスを提示しながら説得力のある議論を展開している（Luborsky et al., 2002; Wampold & Imel, 2015）。

また，学派間に実質的な効果の違いがあるとしても，それぞれの学派の心理療法家集団の治療効果の平均値のばらつきよりも，同じ学派内の心理療法家間の治療効果のばらつきの方がかなり大きいというエビデンスもある（Kim et al., 2006; Wampold & Imel, 2015）。こうしたエビデンスは，どの学派に依拠して実践するかという問題は比較的小さな問題であることを示唆しており，共通要因アプローチを支持している。

3．心理療法をクライエントの特徴に適合させることの効果を示すエビデンス

心理療法の統合運動には，クライエントの特徴に適合した心理療法を学派を超えて選択することによって治療効果を高める努力が含まれている。これまでにクライエントについての200以上の変数が提案され，少なくとも100の変数が調査されてきた。研究の結果，変化のステージ，リアクタンス，好み，文化などの変数が有力なものとして浮かび上がっている（Norcross & Wampold, 2019）。中でも変化のステージについてはこれまでに数多くの研究がなされ，変化のステージに治療過程を適合させることで治療効果が高まることが示されてきた（Prochaska & Norcross, 2014）。

Ⅶ　主な成果

統合的アプローチには長い歴史があるわけではない。にもかかわらず，統合的

アプローチは心理療法の領域において重要な寄与を成し遂げてきた。

第１に，統合的アプローチは，相互に無関係で，対立的でさえあった多様な学派が交流し，生産的に討議を行う場を設定した。心理療法の歴史においては，学派間の対立が顕著な期間が長かったことを思えば，これは大きな貢献である。

第２に，統合的アプローチは，単一の学派の視点を超える，新しい見方と実践方法を提供した。統合的な立場の論者たちは，実践家に，治療がうまくいかない場合には他の心理療法を調べてみるよう促し，異なる諸学派を対立するものではなく補い合うものとして見る見方を浸透させた。このことは，クライエントが心理療法によって受益する可能性を高めたものと考えられる。

第３に，統合的アプローチは，学派を超えた共通要因について，そしてまたクライエントの特徴と治療技法とのマッチングについて幅広く探究し，有用な知見を生み出してきた。

Ⅷ　将来の方向性

１．訓練の方向性

統合的アプローチは，多様な学派の心理療法を幅広く学ぶことを推奨する。このことは，訓練機関と学生にチャレンジを課している。無計画にいくつもの異なる学派の心理療法に触れる機会が与えられるだけでは，学生は混乱してしまうだろう。

統合的な心理療法の訓練のあり方ついてはなおさまざまな意見がある。最初に１つの学派の心理療法をしっかりと学んだ上で，他学派の心理療法に触れていく，同化的統合がよいとする意見がある。統合的な視点を身に着けた上で，多様な学派の心理療法をそれぞれ最小限に学ぶことからスタートするのがよいという意見もある。特定の統合的心理療法の体系をしっかり学ぶのがよいという意見もある。統合的な心理療法の訓練のあり方がどうあるべきかについては，まだ定まった見解が得られていない。これは重要な今後の課題である。

２．実践の方向性

心理療法家に対する近年の調査では，我が国においても，欧米諸国においても，単一の学派に依拠して実践している心理療法家の数よりも，複数の学派に依拠して実践している心理療法家の数の方がずっと多くなっている。このような状況は，臨床現場の多様な要請に応えるには単一学派のみでは難しいという心理療法家の

認識を反映するものであろう。ただし，複数の学派に依拠した実践といっても，その内実はさまざまであり，統合的アプローチの考え方やそれを支える研究が実践家の間にしっかり浸透しているかどうかは疑問である。今後は，そうした実践の中身を問い，それらを一貫した考察とエビデンスに裏づけられた統合的なアプローチへと高めていくことが必要であろう。

3．研究の方向性

近年，心理療法の実践には，エビデンスによってその効果を示すことがますます求められるようになってきている。統合的アプローチも，ますます実証的なリサーチによって導かれるようになっていくだろう。

そこで重要なのは「有意義なエビデンスとは何か」という問いである。学派同士を競わせるブランド競争的な調査は，学派のセクト主義に基づく政治的な目標には寄与するかもしれないが，心理療法の科学的な理解にはあまり寄与しない。「A学派とB学派のどちらの方が治療効果が高いか」よりも「さまざまな心理療法のプロセスに含まれているどのような治療原理がどのようなクライエントに有効なのか」という問いに答えるエビデンスこそが，心理療法の発展を推進する有意義なエビデンスだろう（Westen, Novotny, & Thompson-Brenner, 2004; Wachtel, 2010）。

◆学習チェック表
- □　心理療法の統合運動における5つの主要なアプローチは何か説明できる。
- □　多様な心理療法に共通する主な治療要因について説明できる。
- □　多様な心理療法から特定のクライエントに適合した技法を選択する際に考慮すべき要因にはどんなものがあるのか説明できる。

より深めるための推薦図書

Cooper, M. & McLeod, J.（2011）*Pluralistic Counselling and Psychotherapy.*（末武康弘・清水幹夫監訳（2015）心理臨床への多元的アプローチ．岩崎学術出版社．）

平木典子（2010）統合的介入法．東京大学出版会．

村瀬嘉代子（2001）子どもと家族への統合的心理療法．金剛出版．

日本心理療法統合学会監修，杉原保史・福島哲夫編集（2021）心理療法統合ハンドブック．誠信書房．

文　　献

Beutler L. E., Harwood, T. M., Michelson, A., Song, S., & Holman, J.（2011）Resistance level. In: Norcross, J. C. (Ed.): *Psychotherapy Relationships that Work: Evidence-Based Responsiveness,*

2nd Edition. Oxford University Press, pp.261-278.

Cooper, M. & Dryden, W.(eds.)(2015) *The Handbook of Pluralistic Psychotherapy and Counselling.* SAGE.

Frank, J. D. & Frank, J. B.（1991）*Persuasion and Healing, 3rd Edition.* The Johns Hopkins University Press.（杉原保史訳（2007）説得と治療：心理療法の共通要因．金剛出版.）

Freud, S.(1919) *Wege der psychoanalytischen Therapie.* GW XII, 183-194.(小此木啓吾訳(1969) 精神分析療法の道．In：改訂版 フロイト選集 15 巻．日本教文社，pp.194-210.)

Grawe, K., Donati, R., & Bernauer, F.（1998）*Psychotherapy in Transition.* Hogrefe & Huber.

Kim, D. M., Wampold, B. E. & Bolt, D. M.（2006）Therapist effects in psychotherapy: A random-effects modeling of the national institute of mental health treatment of depression collaborative research program data. *Psychotherapy Research,* 16(2); 161-172.

Lazarus, A. A., Beutler, L. E., & Norcross, J. C.（1992）The future of technical eclecticism. *Psychotherapy: Theory, Research, Practice, Training,* 29; 11-20.

Luborsky, L., Diguer, L., Seligman, D. A., et al.（1999）The researcher's own therapy allegiances: A "wild card" in comparisons of treatment efficacy. *Clinical Psychology: Science and Practice,* 6(1); 95-106.

Luborsky, L., Rosenthal, R., Diguer, L., et al.(2002)The Dodo bird verdict is alive and well-mostly. *Clinical Psychology: Science and Practice,* 9(1); 2-12.

Messer, S. B.（1992）A critical examination of belief structures in integrative and eclectic psychotherapy. In: Norcross, C. & Goldfried, M. R. (Eds.): *Handbook of Psychotherapy Integration.* Basic Books, pp.130-168.

Norcross, J. C. & Alexander, E. F.（2019）A primer on psychotherapy integration. In: Norcross, J. C. & Goldfried, M. R. (Eds.): *Handbook of Psychotherapy Integration, 3rd Edition.* Oxford University Press,［Kindle 版］Chapter 1.

Norcross, J. C. & Lambert, M. J. (Ed.) (2019) *Psychotherapy Relationships that Work Vol.1: Evidence-Based Therapist Contributions 3rd Edition.* Oxford University Press.

Norcross, J. C. & Wampold, B. E. (Ed.) (2019) *Psychotherapy Relationships that Work Vol.2: Evidence-Based Therapist Responsiveness 3rd Edition.* Oxford University Press.

Prochaska, J. O., Norcross, J. C.（2014）*Systems of Psychotherapy: A Transtheoretical Analysis, 8th Edition.* Cengage Learning.

Ryle, A.（1990）*Cognitive-Analytic Therapy: Active Participation in Change.* Wiley.

Safran, J. D., Muran, J. C., & Eubanks-Carter, C.(2011)Repairing alliance ruptures. *Psychotherapy,* 48(1); 80-87.

Swift, J. K. & Greenberg, R. P.（2014）*Premature Termination in Psychotherapy.* American Psychological Association.

Wachtel, P. L.（1997）*Psychoanalysis, Behavior Therapy, and the Relational World.* American Psychological Association.（杉原保史訳（2002）心理療法の統合を求めて．金剛出版.）

Wachtel, P. L.（2010）Beyond "ESTs": Problematic assumptions in the pursuit of evidence-based practice. *Psychoanalytic Psychology,* 27(3); 251-272.

Wampold, B. E., & Imel, Z. E.(2015)*The Great Psychotherapy Debate: The Evidence for What Makes Psychotherapy Work, 2nd Edition.* Erlbaum.

Westen, D., Novotny, C. M., & Thompson-Brenner, H.（2004）The empirical status of empirically supported psychotherapies: Assumptions, findings, and reporting in controlled clinical trials. *Psychological Bulletin,* 130(4); 631-663.

第11章

グループ・アプローチ

坂中正義

Keywords　集中的グループ経験，集団精神療法，エンカウンター・グループ，Tグループ，サイコドラマ，SST，セルフ・ヘルプ・グループ，サポート・グループ，凝集性

グループ・アプローチ（group approach）は，個人アプローチ<グループ・アプローチ<コミュニティ・アプローチという対象の拡がりに応じた名称である。

グループ・アプローチは，さまざまな理論的立場によるグループ実践という，オリエンテーション横断的な側面と共にグループ・アプローチ独特の特徴を持っている。本章では，グループ・アプローチ独特の特徴と，さまざまなグループ・アプローチの共通性，それぞれの独自性を中心に概観する。

Ⅰ　グループ・アプローチとは

1．定　　義

グループ・アプローチの代表的な定義としては，「自己成長をめざす，あるいは問題・悩みをもつ複数のクライエントに対し，1人または複数のグループ担当者が，言語的コミュニケーション，活動，人間関係，集団内相互作用などを通して心理的に援助してゆく営みである」（野島，1999）が挙げられよう。特に「そこでの人間関係や集団内相互作用を活用する」は，個人アプローチとの違いを表す重要なポイントである。

なお，成長や学習目的のグループ・アプローチを「集中的グループ経験（intensive group experience）」，治療や援助目的のグループ・アプローチを「集団精神療法（group psychotherapy）」と区分することがある。

2．歴史とその発展

心理学的支援は日常的にも行われる営みでもあり，その意味では歴史はどこまでも遡れよう。それは，グループ・アプローチも同様である。メスメル（Mesmer,

F. A. 1734-1815）は催眠療法を個人療法と共にグループ療法でも行っていた。産業革命後の社会改良運動の一環として生まれた青少年団体やセツルメント運動の中でもグループ活動が展開された。デューイ（Dewey, J. 1859-1952）もグループでの教育の意義を述べている。このようにグループはさまざまな領域で活用されていた。

その中でも多くのグループ・アプローチ研究者がその端緒として挙げるのが，1905 年のプラット（Pratt, J. H. 1872-1956）による結核患者に対するクラス法である。彼は結核患者を集めてクラスを作り，講義や読書，話し合いなどを行った。このグループに参加した患者は参加しなかった患者に比べ，闘病意欲が高まり，治療効果が上がったという。消化器疾患を抱える患者で実施しても同様の効果が上がった。

モレノ（Moreno, J. L. 1889-1974）は，1910 年以降，心理劇を発展させた。また，1930 年代にスラブソン（Slavson, S. R. 1890-1981）は，精神分析理論を集団療法に取り入れ，許容的な雰囲気をベースとしつつ，グループの観察やそこでの転移解釈などを行う実践を展開した。彼は 1943 年に設立されたアメリカ集団精神療法学会の中心メンバーである。イギリスでは，ビオン（Bion, W. R. 1897-1979）が，戦争神経症の治療にグループを活用し，成果を上げた。

1946 年～ 1947 年にかけて，集中的グループ経験の端緒となる２つの大きな動きが起こった。１つはロジャーズ（Rogers, C. R. 1902-1987）のカウンセラー養成のためのグループによる集中的なワークショップである。１つはレビン（Lewin, K. 1890-1947）に端を発するＴグループである。

1960 年代のアメリカは，人間性回復運動（human potential movement）の中にあり，さまざまなグループが実施されるようになった。ロジャーズも自身の研究・実践の対象を一般人のサポートにシフトさせ，自身のグループ実践をエンカウンター・グループ（encounter group；後述）と呼び，多くの実践を展開した。その実践は，コミュニティ，社会問題，国際平和への適用にまで発展した。

日本においては，1949 年に厚生省主催でグループ・ワークについての３週間にわたる講習会が行われた。1957 年には厚生科学研究費による児童相談所，矯正施設，精神科病院などで集団療法の研究が行なわれた。1955 年にはカウンセリング・ワークショップが，1958 年にＴグループが，1970 年にエンカウンター・グループが実施され，以降，これらは各地で展開された。

1970 年代はゲシュタルト・グループなどさまざまなグループが広まった。

1980 年前後になると構成的グループ・エンカウンターやセルフ・ヘルプ・グ

ループなども盛んに行われるようになった。1984 年には日本集団精神療法学会が設立された。

1990 年前後には SST（social skills training）が急速に普及した。

今日ではさまざまなグループ・アプローチが実践・研究されている。詳しくは野島・坂中（2017）による文献リストを参照されたい。

II　グループ・アプローチの臨床理論

個人アプローチもグループ・アプローチも心理学的支援における共通の特徴を持つ。一方，個人アプローチと比較して以下のようなグループ・アプローチ特有な部分もある。

- グループ担当者以外の人が同席しており，かつそれは同じ立場の人間である。
- ３人以上の人間がおり，相互作用は二者関係より多面的で相互刺激的である。
- 参加者（援助者を含む）の総和とは異なる次元，すなわちグループが１つのまとまり・有機体として機能し，グループ力動が働く。

これらがグループ・アプローチ特有の体験や効果につながっている。以下，グループ・アプローチ共通の体験と効果，ならびにグループ担当者の担う役割を概観する。

1．グループ・アプローチの体験と効果

ヤーロム（Yalom, I., 1995）は，集団精神療法の体験と効果をさまざまな実証研究に関連づけながら，以下のようにまとめている。

- **希望をもたらす**：メンバーやグループ担当者がグループを信頼すること自体，各人に希望をもたらす。同様の問題を抱えたメンバーの成長や変化を目のあたりにすることは自身の変化への希望につながる。
- **普遍性**：自分が抱えている悩みや問題を他者も同じように抱えているのだと気づくことは大きな安心感につながる。
- **情報の伝達**：グループ内でのさまざまな情報のやりとりはさまざまな効果を生む。
- **愛他主義**：他者を暖かく受けとめ，親和的な関わりを保つことによる他のメンバーの役に立つ体験は大きな価値がある。
- **初期家族関係の修正的な繰り返し**：グループでの人間関係の持ち方は各メンバーの家族への反応になぞられるところも多い。メンバーとの関係の持ち方を吟味することはそれらの修正的な体験につながる。
- **社会適応技術（ソーシャル・スキル）の発達**：グループ内でのコミュニケーション

を通じて，適応的な人間関係に必要なスキルを学ぶことができる。
- **模倣行動**：メンバーやグループ担当者の観察は，自身の気持ちの取り扱いや自己表現方法などのレパートリーを広げる。
- **対人学習**：グループは対人関係を通した学習の場として機能するため，自身の人間関係のあり方を振り返り，新たな関係の持ち方を模索し，試行する場となる。自己表現能力や感受性が高まる。
- **グループの凝集性**：グループの凝集性は，各メンバーがグループに受け入れられることによる意義深い自己開示を促し，相互の援助能力を高めるなどの効果がある。
- **カタルシス**：グループは心理的に安全な場であり，どのような自己表現にもメンバーやグループ担当者から無条件の積極的関心や共感的理解といった態度が向けられる。自己表出することで緊張緩和が起こる。
- **実存的因子**：グループは避けることのできない苦しみや死，厳しい現実と折り合いをつけ，自分の人生を自分で引き受ける覚悟やその責任性の認識を促す。

なお，これらすべてがグループ特有の体験と効果というわけではない。野島（1999）は，個人アプローチ，グループ・アプローチの共通要因とグループ・アプローチ特有のそれを以下のように整理している。

- **共通のもの**：受容，支持，感情転移，知性化（知的に理解し，解釈することで不安を減少），カタルシス，自己理解，ガイダンス（役に立つ助言や情報が得られる）。
- **特有のもの**：愛他性，観察効果，普遍化，現実吟味（人間関係の問題をグループの中で再現し，その解決を試行錯誤できる），希望，対人関係学習，相互作用（担当者とメンバー，メンバー同士でお互いに作用しあう），グループの凝集性。

2．グループ担当者の担う役割

野島（2011）はグループ担当者の役割・機能を以下のようにまとめている。

- グループ全体とグループ内でのメンバー個々人という２つの視点を持つ。
- 安全感・信頼感が高いグループの雰囲気形成を心がける。
- メンバー個人，相互作用，グループについて理解したことを伝達する。
- メンバーがグループから脱落したりスケープゴートになったりしないようサポートする。
- グループが停滞している時などに活性化する働きかけをする。
- メンバーやグループが過度に動きすぎている場合にブレーキをかける。
- メンバーやグループについて思ったり感じたりしたことをフィードバックする。
- メンバー間のコミュニケーションがつながらないときのパイプ役となる。
- 担当者自身も率直な自己表明をする。
- 時間枠を守るタイムキーパーを担う。

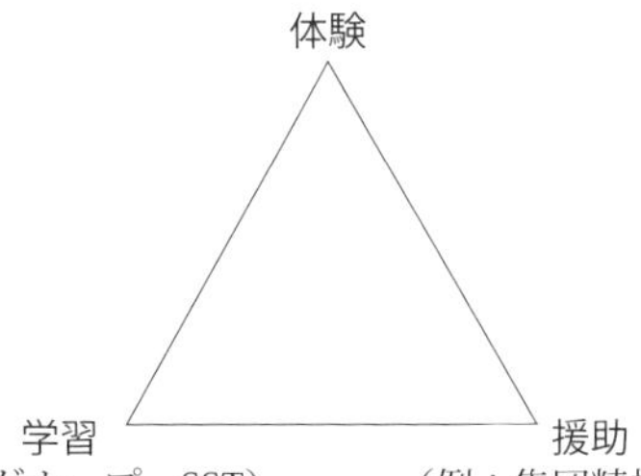

図1　グループ・アプローチで重視される3つの視点

III　グループ・アプローチを構成するもの

各グループ・アプローチの背景にあるオリエンテーションと共に，以下の構成要素がグループの構造となり，さまざまに影響を与えていく。これらは，グループ・アプローチの理解や実践の重要な視点となる。

1．グループの目的

各グループ・アプローチは目的の力点の違いから，体験，学習，援助を頂点とする三角形内の座標で捉えることができる（坂中，2015；図1）。

2．構成員

①グループ担当者

グループ担当者には，セラピスト，リーダー，トレーナー，ファシリテーター，世話人といったさまざまな名称が用いられる。その違いは単なる名称だけでなく，そのオリエンテーションが担当者の役割やあり方をどのように位置づけているかが反映されている。

1名のグループ担当者では，グループ全体へ目が行き届かない可能性も高い。グループを複眼的に理解できることや，お互いにサポートし合えるというメリットから担当者を複数置くことも多い。その場合，男女，年齢，関わり方の特徴などが相補的となるようなペアを組むことが多い。

②メンバー

小グループでの実践は10名前後が多いが，50名以上のメンバーが一同に会す

る大グループの実践もある。グループのおおよその定員は設定されるため，なんらかのセレクションが行われることが多い。なお，自発参加か，強制参加（研修目的など）か，同質性の高いメンバー構成か，異質性の高いメンバー構成かなどのメンバー構成もグループの展開に大きく影響する。

③クローズド・グループ，オープン・グループ

クローズド・グループはグループを開始してから終了するまで同一メンバーで実施するものをさす。この場合，途中で新しいメンバーが入って来ることはない。オープン・グループは出入り自由で，新しいメンバーが途中から参加したり，途中でグループに来なくなったりすることへの許容もあるものをさす。

３．場面構成

①スケジュール

スケジュールは大別すれば継続型と集中型がある。継続型は週１回，月１回といった定期的な頻度でセッションを持つ。集中型は数日間にわたって集中的にセッションを持つ。スケジュールはそのグループのねらいともつながっており，日常や仲間とのつながりを大切にし，サポートを重視するのであれば前者が，日常から離れて，しっかり自他に向き合うことで成長を促すことを重視するのであれば，後者の枠組みが用いられる。

②セッション

グループはセッションを中心に進んでいく。時間は 0.5 ～３時間位までさまざまである。このセッションを最小単位として，５セッション，10 セッション，20 セッションなどさまざまな回数で積み重ねていく。なお，グループの終わりを設定しているものもあれば，特に終わりを設定していないものある。前者の代表は集中型のグループ（日程が決まっている以上，終わりは決まっている），後者の代表は継続型のグループのうち，居場所作りや自助を志向するグループである。

③場所・会場

場所や会場もグループを支える大きな器として，グループにさまざまに影響を与える。継続型のグループは日常との連続性のある場所（コミュニティセンターなどの公共施設や通院している病院など）で行われることが多いが，集中型のグループはグループに集中しやすいというメリットなどから日常の喧噪から離れた

保養地を会場にすることも多い。

　また，会場もその広さ，部屋の種類（会議室に椅子，和室で畳に座るなど），配置（車座で着席，講義形式で着席するなど），席決め（指定席か，自由席か，セッションごとに着席位置変更は可か）などもグループに影響を与える。

4．進め方

　グループであるから，そこでのコミュニケーション，人間関係，集団内相互作用は常に介在するが，セッションの中心が話し合い活動なのか，活動・作業活動なのか，ミックスなのかといった活動内容の違いはある。

①構成－非構成

　プログラムの自由度から，構成的（自由度が低い），非構成的（自由度が高い）という違いがある。前者はセッションでの活動がグループ担当者によってあらかじめ決められ，それに従って参加するため，安全度が高まりやすいが，自発性は発揮されにくい。後者はグループ担当者によってプログラムを決めるのではなく，個々のメンバーを大切にしながら進めるため，自発性は発揮されやすいが，不安を引き起こすことがある。

②プログラム志向－プロセス志向

　プログラム志向は，決められたプログラムに従って展開していく。プロセス志向はグループ・プロセスを重視し，それによって柔軟にプログラムを修正していく。非構成はプロセス志向であるが，構成が必ずしもプログラム志向というわけではない。

Ⅳ　各グループ・アプローチの特徴

　「集中的グループ経験」と「集団精神療法」の区分に従えば，前者の代表的なものとしては，エンカウンター・グループ，構成的グループ・エンカウンター，Tグループなどが挙げられる。後者は，集団精神療法，サポート・グループ，セルフ・ヘルプ・グループなどが挙げられる。心理劇，SST などはいずれにも活用されている。

1．エンカウンター・グループ

ロジャーズの1960年代以降の展開であるパーソンセンタード・アプローチ（person-centered approach; PCA）の代表的なプログラムである。ベーシック・エンカウンター・グループ（basic encounter group）とも呼ばれる。エンカウンターとは「出会い」をさす。自己との出会い（自己理解），他者との出会い（他者理解），自他との出会い（自己理解，他者理解を積み重ねることにより，深く親密な関係を体験する。「本当の意味でわかりあえた」「出会えた」という体験）をとおした心理的成長を目的に行われる。

グループ担当者はPCAをオリエンテーションとする人が多く，ファシリテーターないし世話人と呼ばれる。ファシリテーターという用語には「メンバー自身に力があり，そこに寄り添う」という意味が込められている。

何をするのかをファシリテーターが決めるのではなく，グループとしての安全感・信頼感の醸成をベースとし，各メンバーの自発的な動きに任せ，「語る・聴く」というやりとりを積み重ねながら展開してゆくため，非構成を基本とし，1.5〜3時間のセッションを一日3回程度重ねていく。宿泊を伴う3日間や4日間の日程での実施が多い。

自発参加のグループを中心としつつ，対人援助職の育成やサポートなどにも活用されている。個人アプローチにおけるパーソンセンタード・カウンセリング同様，グループ・アプローチにおける援助の中核ないし共通基盤として，さまざまなグループ・アプローチに活かされている。

2．構成的グループ・エンカウンター（構成的エンカウンター・グループ）

エンカウンター・グループでも，グループ担当者によって用意された心理的成長を目的としたエクササイズやワークと呼ばれるものを中心に体験を進めていくプログラムである。構成的グループ・エンカウンターという名称は折衷主義のリーダーが，構成的エンカウンター・グループという名称はPCAを理論的背景とするファシリテーターが用いることが多い。

ねらいに応じたエクササイズを組むことができ，エクササイズの進め方や時間のコントロールなど比較的構造化されているため実施しやすく，学校現場で道徳教育や総合的学習，特別活動などに積極的に活用されている。その他，対人援助職育成やグループ作り，コミュニティ作りなどの実践も多い。

3．Tグループ

レビンらによるラボラトリー方式の体験学習にもとづく人間関係トレーニングであり，トレーニングの頭文字をとってTグループと呼ぶ。グループ担当者はトレーナーと呼ばれ，10名前後のメンバーと共に1.5時間前後の非構成的なセッション（Tセッション）を1日に2～3セッション実施する。グループで生じる「今ここで」の体験を手がかりに自己理解，他者理解，相互の影響関係や集団形成過程の理解などを目指す。3泊4日～5泊6日程度の合宿形式で行われることが多い。プログラムはTセッションが軸となるが，プログラム開始時の各自のねらいの明確化，Tセッション間の小講義や構成的なワーク，グループ体験を振り返り，日常に戻る準備を目的とした全体会を持つことがある。自己成長のための自発参加のプログラムの他，対人援助職の研修や組織開発のための人材育成などに活用されている。

4．集団精神療法

援助を目的とし，症状や行動の改善，心理的問題の解決や緩和をめざすグループ・アプローチの総称で，グループ担当者はセラピストと呼ばれる。創始者の代表的人物はヤーロムである。非常に広い区分であり，セラピストのオリエンテーションによるバリエーションは存在するものの，目的に応じたグループ編成（小グループ，大グループなど）を行い，グループ力動を活用するところは共通している。

5．力動的集団精神療法

集団精神療法の中でも，精神力動論的な理論的背景を持つ集団精神療法の総称である。個人アプローチ同様，力動的集団精神療法にもいくつかのバリエーション（精神分析的集団精神療法，対象関係集団精神療法，対人関係集団精神療法など）がある。これらは援助を目的にしているので，保健医療機関を中心に実践されているが，力動論的なグループ理解の枠組みは広くグループ実践に貢献している。

6．セルフ・ヘルプ・グループ，サポート・グループ

同じ悩みや病気，障碍，課題，問題を持つ人たちが集まって相互サポートするためのグループである。アルコール依存症を抱えた人たちのAA（Alcoholic Anonymous）が有名である。その他にもがん，吃音，発達障害，虐待，犯罪被害

者のためのグループなどがある。

なお，専門家の関与がないもしくは最小限で，当事者同士で自助を目的に実施するものをセルフ・ヘルプ・グループと呼び，専門家がグループ担当者として参加し，メンバーのサポートを目的に実施するものをサポート・グループと呼ぶ。

7．心理劇（サイコドラマ）

モレノが発展させた，メンバーが即興的な劇を演じることでその人の自発性・創造性を賦活し，自己理解や自己洞察を図るプログラムである。

劇は監督，主役，補助自我（相手役），観客，舞台の５つの要素で構成される。監督はグループ担当者が担い，監督によって設定される場面をメンバーが演じる形で進んでいく。主役はメンバーが担い，監督と話し合いながらドラマを作っていく。補助自我（主役の補助する）は監督以外のグループ担当者が担うこともあれば，メンバーが担うこともある。観客はメンバーであるが，演者となってドラマに参加することもある。舞台はドラマが演じられる場であり，支える枠として観客席とは区別される。

10 名前後のメンバーで１セッションは 1.5 時間程度，ウォーミングアップ，ドラマ，シェアリングから構成される。ドラマで用いられる具体的技法としては役割交換法（対話場面で役割を入れ替えることで，相手の立場からの理解を促す），二重自我法（主役の「もう１人の自分」という役を用いて主役の内的対話を可視化する），鏡映法（演じていた役割を他者が演じ，それを観察することで新たな気づきをもたらす）などがある。

教育領域などで自己理解などで成長を目的に活用されているだけでなく，病院や司法矯正領域で援助を目的に活用されている。

8．SST（ソーシャル・スキル・トレーニング）

生活技能訓練，社会生活技能訓練，社会的スキル訓練とも言われる。1970 年代にリバーマン（Liberman, R. P.）らによって発展させられた。認知行動療法や社会的学習理論を背景とし，困難を抱える状況をソーシャル・スキルの学習によって解決を試みる。

個人アプローチでも活用されているが，メンバー間のモデリング効果などのグループ・アプローチ特有の効果から，グループで行われることが多い。１セッションは，ウォーミングアップ，扱うソーシャル・スキルに関わる課題の提示，場面設定によるロールプレイ，良い点と改善点のフィードバック，改善点に基づく

ロールプレイ（モデリングとリハーサル）ののち，日常生活で実践できるようなホームワークの提示で構成される。このようなセッションをグループで積み重ねていく。

学校や療育施設，病院などで発達障害・精神障害を抱える人たちへの支援などで活用されるだけでなく，構成的エンカウンター・グループの 1 つのエクササイズとして道徳教育などでも活用されている。

グループ・アプローチは，さまざまな領域と対象で展開されている。領域としては，教育，保健医療，福祉，産業・労働，司法・犯罪，多文化理解・国際平和などである。対象としては，一般人，児童・生徒・学生，教師・心理専門職・看護師などの対人援助職，親・家族，社会人，同じ障害や疾患，問題，課題を抱えた人たちなどである。なお，各グループ・アプローチの実際は，野島（1999）や日本集団精神療法学会編集委員会（2017）などの事例報告を参照されたい。

V　グループ・アプローチの研究

グループ・アプローチに関わる研究は，広範な実践領域で，量的研究，質的研究，それぞれの特質を活かしてさまざまに展開されている。ここでは，膨大な研究の中から，この領域の先駆的な効果研究である“*Encounter Groups: First Facts*（エンカウンター・グループ：ファーストファクト）”（Lieberman, Yalom, & Miles, 1973）と，心理療法の効果的な治療関係に関する実証研究の組織的レビュー（Norcross, 2011）を紹介する。

1.『エンカウンター・グループ：ファーストファクト』

大学生が授業として 10 学派の 18 グループにランダムに割り当てられ，12 週間合計 30 時間のグループ経験を持った。その結果，1/3 が肯定的に変化，半年後もその効果は持続した。一方で 8 %は心理的損傷を被り，半年後も継続していた（ただし，これは心理療法の損傷率と同程度である）。グループ個別にみると，ほぼ全員が肯定的に変化したグループもあれば，1 人も変化がなかったグループもあった。グループ担当者のオリエンテーションと実際の行動との関連はほぼなかったが，グループ担当者の行動とグループの効果は関連があった。配慮（受容，関心，誠実さ，援助など）と認知的明確化（説明，明確化，解釈など）は効果と正の相関があり，情緒的刺激（挑発，活動，深い自己開示など），実務機能（目標

設定，制限，時間管理，手順の示唆など）は中庸（ほどほど）であることが効果とつながっていた。

２．実証された効果的な治療関係：凝集性

ノークロス（Norcross, J., 2011）は，効果的な治療関係について検討するため，さまざまな治療関係に関わる実証研究の系統的レビューを行った。そこでは「共感」「肯定的関心」「一致」「治療同盟」「フィードバック」「自己開示」などの変数が検討されている。グループ・アプローチ固有の変数としては「凝集性」が取り上げられ，さまざまな実証研究を検討の上，「明らかに効果のある変数」と結論づけられている。

Ⅵ　グループ・アプローチの意義と展開

１．臨床心理学への寄与

グループ・アプローチは臨床心理学に拡がりをもたらした。

- **対象・実践の拡がり**：グループ・アプローチには前述のように個人アプローチにはない特有の効果があり，そこをターゲットにした実践による対象の拡がり（それは後述の目的や支援の捉え方の拡がりにもつながる）をもたらした。加えて，個人アプローチに比べてコストが抑えられ，これまで心理学的支援が届けられなかった層への支援にも貢献した。
- **目的の拡がり**：個人アプローチは問題を抱えた人への支援が中心であるが，問題予防，教育，互助，啓発，心理的成長への支援はグループ・アプローチの得意とするところである。
- **支援の捉え方の拡がり**：グループ・アプローチはメンバー間の相互支援を重視しており，いくつかのグループ・アプローチでは，グループ担当者をも，メンバーのサポートを受けることの意義を積極的に捉えている。これは，支援，支援関係の捉え方や意味の拡がりをもたらした。

２．現代的意義

現代社会の抱える人間疎外，孤独，関係の断絶などが問題視されて久しい。また，集団への苦手意識を持つ人の増加という違う側面の問題も見え隠れしている。いずれも人と人の「つながり」に関わる課題である。

「つながり」には病理的側面（硬直化して個性が発揮できない，異質性を排除しようとする圧力，飲み込まれ，その中で自分自身であることが困難になるなど）

と援助的側面（受け入れられ，理解される，相互に支えあうなど）の両面がある。前者を抑え，後者を引き出すことにより，人と人との関係改善を促し，「人間が人間らしくあること」へ貢献することがグループ・アプローチの現代的意義と言える。

3．今後の展開

前述のような各領域での展開が今後も期待される。特に，人と人の関係改善のための集中的グループ経験や集団精神療法は，ますますその重要度が増してゆくと考えられる。また，サポート・グループやセルフ・ヘルプ・グループなどの実践は，その社会的意義から一層の発展が望まれる。

加えて，公認心理師を含む対人援助職育成トレーニングとしてのグループ・アプローチの意義は大きい。坂中（2017）は，ロジャーズの見解から，誰しも実現傾向を持った人間であること，傾聴によるサポート，対等な関係の体験など，心理専門職育成上のグループ体験の意義を示している。また，集団場面での自身のありようや反応，行動傾向といったことへの自己理解を深めることは心理専門職に必要な自己理解の一部でもある。

個人アプローチもグループ・アプローチも「つながり」という意味では相似形である。個人アプローチは，個々人の中にあるさまざまな気持ちや体験とコンタクトし，つないでいく。グループ・アプローチはそのようなさまざまな気持ちや体験を抱えた個々人と，グループという場でコンタクトし，つないでいく（コミュニティ・アプローチ（本巻12章）をもこの発展で捉えることができよう）。個人内の一つひとつの気持ちを大切にし，そのメッセージを受けとることができるように「つながり」を持っていくのと同様，一人ひとりの存在を大切にし，コミュニケーションができるように「つながり」を持っていく。そのこと（そのダイナミズムも含め）が可視化されるのがグループ・アプローチであると捉えると，また違った趣がある。

◆学習チェック表

- □　グループ・アプローチの概要が説明できる。
- □　グループ・アプローチの特徴を個人アプローチとの異同双方から説明できる。
- □　グループ・アプローチ共通の要素やグループ担当者の役割が説明できる。
- □　代表的なグループ・アプローチのプログラムを説明できる。
- □　自身にとってのグループ・アプローチの意味を説明できる。

より深めるための推薦図書

近藤喬一・鈴木純一編（1999）集団精神療法ハンドブック．金剛出版．

野島一彦編（1999）グループ・アプローチ．現代のエスプリ，385．

Rogers, C.（1970）*Carl Rogers on Encounter Groups.* Harper & Row.（畠瀬稔・畠瀬直子訳（2007）新版エンカウンター・グループ―人間信頼の原点を求めて．創元社．）

Yalom, I.（1995）*The Theory and Practice of Group Psychotherapy, 4th Edition.* Basic Books.（中久喜雅文・川室優監訳（2012）ヤーロム グループサイコセラピー―理論と実践．西村書店．）

文　　献

Lieberman, M. A., Yalom, I. D., Miles, M. B.（1973）*Encou0nter Groups: First Facts.* Basic Books.

日本集団精神療法学会編集委員会監修，北西憲二・小谷英文編（2003）集団精神療法の基礎用語．金剛出版．

日本集団精神療法学会編集委員会監修，藤信子・西村馨・樋掛忠彦編（2017）集団精神療法の実践事例 30 ―グループ臨床の多様な展開．創元社．

野島一彦（2011）集団療法．In：日本心理臨床学会編：心理臨床学事典．丸善出版，pp.60-61.

野島一彦・坂中正義（2017）わが国の「集中的グループ経験」と「集団精神療法」に関する文献リスト（2016）．跡見学園女子大学附属心理教育相談所紀要，13; 3-24.

Norcross, J.（2011）*Psychotherapy Relationships That Work: Evidence-Based Responsiveness, 2nd Edition.* Oxford University Press.

坂中正義（2015）指定討論１．In：南山大学人間関係研究センター編：日本人間性心理学会第 33 回大会「グループの可能性と広がり」自主企画「グループ臨床体験を語り合う集い」．南山大学人間関係研究センター紀要「人間関係研究」，14; 1-36.

坂中正義（2017）パーソンセンタード・アプローチの実践家を育てるための視点と提言―心理臨床家に焦点をあてて．南山大学紀要「アカデミア」人文・自然科学編，14; 65-90.

坂中正義編，坂中正義・田村隆一・松本剛・岡村達也（2017）傾聴の心理学― PCA をまなぶ：カウンセリング／フォーカシング／エンカウンター・グループ．創元社．

Yalom, I.（1995）*The Theory and Practice of Group Psychotherapy, 4th Edition.* Basic Books.（中久喜雅文・川室優監訳（2012）ヤーロム グループサイコセラピー―理論と実践．西村書店．）

第12章

コミュニティ・アプローチ

久田　満

Keywords　精神医療革命，ボストン会議，オースティン会議，人と環境の適合性，一次予防，二次予防，三次予防，探索モデルと待機モデル，医学モデルと社会モデル，社会的文脈内存在，生態学的心理学，介入のレベル

I　はじめに

コミュニティ・アプローチとは，コミュニティ心理学の理論や技法を基盤とした心理学的支援（心理支援，心理的支援）を意味する。時に，コミュニティ心理学的アプローチあるいは臨床心理的地域援助と呼ばれることもあるが，この章ではそれらすべてを同義語として扱い，主としてこの心理学の領域が誕生した歴史的背景と諸理論について解説する（具体的な方法論については，本シリーズ15巻「心理学的支援法」参照）。

II　誕生までの歴史的背景

1．精神障害者に対する対応の歴史

中世のヨーロッパでは，精神障害者は迫害の対象とされた。その典型が魔女狩りである。17世紀にはアメリカにも飛び火し，最終的には数十万人から100万人もの罪なき人々（その多くが精神障害者）が処刑されたという（森島，1970）。

欧米全土の精神障害者を恐怖に陥れた魔女狩りもやがて終焉を迎えた頃，フランスの医師フィリップ・ピネル（Philippe Pinel 1745-1826）は，精神障害者が収容されていた施設で，彼らを拘束していた鎖を外し解放した。当時，家畜以下の存在と見なされ鎖につながれていた精神障害者に対して，医師として人道的見地から治療を試みたのである。その後の一連の出来事をジルボーグ（Zilboorg, 1941）は「第一次精神医療革命」と呼んでいる。

同じ頃イギリスでも，精神障害者を隔離し収容する施設を廃止し，療養できる医

療施設を増やそうという動きが活発化する。茶商人であったウィリアム・テューク（William Tuke 1732-1822）らが行った温かさ，優しさ，穏やかさというような家庭的な雰囲気によって癒すという試みは，その後，道徳療法（moral therapy）と呼ばれアメリカでも紹介されるが，患者に対する人道的対応が本格化するのは，クリフォード・ビアーズ（Beers, C. W.）が劣悪な精神科病院での悲惨な入院体験を出版し（Beers, 1908），その内容がアメリカ精神医学会の巨匠アドルフ・マイヤー（Meyer, A.）の支持を得た1930年以降であった。

道徳療法は，今日でも十分に価値のある治療法ではあるが，その一方で，20世紀になると，より効果的な治療法が次々と試みられるようになる。その代表が精神分析である。フロイト（Sigmund Freud 1856-1939）の登場をもって，「第二次精神医療革命」と称されるが，この頃，すなわち1900～1940年頃の間に，さまざまな治療法が提唱された。たとえば，インスリン・ショック療法（1933年）[注1)]，電気けいれん療法（1938年）[注2)]，ロボトミー（1935年）[注3)]などである。しかし，この頃の精神科医療はまだまだ「実験」の段階を超えてはおらず，多くの患者は人里離れた病院等の施設に収容され続けた。

1950年代には，抗精神病薬が開発され，今日では精神科医療の中心的役割を果たすほどの成長ぶりを見せているが，興奮状態を抑え，患者をおとなしくさせることができる薬が開発されたことによって，かえって隔離しやすくなったという側面も見逃してはならない。事実，抗精神病薬の使用は「化学的拘束」と呼ばれることもあった。

アメリカにおける精神医療を大きく変化させたのは，「第三次精神医療革命」と称される地域精神保健運動であった。1961年に発表された「精神病と精神保健に関する合同委員会」の最終報告書では，精神障害者の置かれた状況は想像以上に悲惨なものであることが明らかとなり，積極的な精神保健活動の促進，研究

注1）インスリン・ショック療法：空腹時にインスリンを注射し，強制的に低血糖にさせて昏睡を引き起こし，1時間後にグルコースを注射し覚醒させる方法。医療事故の危険性が高く効果も一定ではないため，1950年代以降は行われなくなった。

注2）電気けいれん療法：頭部に通電することで人工的に電気活動を誘発させる。後に機器が改良されたことで副作用のリスクが減少し，現在では選択肢の一つとして，精神科医の他，麻酔科医や看護師のチームで安全に行われている。

注3）ロボトミー：大脳（前頭葉）の一部を切開し，神経線維を切断する外科手術。1935年ポルトガルの神経科医アントニオ・モニスによって開始された。彼はこの功績でノーベル生理学・医学賞を受賞している。ロボトミーを受けた患者は，緊張，興奮，攻撃性などの症状が劇的に軽減したが，数年後には意欲の欠如，集中力の低下，さらには人格の荒廃などの副作用が多くみられることが判り，1950年代半ば以降は行われなくなった。

の重要性，人材の育成，そして予防への努力が盛り込まれていた。特に強調されていたことは精神科病院の改革と新たなケア・システムの必要性であった。その年の1月に第35代大統領に就任したジョン・F・ケネディ（John F. Kennedy 1917-1963）は，1963年2月の連邦議会で「精神病および精神遅滞に関する大統領教書」を発表し，次の3つの目標が掲げた。第1は予防の重視である。第2は専門家の増強と研究の強化である。そして第3はこの対策を地域社会に根ざしたものとすることである。その教書が発表されたわずか9カ月後の1963年11月，ケネディは暗殺されてしまうが，彼の尽力によって制定された「地域精神保健センター法」が施行され，アメリカの精神障害者は次々と地域コミュニティに帰ってくる，あるいは地域の中でケアが受けられるようになった。急激に退院を促進させたために，路頭に迷う元患者もかなりの数に昇ってしまったという問題が起きてはいたものの，精神障害者への対応が大きく変わった時代であった。

その頃日本では，世界の趨勢とは逆行するような事態になっていた。1950年に「精神衛生法」が施行され，都道府県に精神科病院の設置が義務づけられるとともに私宅監置（座敷牢）は禁じられ，少しずつ精神障害に対する人道的な対応が広まっていったが，1964年3月の「ライシャワー事件」（アメリカ大使館に侵入した統合失調症の青年がライシャワー駐日大使を短刀で刺傷させた）をきっかけに，当時の日本政府は精神障害者の取り締まりを強化し，1965年には精神衛生法が改訂（改悪）された。強制入院を強化する傾向がより強くなったのである。

さらに政府は，精神障害者の隔離政策を推進するためにさまざまな補助制度を打ち出し，それを利用した個人経営の精神科病院が乱立した。その結果，1990年には日本の病院全体の病床の約21%が精神科という状況になってしまう（精神科医は全医師のなかの10%程度であった)。精神科病院の建設ブームと称されたこの時代の中で「宇都宮病院事件」（1983年）が起きる。病院のスタッフが入院患者に対して人権侵害に当たる非倫理的な行為を行っていたことが発覚し，この事実が世界中に報道された。日本政府は，国際法律家委員会や国際医療従事者委員会などから勧告を受けるに至り，厚生省（当時）は新たな法律制定に動きだす。その結果，1987年に「精神保健法」が制定され，この法律によって日本もようやく精神障害者の人権保護や社会復帰の促進が国策として実施されるようになった。

2．ボストン会議

1965年5月，ボストン郊外のスワンプスコットという小都市で，「地域精神保健に携わる心理学者の教育に関する会議」（通称ボストン会議）が開催された。

「コミュニティ心理学」という名称はこの会議で定められ，その目標と概念が明確にされた。この会議が開催された背景には，先述した地域精神保健センター法の成立によって，全米各地に精神保健センターが設立され，多くの精神障害者が地域の中でケアされるようになったものの，彼らを支える心理学者の役割や教育に関しての議論は圧倒的に不足していたことがある。地域精神保健に携わっていた心理学者 39 名が集結し，５日間にわたって必要な知識や技術の教育・訓練をどのように進めるかを討議した。そこで確認されたことは，地域精神保健に関する問題に取り組む心理学者は，おのずと地域社会全体の問題にも関わる必要があり,「病気を治す」という単純な考え方では精神障害者やその家族の要求に十分に応えられないということであった（山本，1986）。

個人的にカウンセリングや心理療法を受けられるのはごく一部の中産階級以上の人々であり，貧困層に属する多くの精神障害者にとってそれらは手の届かないサービスであった。1960 年代の心理療法は,「健康な人を，より健康にする」ものにすぎないとまで主張する人もいた（Rappaport, 1977）。

３．オースティン会議

ボストン会議から 10 年後の 1975 年 4 月，テキサス州オースティンで,「コミュニティ心理学の訓練に関する全国会議」が開催された。このオースティン会議では，伝統的な心理学的治療法が依って立つパラダイムから脱却し，コミュニティ心理学らしいモデルが模索された。その中で後述するようなマレル（Murrell, 1973）が提唱した「人と環境の適合性（person-environment fit）」という考え方が後のコミュニティ心理学者に大きな影響を与えることになる。個人を社会環境に適応させるように変化させるという考え方から，個人とその人の生活環境（学校，職場，地域社会など）との適合性（fitness）を増大させるというパラダイム転換は，今日のコミュニティ・アプローチの基本原理となっている。

Ⅲ　日本におけるコミュニティ・アプローチの展開

1975 年から始まった「コミュニティ心理学シンポジウム」が日本におけるコミュニティ心理学の起源である（安藤, 2009）。1965 年から 1966 年にかけてハーバード大学医学部のリサーチ・フェローとしてアメリカに滞在し，ジェラルド・キャプラン（Caplan, G. 1917-2008）らの下で地域精神保健を学んで帰国した山本和郎（1935-2016）と当時九州大学で教鞭を取っていた安藤延男（1929-2014）

が共同で開催した2泊3日の合宿形式の研究会である。その後このシンポジウムは第23回（1998年）まで続き，その流れを受けて1998年4月，日本コミュニティ心理学会が旗揚げされる。

その後，日本コミュニティ心理学会は，徐々にではあるが発展を続け，「コミュニティ心理学」や「臨床心理的地域援助論」という名称の授業を開講する大学や大学院も増えつつある。コミュニティ・アプローチが日本の心理学の中でその存在価値を認められるようになった理由として，以下のような要因が挙げられよう。

まず第1に，1988年に臨床心理士資格認定制度が始まったことである。この制度を創り上げた中心メンバーの中に山本和郎がいた。彼は，この制度の下に臨床心理士の資格を得た者の主たる業務として，「臨床心理査定技法（アセスメント）」や「臨床心理面接技法（カウンセリングや心理療法）」とともに，第3の柱として「臨床心理的地域援助の技法」を取り入れたのである。山本（1988）は，「コミュニティ心理学等の視点も包含した新しい心理臨床学の課題として，この地域援助の技法を自らのものにしていかなければならない」とコミュニティ・アプローチの重要性を強調した。

第2は，臨床心理士の資格を得た者が，いわゆるスクールカウンセラーとして全国の小学校，中学校，高等学校等に配属され始めたことである。スクールカウンセラーに期待されたのは，児童生徒一人ひとりの面接だけではなく，学級集団に対する心の健康教育であったり，担任に対するコンサルテーションであったり，教員組織や地域住民らとの協働であった。これらの業務はまさにコミュニティ・アプローチに他ならない。

スクールカウンセラー制度が開始された1995年は，阪神淡路大震災が発生した年でもあり，それまでは面接室でクライエントを待つのが常であった数多くの臨床心理士が面接室を出て，積極的に被災地に赴いて心のケアに当たった。いわゆる「探索モデル（seeking-model）」に則り，被災したコミュニティに飛び込み，現地の人々のニーズを的確に把握し，協働して支援に関わるというコミュニティ・アプローチこそ，災害時における支援者の姿勢であろう。

さらにつけ加えれば，学校でのいじめやドメスティック・バイオレンス（DV），児童虐待，さらには中高年の自殺，労働者のうつ病や過労自殺など，クライエントとセラピストの一対一の個人療法では太刀打ちできなくなった社会病理的な現象が年々，深刻さを増しているという時代背景もある。最近日本でも，医療分野では「チーム医療」，教育分野では「チーム学校」というスローガンが叫ばれるようになった。他職種との協働を前提として，個人の変容だけでなく，よりよいコ

ミュニティへの変革が求められている（久田・丹羽，2022）。

Ⅳ　コミュニティとは

ここで改めて，コミュニティ・アプローチにおける「コミュニティ」とは何かを押さえておきたい。コミュニティとは「地域社会」を意味することが一般的である。もちろんその意味もあるが，初めて日本に「Community Psychology」を紹介した安藤延男と山本和郎は，これを地域心理学と訳すことに否定的であった（山本，1986, p.42）。その理由として，日本語の「地域」には主体性のない中央集権的なニュアンスが込められていること，また「地域」心理学とした場合，ただ単に病院や施設の外で心理的な活動を行うことだと誤解されてしまう危険性があることを挙げている。コミュニティ心理学ないしはコミュニティ・アプローチとはコミュニティ全体を対象として関わることであり，地域社会での臨床活動とは似て非なるものであることに留意してほしい。

地理的あるいは物理的に規定される地域社会だけでなく，学校，病院，自助グループ，最近ではインターネット上の人と人との交流もコミュニティと捉えることができる。すなわちコミュニティとは，複数の人間から成るネットワークであり，その人々の生活の質（quality of life）の維持・向上を目指す関係的・機能的な存在と言えよう。そしてそこには，山本（1986）が強調するように，支え合うこと，共に生きること，それぞれの人がその人なりに生きていけるようになること，一人ひとりがそれぞれの責任で主体的に参加することといった価値的・態度的な要素が必要不可欠となる。

Ⅴ　コミュニティ心理学が共有する価値観と理念

1．予防の重視

コミュニティ心理学が予防を重視することは先に述べた。予防は，一次，二次，三次に分けて考えられることが多い。一次予防とは発生予防を意味する。ある一定の区域に，ある一定の期間（たとえば1年間）当該の疾患や心理社会的問題（いじめ等）が発生しないことが目標となる。二次予防は早期発見・早期対処（治療）である。疾患や問題の初期症状を見つけて，早めに対処や治療を試みることである。そして三次予防とは，心理社会的なリハビリテーションを含む再発予防のことである。コミュニティ心理学における予防の意義や方法については，久田・飯

田（2021）に詳しい。

予防には，いくつかの利点がある。第1に，治療にかかる膨大な費用を削減できることである。第2の利点は，治療が極めて困難な疾患や治療法がまだ確立していない疾患でも対処できることである。第3に，精神疾患の場合によく見られる，患者に対する偏見や差別を回避できることである。

2．環境要因の重視

先の述べたオースティン会議のテーマとなった「人と環境の適合性」という基本原理では，人の行動に及ぼす環境要因の影響力を重視する。環境とは，家族や教師といった身近な他者から近隣社会，さらには国家レベルの制度や習慣まで広範囲に及ぶが，介入の対象（小学生なのか高齢者なのか）や様式（予防なのか緊急支援なのか）によって，どこをターゲットにするのかが変わってくる。

3．社会的文脈内存在としての人間

元来，人間は閉鎖された空間で生きているのではなく，家族や学校，あるいは職場といった社会的な文脈の中で，他のさまざまな人々と相互作用しながら生活を営んでいる。それは同時に，文化的・歴史的文脈の中で存在していることでもある。この当たり前の事実を無視しては本当の人間の姿を理解できない。

4．当事者や非専門家の視点

素人は高度な知識がないので理解できないとか，それゆえに疾患の治療は専門家に任せておけばいいというような専門家中心主義から脱却し，当事者だからこそわかること（経験的知識）や当事者のニーズは当事者が一番よく知っているという事実を重視する当事者中心主義の立場に立ち，ともに考えともに工夫することによって，よりよい社会の実現に向かっていく姿勢を重視する。難治性疾患や慢性疾患の場合の支援では当事者やその家族の視点が極めて重要となる。

5．多職種による協働

一人の治療者ができることは限られている。伝統的な心理療法では治療者とクライエントとの「一対一の関係性」を重視するが，それに反してコミュニティ・アプローチでは，一人のクライエントの持つさまざまなニーズに応えるために，専門家のチームで問題解決に取り組むことが多い。協働（コラボレーション）という考え方である。そのチームには当事者やその家族，あるいは非専門家が入る

ことも珍しくはない（久田・丹羽，2022）。

６．探索モデルとアウトリーチ

カウンセリングや心理療法は，まず本人が自分の問題に気づき，自ら予約を入れ，相談センターに赴き，自分の内面にある葛藤を言葉で伝え，そしてそれなりの料金を支払うという一連の行動から成立するものである。しかし，現実は，そのような行動がとれる人は少数派である（Scileppi et al., 2000）。世の中には，サービスの提供が困難な人々が数多く存在する。自分の抱えている問題に気づかない人，気づいても援助を拒否する人，命に関わる緊急支援的な介入が必要な人などである。

そのような人々に対して，たとえ援助要請がない場合でも，積極的に出向いていき，当人やその家族との信頼関係を構築し，適切なサービスを提供する態度や方法をアウトリーチと呼ぶが（船越，2016），さらに，まるで「御用聞き」のように，専門的援助が必要な人々を探し求めることがコミュニティ・アプローチでは重要視される。相談室の椅子に座ってクライエントを待つ待機モデル（waiting-model）とは正反対の姿勢である。

７．人間の強さへの信頼

この特徴は，近年台頭してきたポジティブ心理学[注4）]と一脈通じるものがある。伝統的な臨床医学や臨床心理学は，人間の弱さや病理を見つけ出し，それを修理・修復しようとする医学モデル（medical model）に立脚しているが，コミュニティ・アプローチでは，むしろ逆境にあってもくじけない復元力（レジリエンス）や潜在的に持っている有能さ（コンピテンス）といった人間の強さ（ストレングス）に注目し，その強さに働きかけることによって対象となる個人や集団の成長を促す，成長促進モデル（developmental model）を採用する。

個人や集団のエンパーワメントを可能にするためには，そのような強さへの直接的な介入も時には必要ではあるが，個人や集団がディスパワー（無力化）される場合，周囲の人々を含む環境からの影響力が存在することが多い。そのような場合，介入する対象は，個々人を取り巻く社会であると考える。車椅子の利用者が思うように外出できないのは，その利用者の脚のせいではなく，段差が多い社

注４）ポジティブ心理学：学習性無気力の提唱者でもあるマーティン・セリグマン（Seligman, M. E. P.）が 1998 年に提唱した心理学の一領域。“普通の人”が，やりがいや生きがいを感じ，真に幸せに生きるためにはどうしたらいいのかを研究する心理学。“異常な人”を対象にして，その病理や治療法を探究してきた心理学に対抗しようという運動でもある。

会が原因であると捉え，そのような社会環境を変革しようと試みる。このような考え方は，上述の医学モデルに対して，社会モデル（social model）と呼ばれ，コミュニティ心理学の基本的な理念となっている。

Ⅵ　コミュニティ・アプローチの基本となる諸理論

アメリカでは行動論的コミュニティ・アプローチが盛んである。その一方で，精神分析的なコミュニティ・アプローチも存在する。とはいえ，最も一般的なコミュニティ・アプローチの理論的基盤としては，生態学的・システム論的視座であろう（Scileppi et al., 2000）。

心理学の中に生態学的発想を最初に導入したのは社会心理学者レビン（Lewin, K. 1890-1947）であるが，1970年代に入り，その考え方を発展させたのは彼の若い同僚であったバーカー（Barker, R.）である。彼は生態学的心理学（Ecological Psychology）という領域を確立し，「行動場面」という概念を使って，コミュニティの中で生活している生（なま）の人間を研究した（Wicker, 1984）。たいていの小学生は算数の授業という場面では静かにしているが，体育という場面では活発に動き回る。このように人間の行動は個々人の個性を超えて，今いる場面の状況に依存している。そうだとすれば，人間の行動を望ましい方向に変えるためには，その行動が生起する場面，すなわち環境の構造や機能を変える方が効果的だと言えよう。

この生態学的視点にシステム論的視点を加えて，人間の行動や発達を捉えたのがロシア系アメリカ人の発達心理学者，ユーリー・ブロンフェンブレンナー（Bronfenbrenner, U.）である。行動場面という概念は比較的小さな物理的環境（教室とか職場など）を想定しているが，彼は国家レベルにまで及ぶ広範囲の環境を４つの層から成るシステムであるとした。彼は人が発達するということはその人の生きている環境の受け止め方や環境に対処する仕方の継続的な変化であると述べ（Bronfenbrenner, 1979），その人を取り巻く環境はロシア人形マトリョーシカのように複数の層から成る「入れ子構造」であると考えた。その層（レベル）は以下の４つに大別される。

①ミクロシステム（Microsystem）：直接人間を包み込んでいる家庭や学校，遊び仲間の集団などである。言うまでもなく成長過程にある子どもに及ぼす家庭環境の影響は非常に大きい。同様に，学校というシステムが児童生徒に与える影響も大きい。しかし，なぜ母親が過保護になるのか，あるいは教室の雰囲気が暗くなるのかを考

えるとき，ミクロシステムを取り巻くさらに外側のシステムの存在を考慮しなければならない。

②メゾシステム（Mesosystem）:「メゾ」とは中間という意味である。すなわちメゾシステムとは２つ以上のミクロシステムの関係性を意味する。家庭と学校との関係，学校と学習塾との関係，難病を持った子どもにとっては学校と病院との関係がその子の発達に大きな影響を及ぼす。

③エクソシステム（Exosystem）：エクソシステムとは，ミクロシステムやメゾシステムをさらに外側から取り巻き，それらに影響を与えるシステムであり，親の職場や教育委員会がその例である。外側に位置するからといって影響力が小さいわけではない。親の職場の状況は親を通して子どもに影響を与え，教育委員会の方針は学校を通して子どもの成長に多大な影響を及ぼす。

④マクロシステム（Macrosystem）：エクソシステムのさらに外側にあって，ミクロ，メゾ，そしてエクソシステムに影響を与える地方自治体や国家レベルのシステムである。古くから伝承されてきた地域の文化や政治的イデオロギーがその例である。戦前戦中の植民地政策は，家庭や学校教育を通して日本の子ども達の考え方や行動に強烈な影響を与えた。最近では，文部科学省が提唱した「ゆとり教育」が見直されている。このような階層的システムの中で人間は生活しているのだとすると，個々人の内面だけではなく，時には学校というエクソシステムへの介入や関係省庁への働きかけが最も効果的なものとなる。コミュニティ・アプローチが政治学や経済学，経営学との連携に強い関心を持つのはそのためである。

Ⅶ　マレルによる介入のレベル

個人にアプローチする各種心理療法とコミュニティ全体を対象とするコミュニティ・アプローチの違いを明確にするために，マレル（Murrell, S. A., 1973）による「介入のレベル」を紹介する。彼は，その介入がどれくらい困難で野心的かによって以下の６つのレベルに分類している。レベルが高くなるほど，コミュニティ・アプローチとしての特徴が強くなる。

レベル１．個人の配置換え：不適合的な環境から，適合しやすいもう１つの環境に個人を移すことにより，個人と環境との間の適合性を向上させることであり，発達障害児を普通学級から特別支援学級に移すことがその好例である。メンタルヘルスの問題の改善を目的にした従業員の人事異動もこれに当たる。実行するのは比較的容易であるが，永続的な効果はあまり期待できない。

レベル２．個人への介入：周囲の人々から受け入れられ，生きていく中で直面する課題解決が可能となるように，個人の内的資質や行動様式を変容することであり，薬

物療法，各種心理療法，行動修正，ソーシャルスキル・トレーニングなどの個人対象の関わりがこの例である。このレベルの介入は伝統的な臨床心理学の範疇であるが，これらの治療やトレーニングを受ける機会が得られない人や重度の障害児・者に対してはあまり効果が期待できない。

レベル3．ポピュレーションへの介入：環境との間に不適合的な関係にあるか，近い将来そうなる恐れのある一群の人々（ポピュレーション）に対する介入である。たとえば，就学前の子どもを持つ家族，定年退職予定者，海外移住予定者などのような何らかのストレス状態に陥りやすいと予測される集団に対して，予備知識の提供や有効な対処スキルを指導するプログラムがその例である。予防を念頭に置いた心理教育的側面が特徴的である。

レベル4．社会システムへの介入：レベル２とレベル３は，人ないしは人々の変容であったが，この介入はむしろ環境を永続的に変えようとする努力である。従業員にとっての経営者は強力な影響力を有する環境であるが，その経営者らの価値観や行動パターンを変えることで従業員のメンタルヘルスの維持・向上が期待できる。

レベル5．システム間への介入：２つ以上の社会システムに生きる人々が，それらの社会システムの制度的あるいは文化的価値観の間で体験する心理的葛藤を軽減させるために，社会システム相互の関係をより調和的なものにする努力のことである。慢性疾患の子どもにとって，「病院」という治療環境も「学校」という学習環境もともに重要であるが，両者は時に相反する制度や文化的価値を有している。この２つの社会システムに関わり，理念や目標を共有し，時に妥協し，子どもの成長にとっての最大限の調整を図ることができる能力（調整力）が必要とされる。

レベル6．ネットワークへの介入：比較的大きな社会的ネットワーク（コミュニティ全体）を大きく変えたり，新しく創り上げげたりする試みである。一例を挙げると，精神医学の問題は精神科病院（という環境）の問題であると確信したイタリアの精神科医フランコ・バザーリア（Franco Basaglia 1924-1980）が1970年代後半に，いくつもの困難を乗り越えて実現させた「継続的精神医療革命」である。彼は新たな法律を制定させ，精神科の医療システムを改革し，精神科病院を消滅させるに至った（Mosher & Burti, 1989）。そんなことをすれば精神障害者や犯罪事件が増えると危惧した多くの医療関係者の予想に反して，それらはむしろ減少し，治療費も大幅に削減された。

Ⅷ　おわりに

最後に，読者がコミュニティ・アプローチを取る臨床家の具体的なイメージが描きやすいように，山本（1986）が示しているコミュニティ心理学者の４つのタイプを説明しておこう。

①新しいタイプの臨床心理学者：おそらく日本にもっとも多いタイプであろう。

大学や大学院では個人臨床や心理検査を学んだものの，現実社会に出て，集団を対象とした心の健康教育などに携わり，医師，教師，保育士らとの協働の重要性を実感した実践家である。個々人の変容に限界を感じ，むしろ環境の変革に関心が向いているタイプである。

②**社会運動をする臨床心理学者**：政治，経済，教育，福祉などの現体制に対して，ある種のイデオロギーに基づいた理念で運動を展開し，社会変革を目指すタイプの活動家である。団体内部の意見や価値観が統一されることによって排他的になり，自由な発想に基づく研究がしづらくなる。時に政府や他の集団と対立することもある。

③**社会活動をする臨床心理学者**：現体制を批判的に見るというより，不足しているところを補い，弱体化しているところを強化するような活動をする人である。障害者のコロニーを建設したり，若者や高齢者のために居場所づくりをしたり，電話相談システムのリーダー的存在として活躍している心理専門職である。福祉領域に多いタイプである。

④**ソーシャル・エンジニア**：臨床心理学というより，社会心理学や産業・組織心理学の領域に多いタイプである。企業の経営，災害対策，ヒューマンエラーの防止対策，犯罪・非行のない街づくり，マーケティングや広告の世界で力を発揮するタイプである。

◆学習チェック表

- □　どのような時代的背景からコミュニティ・アプローチが誕生したのか理解した。
- □　コミュニティ・アプローチと個人療法の違いが概説できる。
- □　コミュニティ・アプローチが大切にしている理念や原理を理解した。
- □　生態学的心理学が概説できる。
- □　介入にはレベルがあることを理解した。
- □　社会的問題（たとえば児童虐待）への対応について，コミュニティを対象とした計画を立案できる。

より深めるための推薦図書

金沢吉展編（2004）臨床心理的コミュニティ援助論．誠信書房．

村山正治（2003）コミュニティ・アプローチ特論．放送大学大学院教材．

日本コミュニティ心理学会編（2007）コミュニティ心理学ハンドブック．東京大学出版会．

植村勝彦・高畠克子・箕口雅博ら編（2017）よくわかるコミュニティ心理学【第３版】．ミネルヴァ書房．

山本和郎・原裕視・箕口雅博ら編（1995）臨床・コミュニティ心理学．ミネルヴァ書房．

文　献

安藤延男編（1978）コミュニティ心理学への道．新曜社．

安藤延男（2009）コミュニティ心理学への招待．新曜社．

Beers, C. W.（1908）*A Mind that Found Itself.* Doubleday.（江畑敬介訳（1980）わが魂にあうまで．星和書店．）

Bronfenbrenner, U.（1979）*The Ecology of Human Development.* Harvard University Press.（磯貝芳郎・福富護訳（1996）人間発達の生態学－発達心理学への挑戦．川島書店．）

舩越知行（2016）心理職による地域コンサルテーションとアウトリーチの実践．金子書房．

久田満・飯田敏晴（2021）コミュニティ心理学シリーズ第１巻－心の健康教育．金子書房．

久田満・丹羽郁夫（2022）コミュニティ心理学シリーズ第２巻－コンサルテーションとコラボレーション．金子書房．

Korchin, S. J.（1976）*Modern Clinical Psychology: Principles of Intervention in the Clinic and Community.* Basic Books.（村瀬孝雄監訳（1980）現代臨床心理学―クリニックとコミュニティにおける介入の原理．弘文堂．）

Mosher, L. R. & Burti, L.（1989）*Community Mental Health: Principles and Practice.* Norton.（公衆衛生精神保健研究会訳（1992）コミュニティメンタルヘルス―新しい地域精神保健活動の理論と実際．中央法規出版．）

Murrell, S. A.（1973）*Community Psychology and Social System: A Conceptual Framework and Intervention Guide.* Human Sciences Press.（安藤延男監訳（1977）コミュニティ心理学―社会システムへの介入と変革．新曜社．）

森島恒雄（1970）魔女狩り．岩波書店．

Rappaport, J.（1977）*Community Psychology: Values, Research, and Action.* Holt, Rinehart & Winston.

Scileppi, J. A., Teed, E. L., & Torres, R. D.(2000)*Community Psychology: A Common Sense Approach to Mental Health.* Prentice Hall.（植村勝彦訳（2005）コミュニティ心理学．ミネルヴァ書房．）

植村勝彦（2012）現代コミュニティ心理学―理論と展開．東京大学出版会．

Wicker, A. W.（1984）*An Introduction to Ecological Psychology.* Cambridge University Press.（安藤延男監訳（1994）生態学的心理学入門．九州大学出版会．）

山本和郎（1986）コミュニティ心理学―地域臨床の理論と実践．東京大学出版会．

山本和郎（1988）臨床心理的地域援助の技法．（日本臨床心理士資格認定協会監修：臨床心理士になるために．誠信書房．）

Zilboorg, G.（1941）*A History of Medical Psychology.* Norton.（神谷美恵子訳（1958）医学的心理学史．みすず書房．）

第13章

非言語的アプローチ

伊藤良子

Keywords　分析心理学，事例研究，無意識，言葉，イメージ，象徴，遊戯療法，箱庭療法，描画療法

Ⅰ　非言語的アプローチの特徴

非言語的アプローチとは，言葉のみならず，イメージや象徴表現等を用いる技法に対する総称であり，臨床心理学の特定の理論に基づく専門的な概念ではない。それにもかかわらず本書に取り上げられたのは，本アプローチが臨床の場において重要な意義を持つとの認識によるものであろう。

通常，臨床心理学のアプローチは，言葉による表現が基本となるが，人間には言葉にならない思いや情動がある。さらには相反する両価的な感情を抱えている場合も少なくない。人間の言語活動は意志の伝達や論理的思考において重要な役割を果たし，言葉は象徴の最も精巧なものともなるが，言葉による表現は限定的なものにならざるを得ないのである。

こうした人間の心の内奥の領域を，フロイト（Freud, S., 1915）は「無意識」と呼び，それは苦痛な感情を意識しない「抑圧」の心的機制による，との重要な発見をした。彼は，この無意識の意識化を重視し，そのための技法として心に浮かんできたことを言葉として語る「自由連想法」を創出した（本巻4章）。それに対してユング（Jung, C.G., 1933）は，夢や神話に関する膨大な研究によって，無意識は人類に普遍的に存在するものであることを示し，フロイトの無意識を「個人的無意識」，自分の無意識を「集合的無意識」と表した。ユングの無意識は，「意識の限界値に手に届かないいっさいの心的素材」であり，「イメージ」や「象徴」として現われると考えられたのである（本巻5章）。

ユング派の河合（1967）によれば，「イメージ」とは「意識と無意識の相互作用の間に成立するもの」であり，「具象性，集約性，直接性」による「生命力」を

持ち，イメージの「創造的な面が最も顕著に認められるもの」が「象徴」である。このイメージの捉え方は，水島（1990）の「現象学的にはむしろ内外の分化以前のもの」，さらに「イメージ研究は科学のあり方そのものにまで問題を投げかけ，かつ光を与える」との観点と一致する。

このように非言語的アプローチでは，無意識がイメージや象徴として表現され体験される。また，クライン（Klein, M., 1957）が，子どもの精神分析によって明らかにした人間の最早期の生死にかかわる原初的不安や恐怖・怒りなどの表現が生じることもある。こうした表現において自己の内的世界に向き合うことが可能にされ，心の変容や成長がもたらされるのである。

さらにイメージや象徴の体験は，身体に根ざした深い水準に基づくアプローチであるので，生物学的基盤に作用する可能性を有している。実際，後述のように，心身症やうつ状態，自閉スペクトラム症等の自己の基盤の確立にかかわる状態像において重要な働きが生じることも明らかにされている。

以上のように，非言語的アプローチは，人間の意識を超えた表現をもたらすので，安易な適用は危険であり，心理療法家による専門性に基づく関係性と継続的な守りの構造の下で用いることが求められる。

II　非言語的アプローチの適用範囲とアセスメント

非言語的アプローチとしては，一方に，遊戯療法（プレイセラピーと呼ぶこともある）・箱庭療法・描画療法をはじめ，コラージュ療法や造形療法等の芸術療法と呼ばれてきた技法があり，もう一方に，行動理論や催眠に基づくイメージ療法，およびフォーカシングや臨床動作法，ダンスセラピー等身体に焦点を当てた技法がある。前者は，イメージの自由な表現をもたらす技法，後者はイメージや身体に能動的あるいは操作的に働きかける技法と捉え得るが，イメージの本質を重視する観点に立つならば，非言語的アプローチの中核は前者となろう。

以上の点を踏まえ，本節では，非言語的アプローチとして，今日，さまざまな臨床の場で広く用いられている遊戯療法・箱庭療法・描画療法を取り上げ，その適用範囲とアセスメントについて述べる。

適用範囲は，年齢や状態に応じて異なるが，クライエントが表現し易いものをともに見出すことがまず大切になる。

年齢的には，遊戯療法は，遊びを媒介にすることから子どもに適している。とくに言葉をまだ十分に使用できない幼児や発達が遅れている子ども，さらに自閉

スペクトラム症の状態においても用いることができる点に注目しておきたい。遊戯療法は，自閉スペクトラム症には有効でないとの考えがあるが，そうではない（伊藤，1984）。

箱庭療法や描画療法は，子どもから成人まで全ての年代に適用される。また，神経症の状態のみならず，シフネオス（Sifneos, P. E., 1973）が，「感情機能の収縮や，空想世界の乏しさがあり，みずからの感情を適切な言葉にする能力に欠けている」として心理療法は困難とした心身症，さらに気分障害や高齢者においても表現を可能にすることが示されている（伊藤，2007, 2015a；門馬，2017）。

アセスメントについては，非言語的アプローチでは，イメージ等の表現の理解を通してなされるので，客観的な評価に留まらず，関係性の深まりに寄与するという大きな意義がある。以下，これら３つの技法について，主にアセスメントに焦点を当てて概説する。

１．遊戯療法

遊戯療法は遊びによる心理療法である。子どもにとって遊びは生きることそのものであり，そこに展開される子どもの遊びには，不安や恐怖，人間の生死にかかわる原初的次元も現れてくる。このような不安が大きい時，子どもは遊びを続けることが困難になる。

それゆえ遊戯療法では，子どもの遊びを守るための部屋と遊具や玩具を備えるが，こうした物理的な備えよりも大切なのは，子どもの主体性と自由な表現がセラピストとの関係性によって守られることである。そのような場では，子どもは自らの課題にふさわしい遊びを創造する。

子どもの遊びについて，その動機として，「支配性」の獲得があることを発見したのはフロイト（1920）である。また，ツリガー（Zulliger, 1951）は，その著『遊びの治癒力』で遊びそのものに治癒力があることを明らかにした。これら精神分析のみならず分析心理学やアクスライン（Axline, V. M. 1911-1988）などのクライエント中心療法においても，遊びによる表現を重視する立場から遊戯療法が実施されている。この点で遊戯療法は訓練や療育とは根本的に異なるのである。

アセスメントについては，遊戯療法では，心理検査をしなくても遊びによって子どもの抱える困難の水準を理解できる点が大きな長所である。すなわち，遊びには，「象徴的な遊び」と「象徴表現以前の遊び」がある。不登校やチック・夜尿・選択性緘黙・強迫症状等々の子どもの神経症の状態においては，遊びに象徴

的な表現が生じる。それに対して，自閉スペクトラム症の状態では，象徴表現以前の遊び，たとえば，物を並べて置く，前後に動かし続ける等の「常同行動」がなされる。これらの物は，置かれるだけ，動かされるだけではなく，「見ること」に収斂されている行動である点に注目した筆者は，この「見ること」が，セラピストとの関係性において，「鏡像遊び」を生じ，「象徴的な遊び」へと変化することを示した（伊藤，1984）。

2．箱庭療法

箱庭療法は，イギリスのローエンフェルド（Lowenfeld, M.）による「世界技法」を踏まえ，スイスのカルフ（Kalff, D. M.）が分析心理学を基に考案した。

箱庭療法の用具は，砂の入った箱と玩具類である。玩具は人間や車・動植物・無機物等多種多様なものが棚に並べられている。それらを砂箱の砂の上に置くことによって，さまざまな表現が生じる。カルフ（1966）は，「自由であると同時に保護された空間」において，箱庭表現の「自己治癒」の力が最大限に働き，イメージの変容による「象徴体験」がもたらされると述べている。

箱庭療法は，河合隼雄によって日本に紹介された時，「乾いた砂に水が浸み込むがごとくに，急速な広がりをみせた」（伊藤，1988）。それは，箱庭表現が，1）クライエントの内的世界，2）セラピストとクライエントの関係性，3）イメージ表現の変容過程，という重要な３つの次元のアセスメントを，視覚的・直接的にクライエントとセラピスト双方に感じさせ，心理療法の深化に大きく寄与したからである。

3．描画療法

描画療法にもさまざまな技法がある。自由画は古から保健医療現場で用いられてきたが，今日，広く用いられるようになった技法に「なぐり描き法」や「色彩分割法」がある。前者には，なぐり描きした描線からイメージを見つけて色を塗って絵にするアメリカのナーンバーグ（Naumberg, M.）の「スクリブル法」とセラピストとクライエントが交互になぐり描きし，イメージを見つけるイギリスのウィニコット（Winnicott, D. W.）の「スクイッグル法」，これらを発展させた山中（1990）の「相互スクリブル物語統合法」がある。ナーンバーグやウィニコットは精神分析，山中康裕はユング心理学から無意識の表現として描画を理解している立場である。「相互スクリブル物語統合法」は，描かれた６～８個の絵を使って最後に物語を作る。物語作りの過程で，無意識の動きを意識に収めることが可

能になるとともに，その心の働きもアセスメントできる。内界に慎重に接近する方法と言える。

「色彩分割法」は，中井久夫の考案による画用紙を分割して彩色する方法である。複雑なイメージが表出されないので，侵襲性が少なく，統合失調症等の状態や高齢者においても適用できる点に重要な意義がある。

なお，病態水準を理解する助けとなる描画を用いた投映法の心理検査として，コッホ（Koch, K.）が発案した「バウムテスト」や中井久夫の「風景構成法」，グッドイナフ（Goodenough, F. L.）の「人物画法」等があるが，これらにおいても，セラピストとの関係性が描画表現に作用する。角野（2004）は，風景構成法による心理療法を行った統合失調症の事例において，イメージの変容が生じたことを報告している。

III　非言語的アプローチの臨床心理学的エビデンス

心理学におけるイメージ研究は，20 世紀前半には非科学的であるとされた時代があったが，1960 年代から認知科学として再び研究がなされるようになった。しかし，イメージの実体を実験研究で捉えるには困難があることは否めない。

本章では，３歳児の遊戯療法事例を取り上げる。本児は心理検査で中等度の知的遅れが指摘されていたが，２年間の遊戯療法を経て，言葉や知的な遅れはなくなり，小学校は普通学級に入学し大学も卒業した。本事例はすでに公表しているが（伊藤，1985），ここでは，遊戯療法に生じるイメージの生成と変容過程に焦点を当て，非言語的アプローチの意義を明らかにする。

１．事例概要

主訴：発語がない。

生育歴：胎生期に流産の危険で子宮口を縫う。満期で誕生したが，酸素吸入を要した。哺乳は混合栄養，ずっと少食。定頚４カ月，始歩 10 カ月。初語 18 カ月時に「パパ」，すぐに消失。３歳直前に「パパ」，病院で「イタイ」「イヤ」と言ったことがあった。日常では発語はない。一人遊びが多く，近所の子と遊べない。肺炎や喘息で度々入院。

家族：父・母・本児・きょうだい。きょうだい誕生後から喘息が酷くなり，きょうだいを家から追い出そうと乱暴する。

以上の点から，本児は，誕生前から命の危険な状態を体験しており，初語が「マ

マ」でなかったことやきょうだいへの乱暴，喘息等から，安定した母子関係の樹立が困難な心身の状態にあったと考えられた。

2．遊戯療法の構造

母子並行面接[注1)]として，子どもには週1回1時間の集団遊戯療法（子ども5名にセラピスト2名）を実施。期間は5カ月半を1期として4期2年間。各期の間に約1カ月の休止時期があった。第4期は，本児のみの個人療法にした。

3．遊戯療法過程

第1～4期の期ごとに記述，本児の言葉は「　」，筆者の言葉は〈　〉とする。

第1期

・初　　期

初回から母子分離不安もなく入室。

体格は長身だが痩せており，爪先立って小走りする不安定な歩き方であった。

入室後は，一人遊びに終始し，バケツに砂を入れて空けることや箱積木の隙間に砂を落とし続けており，感情が伝わって来ない。一人で手押し車に乗り，身体を前後させて動かし転びかけ，筆者がすぐに手で支えた。すると，筆者の手を取って動かすことを要求するようになった。

3回目になり，ままごと道具を触りだしたが，レンジにフライパンを乗せるのみであった。筆者が砂を〈入れてもいい？〉と入れると，その砂をお皿に入れたが，お皿が一杯になると，床に空けて手でバーッと散らすことを繰り返した。筆者が器を出し，〈入れて〉と受け取って食べる真似をすると，本児は，初めて嬉しそうな表情で筆者の食べる様子をジッと見た。この遊びが長く続けられたので，筆者は，本児にも食べ物を勧めたが，顔を背け，食べなかった。そこで犬に食べさせると，本児も犬に食べさせ，その後，犬を紐で引っ張って歩かせた。筆者が〈ワンワン〉と言いつつともに歩くと，本児も「ワンワン」と言った。初めての本児の言葉であった。

母の話：本児と遊ぼうと努力しているが，拒否される。6回目頃に本児は，母の乳房に吸い付こうとしたが，受け入れなかった。

・中　　期

注1）母子並行面接：母親と子どもを分離して別室で行う心理面接。子どもに何らかの課題があるとき，母親の不安を解消するためにもよく使われる手法である。

「鏡像遊び」が生じた。

遊びの内容が変わり，筆者を連れてオルガンへ行き，椅子に座らせ，手足の位置も指示してオルガンを弾かせた。オルガンは部屋の一方の壁に面してあり，反対の壁に机があった。本児は，その机上に玩具のピアノを置き，椅子も持ってきて座り，振り返って筆者を見つつピアノを弾いた。筆者は，鏡に映った本児の鏡像のような姿になった。筆者の姿を見ることによって，本児は自らの身体の動きを見ているようであった。この遊びは6週間にわたって毎回必ず行い，これと同時に，イナイイナイバー遊びがなされた。ロッカーに入って扉を閉め，筆者が本児の名を呼ぶと，大声を出して扉を開け，出てきた。

イナイイナイバーという在不在遊びの意義を見出したのは，フロイト（1920）であるが，ラカン（Lacan, J., 1966）は，この遊びが生じる生後6カ月からの時期を「鏡像段階」と呼び，そこに「私」の誕生を見た。マノーニ（Mannoni, M., 1967）は，ラカンの観点に基づき，「母親の身体と自分の身体との関連において，自分の同一性の基盤を確立しようとするもの」と述べている。この一連の遊びは，まさしく筆者の身体との関係において，自分の同一性の基盤としての身体像を見出すものであり，筆者は，この遊びを，ラカンの「鏡像段階」論を踏まえて「鏡像遊び」と名づけた。

この時期，一音による筆者の言葉の模倣が出てきた。

母の話：喘息が毎週来所翌日から起こり，食事も拒否し，点滴を受けていたが，来所日が近づくと自ら薬を飲み，来所日には元気になった。母は，来所日に元気になることを不思議に感じていた。

・後　　期

身体像を明確にする遊びや対象関係を表す遊びが出てきた。

6回続けられた「鏡像遊び」は終わり，本児が座っていたピアノ用の椅子に赤ちゃん人形を座らせ，その人形を抱いて滑り台を滑った後，人形の目や口を指差して筆者に問うた。本児自身の身体を対象化して把握する遊びと思われた。ままごと遊びでは，筆者に無理に食べさせた。母の態度を想像させるものであった。人形を戦わせる，向き合わせる等，対象関係の表現も多くなった。

この時期には，何か不明であるが，形のある描画が描かれ出した。

母の話：トイレを一人でしなくなり，哺乳ビンで飲むようになったので，母は哺乳ビンを捨てたとのことであった。きょうだいへの乱暴は減少した。

第2期

・初　　期

他児との遊びがなされるようになったが，それによる傷つきが生じた。

他児の遊びの真似が出てきたが，玩具の取り合いが生じて傷つき，カラートンネルに入り込んだり，退室したがったりすることもあった。

遊びの中心は，箱積木を積み，「いえ」という家造りになった。これは最終回まで続き，家の大切さが感じられた。また，胸のような絵を描いたり，筆者の胸を覗き込んだり等，乳房への思いの表現が出てきた。一語文も急速に増えた。

終了後，母におんぶされて帰るようになり，この状態は最終回まで続いた。

母の話：休み中に喘息に肺炎を併発，10 日入院。最近良くなってきた。母は来所日を待っていたとの印象を持った。母との間でも言葉が急速に増えていた。

以後，入退院が続き，毎回病院から来所した。

・中　　期

非常に過敏になり，外界に曝される不安が増大した。

他児が近づくと筆者にしがみつく状態になった。また，来所途中に転び，泣きながら入室し，筆者の膝に座って動けず，大きな音がすると耳も塞いでしまった。全く弱々しい姿で外界に曝された状態になり，とうとう 2 回欠席した。

母の話：母の外出時，父と留守番ができなくなった。排泄，着脱，食事もせず，オムツカバーを出してきてオムツをし，全く退行した状態になった。

・後　　期

本児の感じている現実世界がさまざまな遊びに表現された。

対人葛藤場面に対する過敏さが示された。たとえば，他児の喧嘩を硬い表情で注視し，乱暴する子の手を取って離れさせた。

次いで，「人参，饅頭」と言いつつ，犬の口一杯に粘土を詰め込んだ。筆者が他の犬で本児に呼びかけると，粘土を詰め込まれた犬で「おかあさん」と応じ，母犬の上に子犬を負ぶわせた後，母犬の尾を子犬に噛ませた。

さらに滑り台の坂にガムテープを何本も貼り，テープの下を滑ろうとした。すると身体にテープが付き，滑り台の板の上に包帯で巻きつけられたようになり，本児は，テープの下から助けを求めた。筆者は 1 本ずつテープを切り，遂に脱出できた本児は，「良かったね」と言った。実感のこもった言葉であった。

その後，箱積木で家を造った。より大きな家になってきた。

この時期の描画は，「金魚」「おばけ」「自動車」と言いつつ描かれた。

母の話：入院中の本児は，病室で再び母の乳房を触りたがった。

第 3 期

保育園に入園したが休みがち。「悪い子」という表現が出てきた。

不安感はかなり軽減され，怪我をしても筆者が〈大丈夫〉と声をかけることで気にしなくてもすむようになった。粘土で作った食事をおいしそうに食べる等，取り入れに対する安心感も出てきた。また，保育園ごっこを好み，本児が先生になり，筆者にお遊戯をさせ，日常生活の課題に向き合う遊びもなされた。

このような中で，「悪い子」という言葉が出てきた。初めは，靴下を脱いでいる他児を「悪い子」と言ったが，その後，自分のことを「悪い子，○ちゃん」と言うようになった。たとえば，カラートンネルに入って，両端の入り口に筆者と他のセラピストを独占し，「悪い子，○ちゃん」，また，入室前に母の乳房を覗き見して，「悪い子，○ちゃん」と言った。

このような罪悪感は，他児と筆者がいると乱暴になった後に，抑うつ的になってトンネルに閉じこもった時にも生じていたようであった。また，箒を振り回して他児に乱暴している本児を抱いて止めた筆者に対して，「見せて，見せて」と叫び，筆者の腕を強く噛んだ。筆者への真剣な攻撃であったが，「見せて」とは，他児が筆者の胸を触ると，「見ちゃった」と言うなど乳房との関連において発した言葉であり，乳房を隠す母への怒りを含んでいると思われた。乱暴している本児に，〈怒っているのね〉と，筆者が言葉で受け止めると，本児も「怒っている」と言い，その後は抑うつ的にならなかった。怒りを筆者が共有することで，本児も自らの怒りを受け入れることができるようになったと思われた。

しかし，筆者を挟み他児との関係で，良いものと悪いものを分離できない葛藤状態に置かれた。たとえば，筆者と本児の所へ他児が来る。本児は他児を他へやりたいが，他児は離れない。すると筆者も一緒に「あっちへ行って」と押しやるが，すぐに筆者を呼び戻す。他児も来る。この繰り返しが続き，筆者は，本児が［良き乳房］（クライン）を良きものとして体験できずにきたことを痛感した。本児が安心して表現できるように，第４期は個人療法にした。

第４期：個人療法

・初　　期

「お母さんの顔」が描かれ，胎児や誕生場面の遊びが生じた。

個人療法になると遊びがさらに深まった。入室するや初めて哺乳ビンを手に取り，水を入れて，「ミルク，赤ちゃんに飲ます」と筆者に渡し，「飲んでください，おいしいですか」と嬉しそうに見ていた。この遊びと並行して母の顔が描かれた。「おめめちゃん」と歌いつつ，白墨で丸いジャンピング台に円に沿って目を次々と描いた後，黒板消しでそれをなぞり，「髪の毛」，真ん中に２つの目を描き，「○ちゃんおかあさん」と言ったのである。目は乳房のように円の中央に黒い丸が描かれ，これ

らがつながり，母の顔の輪郭となった。クライン（1957）が言うように，乳房との「部分的対象関係」から，母の顔という「全体的対象関係」が生まれてきた。

その次の回，大型箱積木を積んで，一番上の積木に顔を描き，「おかあさんの顔」と言った後，カラートンネルに入り，「揺らして，止めてください」「ねんね」と，ゴロンゴロンし，「ニャーニャー」とアライグマの赤ちゃんの声を出した。胎児のようであった。

次回，滑り台の坂を砂場の枠に乗せ，筆者に砂場の枠から枠にテープをびっしりと張り詰めることを求めた後，犬の乗り物を滑り台の上まで上げ，犬に乗って滑り下り，テープを張った砂場に飛び込んだ。非常に危険な行為であり，筆者はこの過程を懸命に支えた。胎児まで退行した本児が，自力で母の胎内から生まれ直した場面のようであった。

母の話：母の乳房に吸いついてからご飯を食べるようになり，量も増えた。

・中　期

現実の母の姿を遊びに表現し，不安が生じるとともに，主語が生まれた。

部屋が汚れていると，「汚いね。お掃除しよう」「怒ってる」と玩具を乱暴に片づけた。父の帰宅前の母の姿のようであった。また，レゴで鳥の親子を作り，母鳥は，子鳥と父鳥が風呂屋に行く後から「おかあさんも入れて」とやって来た。本児と父との間に入りたがっている母の姿のようであった。

家造りは，一層ダイナミックになった。大型箱積木をポンポンと投げ，「もうちょっとだからね」「重い，重い」と積木を運び，息切れし，「おかあさんは？」と問うた。本児は，家の問題に気づき，安定した場としての家を望んだのであろうが，現実を見ることは不安を生じる。毎回，母の存在を確認した。

この時期，ままごとをしながら，「私，ホットケーキ作る」と，初めて主語が使われた。「私」という自己意識は不安を伴うものである。

・後　期

家を自力で造り上げ，家族 4 人の全身像が描かれた。

家造りは続き，「お家造りたいなあ」と何度も言った。家を求める気持ちの切実さが感じられた。筆者に手伝わせて大きな家を造った。

最終近くの回，本児は，自分と父の全身像を画用紙 1 枚ずつに描き，筆者に壁に貼らせ，「パパと○ちゃんだけがお家に居る。ママは病気なの。病気で病院に居る。ずっと病気，パパと○ちゃんだけ」と言った。

しかし，この回の終りに「○ちゃんの家」と，小型の箱積木を使って小さいながらも自力で家を造り上げ，そこに，パパ，ママ，○ちゃん，きょうだいが居る

と言って，その後，きょうだいと母の全身像を「おかあさんは難しい，お帽子，紐がついている」と描き，４人並べて壁に貼った。４人の人物画は，本児の知的能力の高さを示していた。住むべき家が出来上がり，家族がその位置を得たことが感じられた。

最終回，本児は汚れることを気にせず，床を水浸しにし，「はだし」と大喜びで水を触った。終了時間を伝えても，「もっとたくさん遊ぶ」と三輪車に乗り，「出発」と部屋から出ようとした。今日でおしまいであることを改めて告げると,「先生は？」と訊ねた。〈先生はここに居る〉「おかあさんは？」〈○ちゃんとおかあさんは一緒に帰るの〉「お父さんは？」〈お父さんはお家に居る〉「Ｂくんも？」。筆者にはＢくんが誰だかわからない。退室後に，Ｂくんとは，最近，本児が親しく遊ぶようになった男児であることを知り，外の世界に友人ができたことを嬉しく思った。

１年後のフォローアップ

小学校に入学し，１年生終了後に報告に来所。喜んで通学しており，教師との個人的な関わりを求めることは多いが，成績もよい評価をもらっていた。

４．本遊戯療法過程が明らかにしたこと

本遊戯療法過程においては，初期には,「象徴表現以前の遊び」がなされていたが，本児自ら「鏡像遊び」を創出することによって，身体像の対象化が可能となって，自己の確立が生じた。この過程に並行して，言葉においても，一音から，一語文，多語文，そして「私」という主語が生まれた。それとともに，本児の感じている現実世界が「象徴的」に表現され，胎児まで退行して生まれ直す「象徴遊び」がなされた。

こうした自己の存在や現実世界の認識は，本児に強い不安をもたらした。クライン（1957）によれば，不安には，精神病圏の「迫害不安」と神経症圏の「抑うつ不安」の２つの水準があるが，自閉スペクトラム症の状態の子どもたちの遊戯療法においては，自己の確立がなされるときにこれらの強い不安が生じてくる。本児も，第２期には，他児に対する強い「迫害不安」が生じたが，全く退行することによって乗り越え，第３期に，罪悪感に基づく「抑うつ不安」が生じた。このような困難な過程を経るには，子どもの遊びの主体性と継続性が確実に守られることが重要になるのである。

最終回近くに描かれた全身像は，本児の知的能力が平均以上に成長したことを示すものであったが，遊戯療法では，遊びの表現において，子どもの持てる能力とその成長過程のアセスメントを可能にする。本遊戯療法における遊びの展開は，

子どもの成長過程と整合性があることを示すとともに，成人の根底にある人間存在の原初的不安の理解をも可能にするものと言えよう。

また，遊戯療法の進行に伴って，家での状態にも退行や母子関係の顕著な変化が生じた。遊戯療法の体験は現実の場での母との関係に還元されるのであって，子どもは，遊戯療法から力を得て，環境を変えるにも至るのである。

Ⅳ　臨床心理学における非言語的アプローチの意義

前世紀末からの遺伝子解析研究や脳科学の画期的な進歩は，遺伝子や脳を固定的なものとする考えの根本的な誤りと人間の生物学的な基盤の多様性と柔軟性を明らかにした（伊藤・津田，2015b；伊藤，2017）。このことは，本章で取り上げた子どもに生じた成長の根拠を裏打ちするものであろう。

本章では，非言語的アプローチの本質的な意義を示すために，遊戯療法の事例を取り上げた。今日，世界中で悲惨な出来事が起こっているが，それは，人間の心の深奥にある不安を受け止める関係性がないために，原初的不安が外的世界に現われ出てきたことによると考えられる。遊戯療法の場において，子どもの主体的な遊びの表現が守られ，共有されるとき，心身の成長が生じること，また，成人の心身症やうつ状態等の心理療法の困難例に対して，箱庭療法や描画療法等の非言語的アプローチが貢献することを示した。こうした知見が，現代社会に重要な認識をもたらすことを切に期待する。

最後に，産科医療の進歩により，本児のように周産期等に生命の危険があった子どもの誕生が増加している現代社会において，子どもに対して，自己の基盤としての身体の次元への非言語的アプローチが，一層，重要になっていることを強調しておきたい。

◆学習チェック表

□　非言語的アプローチに生じるイメージの理論的背景について理解した。
□　遊戯療法において子どもの主体的な遊びを守ることの意義を理解した。
□　非言語的アプローチにおける表現は，心の状態のアセスメントを可能にすることを理解した。

より深めるための推薦図書

Axline, V. M.（1947）*Play Therapy.* Houghton Mifflin.（小林治夫訳（1972）遊戯療法．岩崎学術出版社．）

伊藤良子（2017）遊戯療法―さまざまな領域の事例から学ぶ．ミネルヴァ書房．
河合隼雄編（1969）箱庭療法入門．誠信書房．
Klein, M.（1957）*Envy and Gratitude.* Tavistock Publications.（松本善男訳（1975）羨望と感謝．みすず書房．）

文　献

Freud, S.（1915）*Das Unbewußte.* Imago Publishing.（井村恒郎・小此木啓吾訳（1970）無意識について．In：フロイト著作集６．人文書院，pp.87-113.）

Freud, S.（1920）*Jenseits des Lustprinzips.* Imago Publishing.（井村恒郎・小此木啓吾訳（1970）快感原則の彼岸．In：フロイト著作集６．人文書院，pp.150-194.）

Jung, C. G.（1933）*Die Beziehungen zwischen dem Ich und dem Unbewnβten.* Zürich.（野田倬訳（1982）自我と無意識の関係．人文書院．）

伊藤良子（1984）自閉症児の〈見ること〉の意味―身体イメージ獲得による象徴表現に向けて．心理臨床学研究，1(2); 44-56.

伊藤良子（1985）子どもの心的世界における「父」と「母」―ことばをもたらすもの．In：日本心理臨床学会編：心理臨床ケース研究３．誠信書房，pp.21-36.

伊藤良子（1988）箱庭療法．In：山中康裕・山下一夫編：臨床心理テスト入門．東山書房，pp.144-167.

伊藤良子（2007）感情と心理臨床．In：藤田和生編：感情科学．京都大学術出版会，pp.307-330.

伊藤良子（2015a）精神力動的精神療法／心理療法．精神科治療学 増刊号 Vol.27 ―気分障害の治療ガイドライン，星和書店，pp.211-214.

伊藤良子・津田正明編（2015b）情動と発達・教育―子どもの成長環境．朝倉書店．

伊藤良子（2017）現代社会における心理臨床の意義―遺伝子解析研究と脳科学研究の進歩から見えて来ること．京都大学大学院教育学研究科心理教育相談室紀要，44; 13-16.

角野善宏（2004）描画療法から観たこころの世界―統合失調症の事例を中心に．日本評論社．

河合隼雄（1967）ユング心理学入門．培風館．

Kalff, D. M.（1966）*Sandspiel.* Erunst Klett Verlag.（大原貢・山中康裕訳（1972）カルフ箱庭療法．誠信書房．）

Klein, M.（1957）*Envy and Gratitude.* Tavistock Publications.（松本善男訳（1975）羨望と感謝．みすず書房．）

Lacan, J.（1966）*Ecris.* Seuil.（宮本忠雄訳（1972）〈わたし〉の機能を形成するものとしての鏡像段階．In：エクリⅠ．弘文堂，pp.125-134.）

Mannoni, M.（1967）*L'enfant sa "maladie" et les Autres.* Seuil.（高木隆郎・新井清訳（1975）症状と言葉．ミネルヴァ書房．）

水島恵一（1990）イメージと人間―その多様性．現代のエスプリ，275; 221-227.

門馬綾（2017）高齢者における遊戯療法．In：伊藤良子編：遊戯療法―様々な領域の事例から学ぶ．ミネルヴァ書房，pp.213-226.

Sifneos, P. E.（1973）The prevalence of alexithymic characteristics in psychosomatic patients. *Psychotherapy and Psychosomatics,* 22; 255-262.

山中康裕（1990）交互なぐり描物語統合法．現代のエスプリ，275; 93-103.

Zulliger, H.（1951）*Heilende Kräfte im kindlichen Spiel.* Erunst Klett Verlag.（堀要訳（1978）遊びの治癒力．黎明書房．）

第14章

身体的アプローチ

松木　繁

Keywords　心身相関，自律神経系の調整，精神分析学，ストレス学説，逆制止理論，動作，身体論，トラウマ治療

I　身体的アプローチの定義

身体的アプローチとは，「からだ」への何らかの働きかけを通して，「こころ」と「からだ」をつなぐキーコンセプトを生理学的観点，臨床心理学的観点などを含めた全体論的（ホリスティックな）立場から解き明かし心理療法に貢献しようとするアプローチの総称である。

それゆえ，身体的アプローチには，条件反射学説やストレス学説に基づく心身相関の捉え方，また，精神分析学派の貢献による心と体の精神生理学的関係の実践的・臨床的な解明が基本的な考え方の中にある。一方で，「からだ」を扱うことを基本にする身体的アプローチの背景には，理論よりも実感的な体験を重視する日本的・東洋的な文化的背景もあり，それを基にした「心身一如」を体現する臨床実践も行われており，西洋的な身体論と東洋的な身体論とが渾然一体となって展開しているというのが現状である。

西洋における心身二元論からの発想で扱う「身体」と，東洋における心身一元論で扱う「からだ」では背景の哲学・思想に大きな違いがあり，それをここで一つにまとめて論じることには多少無理があると考えられるので，本章では，心身相関の観点，エビデンスの観点から身体的アプローチの各技法の紹介を中心に，それらの技法が心理療法にどのような貢献を果たしているかに焦点を合わせて述べることとする。

II　身体的アプローチの歴史

1．心身相関研究の歴史と身体的アプローチ

身体的アプローチの歴史は，遡ってみると，「からだ」を自然の中の一部として円環的に捉えていた東洋思想の中に早くから深く根付いていたと考えるのが妥当である。それは，仏教の修行としての座禅やヨガ，瞑想などが「からだ」をベースにした実体験をもとに成り立っているからである。それゆえ，こうした種々の技法も臨床心理学的な身体的アプローチの一方法として位置付けておくことも重要だと考えられる。

近年，第三世代の認知行動療法として注目されている「マインドフルネス低減法」も，実は，カバット・ジン（Kabat-Zinn, J., 1990）が「ヴィパッサナー瞑想」を実践する中で得た体験を科学的な根拠をもとに体系化したものである。これは，東洋の経験的英知が臨床心理学分野においても身体的アプローチとして意義あるものとして実証されたものである。

しかしながら，身体的アプローチが科学的に実証可能な身体的アプローチとして認知され，心理療法に貢献するきっかけとなったのは，フロイト（Freud, S.）が精神分析理論の体系構築の中で心と体の精神生理学を臨床的に実証したことによる。また，その後の行動科学的な研究によって条件反射学説ならびにストレス学説が発展したこと等により心身相関の考えが定着したことも深く関係している。そのため，身体的アプローチの歴史も心身相関研究の歴史とあいまって系統的に考えることが重要である。

まず，精神分析学についてだが，フロイトは，シャルコー（Charcot, M.）の下でヒステリー患者（今の診断基準では，身体症状症および関連症群や解離症群）への催眠療法の臨床実践を行い，その成果をブロイアー（Breuer, J.）とともに『ヒステリー研究』（Breuer & Freud, 1895）として著し，それをもとに精神分析学を体系化した。こうした精神分析学派の貢献により，心理的なストレスの身体反応に及ぼす影響に関する精神力動的な検証が臨床的に行われ，心理的要因（特に，心的外傷体験）が患者の症状形成に深く関与していることが証明され，心身相関の観点が切り開かれた。

その後，ストレス学の父と言われるセリエ（Selye, H., 1936）が，ストレス反応を生理学の領域で観察可能な生理学的現象として実証し，ストレスを「汎適応症候（GAS; general adaptation syndrome）」として示し，「それらの反応は視床下

部ー下垂体ー副腎系のホルモン分泌を介して生ずる」というストレス学説を打ち立てた。このことが心と体の相互関係を解明し研究を推し進める大きな原動力となった。また,「ホメオスタシスの概念」を提唱したキャノン（Cannon, B., 1963）が「犬のほえ声に反応する猫の情動変化を闘争ー逃走反応として交感神経系の機能亢進（アドレナリンの分泌）のメカニズムが生じるとした」研究なども，人にストレスが加わった際の自律神経系の働きを明確にした点で大きな貢献がある。

同時期に，ジェイコブソン（Jacobson, E., 1938）は条件反射学説による逆制止理論を応用することで心理的要因によって生じた不安を低減させる訓練法を「漸進的筋弛緩法」と名付けて身体的アプローチとして心理療法に適用させた。この方法は条件反射による「拮抗条件づけ」の原理を利用しているもので，後に，ウォルピ（Wolpe, J., 1958）による「系統的脱感作法」にも応用されている。

このような流れで，身体的アプローチは，精神分析学派の貢献と，条件反射学説，ストレス学説に基づく生理学レベルでの実証的研究成果が，あいまって展開していった。

さらに，こうした研究成果の積み重ねが，より医学的・臨床的な観点から整理され, アレキサンダー（Alexander, F., 1950）によってストレス関連の身体症状が実証的に示され心身相関の考え方がより深まった。アレキサンダーは，自律神経反応論による身体疾患と性格や心理社会的要因との関連に関する研究を展開し，心理的ストレスが身体症状に与える影響について臨床の観点から詳細なデータを示した。彼はそれらを “Seven Holy Disease”[注1]と称して心身症の解明に大きく貢献した。心身医学の祖と言われるゆえんである。こうしたストレスと自律神経系の機能，そして，身体症状との関連が明確になるにつれ身体的アプローチは，主に，自律神経機能の調整を図る目的で実践されることが多くなっていった。

心理学領域におけるストレス学説は，ラザルスら（Lazarus, R. S. & Folkman, S., 1984）の示した「心理社会的ストレスモデル」によって, ストレッサーに対する認知的評価の修正と,「情動焦点型ストレス対処」「問題焦点型ストレス対処」を行うことによってストレス反応への対処が可能であることを示した。「情動焦点型対処」の多くはリラクセーション法を中心とした身体的アプローチが主たる対処法として紹介されている。

このように，身体的アプローチの実際は，条件反射学説および生理学・心理学に基づくストレス学説など，行動科学に基づいた実証的なアプローチが主に展開

注 1）甲状腺機能亢進症，本態性高血圧，消化性潰瘍，潰瘍性大腸炎，気管支喘息，関節リウマチ，神経性皮膚炎の 7 つ（本シリーズ 21 巻「人体の構造と機能及び疾病」参照）。

していくのだが，一方では，先述のように，座禅，ヨガ，瞑想などの手法を使って実践されていた。しかし，科学的な検証がなされていないため，エビデンスのあるアプローチとしての位置づけは得られていない。「マインドフルネス低減法」が科学的に実証され，体系化されたように，日本・東洋の英知が臨床心理学の分野でも整理されることが望まれるところである。

2．哲学における身体論と身体的アプローチ

一方，ヨーロッパにおいて，身体的アプローチの基盤になる心身相関が盛んになった背景には，哲学における身体論の発展の影響が大きい。実存主義の観点から，「意識と身体は一体なのか，分離しているのか，互いに無関係なのか，あるいは相互に影響を与えているのか」という疑問を投げかけたのはフランスの哲学者メルロ・ポンティ（Merleau-Ponty, M.）である。彼の「身体」を重視する思想は，これまで身体と精神を分けて捉えていた西洋哲学に大きな影響を与えた。紙面の都合で詳細には触れられないが，彼の主著の『知覚の現象学』（1945）では，心身相関の考え方を哲学の立場で論じている。それを受けて，日本では，『身の構造』（1984），『精神としての身体』（1975）を著した市川浩などが身体論に基づく哲学的思考を進めている。

III　身体的アプローチの実際と臨床的効果，エビデンス

1．拮抗条件づけに基づく身体的アプローチ

①漸進的筋弛緩法（progressive muscle relaxation）

漸進的筋弛緩法は，筋肉の緊張と弛緩を繰り返し行うことにより身体のリラックスを得て，結果としてストレスに伴う不安や緊張を低減させて自己コントロールできるようにするための身体的アプローチである。

具体的には，身体各部位の骨格筋を足先から順に数秒間，緊張させ，その直後に脱力して弛緩させ，その部位の力が抜けリラックスしている感じを味わう方法である。身体の各部位の緊張と弛緩を繰り返しながら，身体全体のリラクセーションを得ていくことをねらいとしている。ただし，ジェイコブソンによる原法では，セッション数が多くそれにかかる時間も長くかかるため，近年はその簡便法が用いられることが多い。参考のために，「簡便法」（表１）を示しておく。

②系統的脱感作法

表1　漸進性筋弛緩法（簡便法）（山本，2015）

1．基本動作（どの部位も共通） 10秒間力を入れる。→一気に力を抜き，その感覚を20秒間感じる
2．部位ごとの力の入れ方 ①手…両腕を伸ばし，親指を曲げて握りこぶしを作り，10秒間力を入れる。→脱力（20秒間） ②上腕…握りこぶしを肩に近づけ，曲がった上腕全体に10秒間力を入れる。→脱力（20秒間） ③背中…②と同様に曲げた上腕を外に広げ，10秒間肩甲骨を引きつける。→脱力（20秒間） ④肩…両肩を上げて，首をすぼめるように肩に10秒間力を入れる。→脱力（20秒間） ⑤首…右側に首をひねって10秒間力を入れる。左側も同様に。→脱力（20秒間） ⑥顔…口をすぼめ，奥歯を噛みしめて顔全体を顔の中心に集めるように10秒間力を入れる。→脱力（20秒間。ゆるめたときは，口がぽかんとした状態になるように） ⑦腹部…おなかに手を当て，その手を押し返すように10秒間力を入れる。→脱力（20秒間） ⑧足の下側・上側…つま先まで足を伸ばし，足の下側の筋肉に10秒間力を入れる。足を伸ばし，つま先を上に曲げて，足の上側の筋肉10秒間力を入れる。→脱力（各20秒間） ⑨全身…①～⑨を一度に10秒間緊張させ，力をゆっくりと抜いて，その感覚を20秒間感じる。

※なお，力を入れているときも抜いたときも，その部位の感覚をじっくり味わうことが大切。とくに，力を抜いたときの，じんわりとゆるんでポカポカとあたたかくなる感じを味わう。

ウォルピによって開発された系統的脱感作法（Wolpe, 1958）も，逆制止理論に基づき不安の低減を図る心理臨床技法として不安症群等の治療に適用され効果をあげている。ジェイコブソンの漸進的筋弛緩法によるリラクセーションを不安低減のための方法として利用している点からも身体的アプローチの一方法として紹介しておく。

系統的脱感作法では，最初に，不安を引き起こす対象に関する刺激を不安の程度の低いものから高いものを順に並べた不安階層表を作成し，不安の低いものから順に，直接的に，もしくはイメージを使って不安場面に直面させ，その際に生じる不安－緊張に対して，逆制止の形で弛緩感の獲得－不安の低減を段階的に順次繰り返すことで不安を低減させる（本巻6章参照）。

2．自律神経系の調整を目的とした身体的アプローチ

①催眠誘導過程での意識集中に伴うリラクセーション効果

身体的アプローチの観点から，催眠誘導過程に伴う意識の集中がもたらすリラクセーション効果について触れておきたい。催眠誘導過程での意識の集中は，自律神経系の調整機能を高め，特に副交感神経系優位な状態を作り出すため，不安や恐怖などに伴う過緊張（交感神経系の興奮状態）を緩和させ，不安の低減効果に役立っている。具体的には，呼吸・脈拍の安定，四肢の重・温感の獲得，腹部温感の獲得，全身の弛緩感と覚醒時の額涼感などが主な効果である。つまり，催

眠状態そのものにリラクセーション効果を促進させる要因が内包されている。

催眠療法は未だに偏見や誤解を持たれることが多いが，2018年の国際学会において，治癒機制に関する世界的な共通のコンセンサスも得られ，脳科学的な実証研究も進められており，過敏性腸症候群治療や慢性疼痛治療においては治療ガイドラインに推奨されている。また，心理療法としての催眠療法の意義については，松木（2017），田中・鶴・松木（2020）によって示されている。

②自律訓練法

自律訓練法とは，シュルツ（Schultz, J., 1932）によって開発された技法で催眠をかけられた時と同じ状態になるように合理的に組み立てられている生理学的訓練法である。シュルツはフォークト（Vogt, O.）が行なった睡眠と催眠との関係についての神経病理学的研究を受けて，催眠と暗示の可能性について研究し，自己弛緩をもたらすための，身体感覚を中心とした一連の自己暗示を段階的に組み立てた練習法として自律訓練法を創案した。自律訓練法は，集中的自己弛緩法とも言われ，一種の自己暗示を段階的に行っていくことによって自分自身で心身のリラックスした状態を得て，健康の回復，維持，増進を図っていく身体的アプローチの代表的な方法である。その後，ルーテ（Luthe, W., 1970）によって自律性除反応という概念によって自律神経系の調整に役立つことが示され，治療法としての自律訓練法が体系化された。

方法は，椅子座位ないし仰臥位で，目を閉じて，ゆったりとした姿勢をとり，「気持ちが（とても）落ち着いている」という基本公式をこころの中でくり返す。この公式は背景公式とも呼ばれ，そのあとの標準練習公式においても最初に必ず入れられる。

自律訓練法を習得するコツは「受動的注意集中」という心的状態を作ることが重要である。「受動的注意集中」という心的状態は，“意図的努力を排し，受容的なさりげない注意を向ける”という状態である。つまり，“気持ちを落ち着かせる”のではなく，“気持ちが落ち着く”，“気持ちが落ち着いてくる”のでもない。あくまでも，単に「気持ちが落ち着いている」という言葉かけだけで行うものである（佐々木，1976）。

自律訓練法には，標準練習以外にも黙想練習や特殊練習があるが，心療内科や精神科での補完的な治療として，また，心理療法などで使用される場合には，主に，標準練習が使われている。心療内科領域の疾病や心理的・精神的障害の治療・援助法，さらには，健康法，予防法として広く用いられている。標準練習の手順

表2　自律訓練法（標準練習）の実際

基本公式（安静練習）	「気持ちがとても落ち着いている」
第1公式（重感練習）	「両腕・両脚が重い」
第2公式（温感練習）	「両腕・両脚が温かい」
第3公式（心臓調整練習）	「心臓が静かに規則正しく打っている」
第4公式（呼吸調整練習）	「らくに息をしている」
第5公式（腹部温感練習）	「おなかが温かい」
第6公式（額涼感練習）	「額が心地良く涼しい」

は表2に示したので参考にされたい。

③日本的・東洋的思想に裏付けられた身体的アプローチ

日本的・東洋的思想に裏付けられた「行」の中で行われているアプローチを心理療法における身体的アプローチの中に含みこんで良いものかは議論を要するところだが，実際には，種々の身体的なアプローチを講じて自律神経系の調整を図っている点では身体的アプローチとして位置付けておくのが適切と考えられる。先にも少し触れたように，第3世代の認知行動療法と位置づけされているマインドフルネス（本巻6章参照）は，その方法を実施する際に「身体感覚」をマインドフルな心的構えによってフィードバックしつつ心身の調整を図るという点では，身体感覚をアプローチの第一段階として据えている技法として位置付けられる。また，座禅においても呼吸の調整を「数息観」を通して行う点，ヨガにおいては有酸素運動を基調にした身体の動きに合わせて心身の調整を図るなど，基本的な練習方法として身体的アプローチが組み入れられており，それ自体が身体的アプローチを通した健康法や予防法として役立っている。

ただし，先述のように背景の思想としては「心身一元論」に根差しているので，単に生理学的な意味づけだけでの「身体」とは考えない方が良い。

3．日本で独自に開発された身体的アプローチ：臨床動作法

臨床動作法（本書コラム「日本生まれのセラピー③臨床動作法」参照）は，成瀬（2009, 2016）によって，日本で独自に開発された身体的アプローチによる心理療法である。言葉ではなく動作体験を主に面接の媒体とすることで，クライエントに内省を促したりせずに進めていくが，動作改善による体験様式の変化（特に，体験の仕方の変化）によって，さまざまな心理的課題に対して変化をもたら

すため，比較的短期に主訴が改善され効果をあげている。

動作法は当初は，小林（1966）らが脳性マヒ児に催眠適用した際に肢体不自由の改善が得られたことをきっかけに成瀬らとの研究により促進されたものであり，それらは後に「動作訓練法」として発展した。さらに，成瀬（2009）の「動作」に対する基本的な考え方である，「ひとは生まれながらにからだを動かしながら生きる存在であり，日常の諸活動は全て動作により成り立っている。そして，この動作は自分でからだを動かす現象であるから，意識的・無意識的な心理活動と一体的なものである」（鶴，2020）という考えから，動作法は心理療法を含むさまざまな援助技法にも適用され，心理療法の代表的な身体的アプローチとしての「臨床動作法」として体系化された。

具体的な動作法では，腕上げ，躯幹ひねり，軸つくり（たて系動作課題）等々，幾つかの動作課題があり，それぞれの動作課題を自分の身体と向き合いながら，時には援助者（トレーナー）の支持的な援助を受けながら，自己治療的に動作課題を達成していく。

動作による自己治療的体験は，意識的な活動より無意識的な活動に依っているところが多いが，その無意識的な活動に内省的に焦点を合わせるのでなく，あくまでも，動作の改善を目指すところが身体的アプローチたるゆえんである。その点から言うと，動作法は，「動作」を主たる道具とする心理臨床活動であり，治療セッションにおける動作体験を通して，クライエントの日常の生活体験のより望ましい変化を図る心理療法と言える。

4．心的外傷体験に伴うトラウマ処理を目的とした身体的アプローチ

① EMDR

EMDR（Eye Movement Desensitization and Reprocessing；眼球運動による脱感作と再処理法）は，シャピロ（Shapiro, F., 2001）によって開発されたPTSD（心的外傷後ストレス障害）治療のためのエビデンスのある身体的アプローチである。

日本EMDR学会のHPの記述によると，「EMDRは，適応的情報処理（AIP）」というモデルに基づいており，その過程は，

①生育歴や病歴の聴取。
②準備：治療者との関係性を形成。肯定的な記憶の活性化や安定化をはかる。
③アセスメント：ターゲットとなる出来事の同定，否定的な認知や肯定的な認知の同定。
④脱感作：記憶の再処理，過剰や過小アクセスへの戦略をねる。

⑤植え付け：より好ましい肯定的認知を植え付ける。
⑥ボディスキャン：身体面の不快な感覚の処理。
⑦終了：安定した状態で終了できるようにする。
⑧再評価する。

の８段階と，

①病状の土台となる過去の出来事。
②障害が生じている現在の状況。
③適切な将来の行動に向けての未来の鋳型。

の３分岐の過程で構成されており，それが健常な情報処理，統合の再開を促す。「この治療アプローチでは，過去経験，現在の引き金，未来の潜在的挑戦をターゲットにし，現在の症状を緩和し，苦痛な記憶からストレスを減じたり，除いたりし，自己の見方が改善し，身体的苦痛から解放され，現在と未来の予測される引き金が解決する」とされている。

脱感作段階で行われる，治療者による眼球運動や他の両側性の刺激は，脳を直接的に刺激し，脳が本来持っている情報処理の過程を促進させ，トラウマによる情報処理の不具合を調整し，記憶の再処理，否定的認知の修正が行われる脳科学に基づく合理的で実証的な身体的アプローチである。EMDR は専門的な指導者によるトレーニングを受けることが必須であり，また，PTSD 症状に対する専門的教育を受けた医師や心理職であることが求められる。

② SE（Somatic Experiencing；ソマティック・エクスペリエンシング）

SE は，ラヴィーン（Levine, P., 2010）が開発した身体の感覚を通じてトラウマ解消をめざす安全で自然な身体的アプローチによるトラウマ治療法である。SE の根底にある考え方は，ポージェス（Porges, S., 2017）の「ポリヴェーガル理論」による，画期的な自律神経系機能の神経学的な発見に基いている。それによると，副交感神経系は腹側迷走神経系と背側迷走神経系に分かれており，自然界での動物の生命に関わる緊急時に防衛的に起こすフリーズ状態と同様に，人もトラウマティックな出来事に際してフリーズを起こし，その際に閉じ込められたエネルギーも神経系の中に閉じ込められ，さまざまなトラウマ症状として表現されるという。

SE による治療は，身体感覚に焦点をあてた気付きを通して過覚醒状態によるエネルギー解放を目的としている。そうしたエネルギーの解放によって，哺乳類以降の動物に本来備わっている「社会交流システム」の活性化が得られ，自己調整する力も回復するという考え方に基づいている。より基本的な身体感覚に焦点をあてることによって自律神経系の調整を図り，心理的側面における症状に対する自己コントロール力を回復させる。トラウマによって調整不全を起こした心身の反応に対して効果的な方法である。

③タッピングタッチ

タッピングタッチ（中川, 2012）も身体に対して両側的な刺激を与えることで脳を直接的に刺激し，脳が本来持っている情報処理の過程を促進させることを通してトラウマによる心理療法を行うという意味では，EMDR と同様の治癒機制を持つ身体的アプローチによる心理療法と言えるのだが，EMDR とは異なり，本来的にセルフケアを中心に据えて自身による自己回復をもたらすという意味では，より日本的・東洋的な思想に基づく身体的アプローチとして位置付けるのが良いかもしれない。

セルフケアを中心に据えているので，いつでもどこでも自己治療の役割を果たし，自然災害による被災地での被災者の心のケアや高齢者の介護ケアなどにも役立っている。人のレジリエンスを育むという，その人間観や自然観はホリスティックな身体的アプローチと位置付けても良いのかもしれない。

Ⅳ　身体的アプローチの今後の課題

ここまで，主に，エビデンスに基づく条件反射学説やストレス学説の研究に裏打ちされて発展してきた身体的アプローチを中心にその歴史と実践の実際をふり返った。最後に，身体的アプローチの今後の課題について触れておきたい。

本書の目的として，エビデンスが明確であることが求められているため，もっぱら臨床適用に関してもエビデンスの明確なものを中心に取り上げたが，第Ⅰ節でも述べたように,「からだ」を扱うことを基本にする身体的アプローチの背景には，理論よりも実感的な体験を重視する日本的・東洋的なアプローチも多く，実際のところは，日常生活における健康法，予防法では，そうしたアプローチの方が一般には好んで使われていることの方が多いという現状がある。

しかしながら，「マインドフルネス低減法」がそうであるように，日本的・東洋

的なアプローチには，臨床効果としては高いと認められるものであっても科学的な実証性が乏しいために医学・心理学の臨床の世界では適用されていないものの方が多い。今後，こうしたアプローチ法の実証的研究がさらに進められて臨床効果のより高いアプローチとして認知されていくことが重要だと考えられる。

◆学習チェック表
- □　心身相関について説明できる。
- □　身体的アプローチと条件反射学説，ストレス学説との関係について説明できる。
- □　自律神経系の働きとその調整方法について説明できる。
- □　トラウマ治療における身体的アプローチの意義について説明できる。
- □　身体の捉え方の西洋と東洋の違いについて説明できる。

より深めるための推薦図書

Kabat-Zinn, J.（1990）*Full Catastrophe Living: Using the Wisdom of Your Body and Mind to Face Stress, Pain, and Illness.* Dell Publishing.（春木豊訳（2007）マインドフルネスストレス低減法．北大路書房.）

神田橋條治（2019）心身養生のコツ．岩崎学術出版社.

松木繁（2017）無意識に届くコミュニケーション・ツールを使う—催眠とイメージの心理臨床．遠見書房.

中川一郎（2012）心と体の疲れをとるタッピングタッチ．青春出版.

成瀬悟策（2009）日本の心理臨床３：からだとこころ—身体性の臨床心理．誠信書房.

文　献

Alexander, F.（1950）*Psychosomatic Medicine: Its Principles and Applications.* New York; Norton.（末松弘行監訳，赤林朗ほか訳（1997）心身医学．学樹書院.）

Breuer, J. & Freud, S.（1895）*Studien über Hysterie.*（芝伸太郎訳（2008）ヒステリー研究　フロイト全集２巻．日本教文社.）

Cannon, B.（1963）*Wisdom of The Body.* New York; Norton.（舘鄰ら訳（1981）からだの知恵—この不思議なはたらき．講談社.）

市川浩（1975）精神としての身体．勁草書房.

市川浩（1984）〈身〉の構造—身体論を超えて．青土社.

Jacobson, E.（1938）*Progressive Relaxation.* Chicago University Press.（向後英一訳（1972）積極的休養法—リラックスの理論と実際．創元社.）

Kabat-Zinn, J.（1990）*Full Catastrophe Living: Using the Wisdom of Your Body and Mind to Face Stress, Pain, and Illness.* Dell Publishing.（春木豊訳（2007）マインドフルネスストレス低減法．北大路書房.）

小林茂（1966）脳性マヒのリハビリテイション．In：成瀬悟策編：教育催眠学．誠信書房，pp.281-290.

Levine, P. A.（2010）*In an Unspoken Voice: How the Body Releases and Restores Goodness.* North Atlantic Books.（池島良子・西村もゆ子ほか訳（2016）身体に閉じ込められたトラウマ—ソ

マティック・エクスペリエンシングによる最新のトラウマ・ケア．星和書店.）
Lazarus, R. S., & Folkman, S.（1984）*Stress, Appraisal, and Coping.* Springer.（本明寛・春木豊・織田正美監訳（1991）ストレスの心理学－認知的評価と対処の研究．実務教育出版.）
Luthe, W.（1970）*Autogenic Therapy.* In: Luthe, W. (Eds): *Research and Theory IV.*（池見酉次郎監修，稲永和豊ほか訳（1971）自律訓練法第Ⅳ巻─研究と理論．誠信書房.）
松木繁（2017）無意識に届くコミュニケーション・ツールを使う─催眠とイメージの心理臨床．遠見書房.
Merleau-Ponty, M.（1945）*Phénoménologie de la perception.*（竹内芳郎・小木貞孝ほか訳（1974）知覚の現象学［全２巻］．みすず書房.）
中川一郎（2012）心と体の疲れをとるタッピングタッチ．青春出版.
成瀬悟策（2009）日本の心理臨床３：からだとこころ─身体性の臨床心理．誠信書房.
成瀬悟策（2016）臨床動作法．誠信書房.
Porges, S.（2017）*The Pocket Guide to The Polyvagal Theory: The Transformative Power of Feeling Safe.* Norton.（花丘ちぐさ訳（2018）ポリヴェーガル理論入門：心身に変革をおこす「安全」と「絆」．春秋社.）
Selye, H.（1936）A syndrome produced by diverse noxious agents. *Nature,* 138; 32-32.（杉安三郎ほか訳（1963）現代社会とストレス．法政大学出版.）
佐々木雄二（1976）自律訓練法の実際─心身の健康のために．創元社.
Schultz, J. H.（1932）*Das autogene Training: Konzentrative Selbstentspannung: Versuch einer klinisch-praktischen Darstellung.* Georg Thieme.
Shapiro, F.（2001）*Eye Movement Desensitization and Reprocessing: Basic Principles, Protocols, and Procedures.* Guilford.（市井雅哉監訳（2004）EMDR 外傷記憶を処理する心理療法．二瓶社.）
田中新正・鶴光代・松木繁（2020）催眠心理面接法．金剛出版.
鶴光代（2020）催眠から生まれた心理療法─催眠と臨床動作法．In：田中新正ほか編：催眠心理面接法．金剛出版，pp.71-73.
Wolpe, J.（1958）*Psychotherapy by Reciprocal Inhibition.*（金久卓也監訳（1977）逆制止による心理療法．誠信書房.）
山本晴義（2015）筋弛緩法でからだをゆるめて，心もリラックス．https://kenkousupport.kyoukaikenpo.or.jp/support/02/20151009.html

森田療法

北西憲二

森田療法は1919年に森田正馬（［まさたけ，しょうまとも］1874-1938）によって創始され，世界的にその名を知られている精神療法である。その基本的な精神病理仮説は，とらわれ（悪循環）である。とらわれとは，自我異和的な体験（不安，恐怖，抑うつ，不快な観念，感覚，痛みなど）を感じた時に，それに注意が引きつけられ，取り除こうとすればするほど，苦悩がつのる状態である。これは「かくあるべし」（このような苦悩はあってはならない認識のあり方）という理想の自己に縛られ，現実の自己を受け入れられない自己のあり方を示している。

その治療原理は，東洋的人間理解に基づいている。その基本的戦略は，1）症状を操作することに治療の焦点を当てないこと，2）症状，苦悩はあるがままに受け入れていくこと，3）その人本来の生きる力（生の欲望）を発揮できるように援助すること，4）それらを通してあるがままの生き方をつかんでいくこと，である。

治療法として，「入院」「外来森田療法」がある。入院では，絶対臥褥期，軽作業期，作業期，社会復帰期の4期に分けられる。そこでの治療は治療者の不問的態度（症状の訴えを取り上げないこと），患者が不安を持ちながら，目の前の作業に取り組むという行動的体験，日々の行動を日記で記載することなどからなる。

現代では対話に基づく外来森田療法が重視されている。『外来森田療法のガイドライン』（2009）によると，治療の基本的構成要素として，1）感情の自覚と受容の促し，2）生の欲望を発見し賦活する，3）悪循環を明確にする，4）建設的な行動の指導，5）行動や生活のパターンを見直す，が示されている。

この森田療法の理解と治療戦略は，最近では，第3世代の認知行動療法と言われるアクセプタンス&コミットメント・セラピーや気づきの瞑想法であるマインドフルネスとの近似も指摘され，森田療法独自の考えと治療実践に，西欧の精神療法が近づいてきたものとして注目を浴びている。

文　献

森田正馬（1928/2004）神経質の本態と療法．白揚社．

中村敬・北西憲二・丸山晋ほか（2009）外来森田療法のガイドライン．森田療法学会誌，20; 91-103.

北西憲二・中村敬編（2005）心理療法プリマーズ　森田療法．ミネルヴァ書房．

内観療法

三木善彦

内観療法は吉本伊信（1916-1988）が開発したわが国独自の心理療法のひとつである。もともとは健康な人々の自己探究や自己啓発の方法として活用されていたが，精神的なトラブルをもつ人々の心理療法としての価値が認識されるようになり，国内だけでなく欧米や中国・韓国などにも広がっている。

内観療法ではクライエントは静かな場所にこもり，幼少期から現在までの両親をはじめ友人，配偶者や職場の人々などとの関係で経験した，①世話になったこと，②して返したこと，③迷惑をかけたこと，について年齢を区切って調べ，1～2時間おきに訪れる面接者にそのエッセンスを3～5分間で報告する。面接者はそれに耳を傾け，テーマから逸脱した報告にはそれを指摘し，ありのままの具体的な事実を見つめるように励ます。そして，日常生活でも機会を見つけて内観をするように勧める。

内観を重ねていくと，クライエントは多くの人々をはじめ，天地自然の力によって「生かされている自分」を発見し，それにもかかわらず多大な迷惑をかけてきた「自己中心的」な存在であったことを洞察し，「して返すことの少なかった」自分もこれからは積極的にこの世界に寄与したいという姿勢へと転換する。

村瀬孝雄（1996）は心理療法の本質を論じて，「心理療法の真に治療的変化を引き起こすのは，自己像とそれへの関わり方が，硬化し限定され，しばしば歪められている状態が，より柔軟で自由かつ的確なあり方へと変容していく過程なのである」と述べているが，内観後，対人関係が柔軟になり，人生を楽しんでいる事例に接すると，その思いを深くする。もちろん，事例に応じて他の心理療法の技法を併用する柔軟性も必要である。また，最近はマインドフルネスなど瞑想法との関連で内観療法にも光が当てられるようになっている。

文　献

三木善彦（1976）内観療法入門―日本的自己探求の世界．創元社．
三木善彦・真栄城輝明・竹元隆洋編（2007）内観療法．ミネルヴァ書房．
村瀬孝雄（1996）内観理論と文化関連性―自己の臨床心理学3．誠信書房．
重松，スティーヴン・マーフィ（坂井純子訳，2016）スタンフォード大学マインドフルネス教室．講談社．［7章「感謝」で内観を内省の一方法として紹介し，技法に取り入れている］
吉本伊信（1983）内観への招待―愛情の再発見と自己洞察のすすめ．朱鷺書房．

コラム　日本生まれのセラピー③

臨床動作法

鶴　光代

臨床動作法は，今から50数年前の1960年半ばに，日本で生まれた心理援助法である。今日，日本のみでなく，韓国，中国，タイ，マレーシア，インド，ベトナム等々の諸外国でも行われている。開発者の成瀬悟策（1924-2019）は，ひとは生まれながらにからだを動かしながら生きる存在であり，日常の諸活動はすべて動作により成り立っているとした。そして，この動作は自分でからだを動かす現象であるから，意識的・無意識的な心理的活動と一体的なものであるとした。ゆえに，思い通りに生きているか，それとも生きづらさを抱えているかは動作に現れ，からだの動きの快調感ないしは不調感として体験されることを明らかにした。

臨床動作法は，心理的な苦悩や問題を抱えているときは，からだもきつくてだるい感じとなり，動作は円滑さを欠くことになるので，その心理的援助を動作の側面から行おうとするものである。つまり，緊張やストレスから硬く固まって動かし難くなっているからだを自ら少しずつ動かしなら弛めていき，滑らかで的確な動作へと変えていく自己活動のプロセスを通して，心理的活動も柔軟でかつ確かなものになるという援助理論によっている。

「動作法」とは動作への介入技法そのものを指し，それを用いて実験的研究をなす場合を実験動作法といい，動作法を広い意味での臨床的援助に用いる場合を臨床動作法という。後者には，心理療法としての動作療法をはじめ，動作訓練法，教育動作法，災害・被害支援動作法，高齢者動作法，赤ちゃん動作法，健康動作法等がある。

動作療法では，たとえば，統合失調症の人で，「早くしなさい，のろまは人間失格」などのはっきりとした幻聴が，ギクシャクした動作がスムーズで確かになってくるにつれて，「からだが楽」「からだがよく動く」へと変わり，「声（幻聴）が小さくなった」「何か言っているけど相手にしない」「気にしない」「忘れている」と移っていく現象が見られたりする。そこには，動作を通した現実感，自己主体感，自己統制感の回復が見られる。

文　献

成瀬悟策（2016）臨床動作法．誠信書房．

鶴光代（2017）動作療法．In：原田誠一編：外来精神科診療シリーズ　精神療法のわざと工夫．中山書店，pp.102-108.

索　　引

あ行
アイゼンク　21, 29, 31, 78, 84
医学モデル　34, 36, 116, 154, 161, 162
一次予防　154, 159
イメージ　27, 62, 64, 66-74, 76, 77, 81, 85, 95, 106, 107, 112, 115, 164, 167-171, 178, 179, 185, 191
ウィトマー　21, 22, 30, 32
ウォルピ　21, 28, 78, 183, 185
SST　76, 140, 142, 146, 149
エビデンスに基づく実践（EBP）　30, 31, 33, 34, 36-39, 42, 43
エビデンスに基づく治療（EBT）　33, 37-39, 43, 44
エンカウンター・グループ　90, 93, 95, 140, 141, 147, 150, 153
オースティン会議　154, 157, 160
オールタナティヴ・ストーリー　113, 122

か行
解決志向　99, 106, 112
介入のレベル　154, 163
科学者－実践家モデル　25, 30, 33-35, 39, 40, 42-44, 46, 86
家族アセスメント　99, 106-108
家族ライフサイクル　99, 100
葛藤の三角形　49, 57, 58
関係論的精神分析　49, 53
機能分析　76, 80, 81, 87
技法折衷主義　127-129, 131
逆制止理論　181, 183, 185
凝集性　107, 140, 143, 151
共通要因　127, 128, 131, 134-137, 139, 143
グラス　21, 29, 31
グループ・アプローチ　140-144, 146-153
クレペリン　11, 21, 25
ケースフォーミュレーション　60, 76, 83, 84, 87
結合　62, 71-74, 107
研究者の思い入れ効果　127
現象学的　88, 90, 96, 168
行動療法　5, 16, 27-29, 32, 63, 76-81, 83, 86, 87, 96, 129, 131, 132, 134, 135, 149, 182, 187, 193
行動論・認知論的アプローチ　28, 76, 78, 79, 82, 84-86, 63
公認心理師　4, 5, 11, 17-20, 25, 30, 35, 37, 39-42, 56, 59, 152
言葉　22, 23, 36, 50, 58, 60, 92, 93, 96, 113, 114, 119, 121-125, 161, 167-169, 171-175, 177, 179, 186, 187
コミュニティ・アプローチ　140, 152, 154, 157-165

さ行
サイコドラマ　95, 140, 149
サポート・グループ　140, 146, 148, 149, 152
三次予防　154, 159
自我心理学　27, 49, 51, 53, 54, 57
自己関係　62-67, 69, 71-74
自己実現　11, 70, 88, 90, 91, 96
自己心理学　27, 49, 52, 53
システミック・アプローチ　63, 99, 103, 109, 110
システム　5, 43, 63, 99, 101-112, 123, 129, 134, 156, 162-166, 190
疾患と病い　113, 124
実証的アプローチ　76, 79
実証的支持のある治療（EST）　30, 31, 33, 37-39, 44
実践家－学者モデル　33, 35, 43
実存主義　88, 94, 95, 184
社会構成主義　111, 113, 118, 119, 124
社会的文脈内存在　154, 160
社会モデル　29, 30, 33, 42, 154, 162
集合的無意識　62, 64, 67, 68, 70, 71, 73, 167
集団精神療法　140-142, 146, 148, 150, 152, 153
集中的グループ経験　140, 141, 146, 152, 153
象徴　62, 69, 70, 92, 93, 167-170, 177, 179
自律神経系の調整　181, 185-187, 190
事例研究　15, 19, 40, 45, 46, 84, 167
心身相関　181-184, 191
身体的アプローチ　181-191
身体論　181, 184, 191
心理的成長　88, 90, 93, 95, 147, 151

心理療法の統合 97, 127, 130, 131, 136, 138, 139
ストレス学説 181-183, 190, 191
スミス 21, 29, 31
精神医療革命 154, 155, 164
精神分析学 53, 181-183
精神分析的アプローチ 27, 49, 53, 59, 60, 62
精神力動 5, 40, 49-61, 101, 103, 148, 179, 182
生態学的心理学 154, 162, 165, 166
生物・心理・社会モデル（BPSモデル）29, 30, 33, 34, 36, 42, 43
折衷 37, 43, 127-129, 131, 147
セルフ・ヘルプ・グループ 140, 141, 148, 149, 152
前近代 62, 72
専門職 4, 21, 23-25, 30, 31, 34-36, 40-42, 116, 150, 152, 165
戦略 99, 103, 104, 108, 112, 134, 188, 193

た行

待機モデル 154, 161
第三の勢力 88
対象関係論 27, 49, 51-54, 57
探索モデル 154, 158, 161
Tグループ 95, 140, 141, 146, 148
同化的統合 127, 130, 137
統合的アプローチ 29, 43, 127, 136-138
動作 13, 26, 65, 168, 181, 185, 187, 188, 191, 192, 195
ドードー鳥評定 29, 127, 136
ドミナント・ストーリー 113, 122
トラウマ治療 181, 189, 191

な行

内観療法 13, 194
ナラティヴ・アプローチ 113, 117-119, 121, 123, 124
二重拘束理論 99, 102, 111
二次予防 154, 159
日本心理臨床学会 11, 15-17, 20, 25, 153, 179
日本臨床心理学会 11, 13-15, 20
日本臨床心理士資格認定協会 11, 16, 166
人間性心理学 88, 89-92, 94-98, 153
認知行動療法 5, 27, 29, 63, 76-81, 83, 86, 87, 96, 134, 149, 182, 187, 193
認知モデル 76, 79-81, 87
認知療法 29, 76-82, 86, 87, 129, 134, 135

は行

パーソナリティ障害 49, 52, 54, 55, 59-61, 79, 86, 87
箱庭療法 16, 66, 69, 71, 73, 75, 167-170, 178, 179
発達障害 62, 70, 73-75, 148, 150, 163
非言語的アプローチ 66, 74, 167-169, 171, 178, 179
人と環境の適合性 154, 157, 160
人の三角形 49, 57, 58
ビネー 11, 21, 23, 25, 26
ヒューマニスティック・アプローチ 29, 63, 88
描画療法 167-170, 178, 179
フロイト 12, 21, 22, 27, 28, 31, 32, 49-57, 62, 63, 66, 78, 93, 130, 139, 155, 167, 169, 173, 179, 182, 191
分析心理学 5, 27, 28, 62, 64-69, 71, 73, 74, 118, 167, 169, 170
分析心理学的アプローチ 28, 62, 74
分離 51, 58, 62, 72-74, 105, 107, 172, 175, 184
ベール・モデル 33, 35
ボールダー・モデル 25, 33, 34, 42
ボストン会議 154, 156, 157

ま行

マインドフルネス 5, 76, 77-79, 81, 82, 85-87, 135, 182, 184, 187, 190, 191, 193, 194
無意識 31, 49, 50, 55, 62-65, 67, 68, 70-74, 88, 90, 167, 168, 170, 179, 188, 191, 195
無知の姿勢 113, 120, 124
物　語 62, 69, 70, 111, 113-118, 120, 122-126, 170, 180
物語的モードの思考 113
森田療法 12, 193
問題の外在化 113, 121, 124

や行～

遊戯療法 167-169, 171, 172, 177-179
ラベリング 113, 116, 122
リフレクティング・プロセス 113, 119, 124, 125
理論的統合 127, 129-131
臨床科学者モデル 33, 36, 43
臨床心理学の体系 4, 33, 34, 39-42
臨床心理学の定義 25, 33, 42
臨床心理士 11, 13, 15-20, 25, 158, 166
臨床動作法 13, 168, 187, 188, 191, 192, 195
ロールシャッハ 21, 27, 43, 51
ロジャーズ 12, 21, 28, 29, 63, 88-95, 97, 98, 141, 147, 152

付録
大学及び大学院における必要な科目

○大学における必要な科目
A．心理学基礎科目
①公認心理師の職責
②心理学概論
③臨床心理学概論
④心理学研究法
⑤心理学統計法
⑥心理学実験
B．心理学発展科目
（基礎心理学）
⑦知覚・認知心理学
⑧学習・言語心理学
⑨感情・人格心理学
⑩神経・生理心理学
⑪社会・集団・家族心理学
⑫発達心理学
⑬障害者・障害児心理学
⑭心理的アセスメント
⑮心理学的支援法
（実践心理学）
⑯健康・医療心理学
⑰福祉心理学
⑱教育・学校心理学
⑲司法・犯罪心理学
⑳産業・組織心理学
（心理学関連科目）
㉑人体の構造と機能及び疾病
㉒精神疾患とその治療
㉓関係行政論
C．実習演習科目
㉔心理演習
㉕心理実習（80時間以上）

○大学院における必要な科目
A．心理実践科目
①保健医療分野に関する理論と支援の展開
②福祉分野に関する理論と支援の展開
③教育分野に関する理論と支援の展開
④司法・犯罪分野に関する理論と支援の展開
⑤産業・労働分野に関する理論と支援の展開
⑥心理的アセスメントに関する理論と実践
⑦心理支援に関する理論と実践
⑧家族関係・集団・地域社会における心理支援に関する理論と実践
⑨心の健康教育に関する理論と実践
B．実習科目
⑩心理実践実習（450時間以上）
※「A．心理学基礎科目」，「B．心理学発展科目」，「基礎心理学」，「実践心理学」，「心理学関連科目」の分類方法については，上記とは異なる分類の仕方もありうる。

○大学における必要な科目に含まれる事項
A．心理学基礎科目
①「公認心理師の職責」に含まれる事項
1. 公認心理師の役割
2. 公認心理師の法的義務及び倫理
3. 心理に関する支援を要する者等の安全の確保
4. 情報の適切な取扱い
5. 保健医療，福祉，教育その他の分野における公認心理師の具体的な業務
6. 自己課題発見・解決能力
7. 生涯学習への準備
8. 多職種連携及び地域連携
②「心理学概論」に含まれる事項
1. 心理学の成り立ち
2. 人の心の基本的な仕組み及び働き
③「臨床心理学概論」に含まれる事項
1. 臨床心理学の成り立ち
2. 臨床心理学の代表的な理論
④「心理学研究法」に含まれる事項
1. 心理学における実証的研究法（量的研究及び質的研究）
2. データを用いた実証的な思考方法
3. 研究における倫理
⑤「心理学統計法」に含まれる事項
1. 心理学で用いられる統計手法
2. 統計に関する基礎的な知識
⑥「心理学実験」に含まれる事項
1. 実験の計画立案
2. 統計に関する基礎的な知識
B．心理学発展科目
（基礎心理学）
⑦「知覚・認知心理学」に含まれる事項
1. 人の感覚・知覚等の機序及びその障害
2. 人の認知・思考等の機序及びその障害
⑧「学習・言語心理学」に含まれる事項
1. 人の行動が変化する過程
2. 言語の習得における機序
⑨「感情・人格心理学」に含まれる事項

1. 感情に関する理論及び感情喚起の機序
2. 感情が行動に及ぼす影響
3. 人格の概念及び形成過程
4. 人格の類型，特性等

⑩「神経・生理心理学」に含まれる事項
1. 脳神経系の構造及び機能
2. 記憶，感情等の生理学的反応の機序
3. 高次脳機能障害の概要

⑪「社会・集団・家族心理学」に含まれる事項
1. 対人関係並びに集団における人の意識及び行動についての心の過程
2. 人の態度及び行動
3. 家族，集団及び文化が個人に及ぼす影響

⑫「発達心理学」に含まれる事項
1. 認知機能の発達及び感情・社会性の発達
2. 自己と他者の関係の在り方と心理的発達
3. 誕生から死に至るまでの生涯における心身の発達
4. 発達障害等非定型発達についての基礎的な知識及び考え方
5. 高齢者の心理

⑬「障害者（児）心理学」に含まれる事項
1. 身体障害，知的障害及び精神障害の概要
2. 障害者（児）の心理社会的課題及び必要な支援

⑭「心理的アセスメント」に含まれる事項
1. 心理的アセスメントの目的及び倫理
2. 心理的アセスメントの観点及び展開
3. 心理的アセスメントの方法（観察，面接及び心理検査）
4. 適切な記録及び報告

⑮「心理学的支援法」に含まれる事項
1. 代表的な心理療法並びにカウンセリングの歴史，概念，意義，適応及び限界
2. 訪問による支援や地域支援の意義
3. 良好な人間関係を築くためのコミュニケーションの方法
4. プライバシーへの配慮
5. 心理に関する支援を要する者の関係者に対する支援
6. 心の健康教育

（実践心理学）

⑯「健康・医療心理学」に含まれる事項
1. ストレスと心身の疾病との関係
2. 医療現場における心理社会的課題及び必要な支援
3. 保健活動が行われている現場における心理社会的課題及び必要な支援
4. 災害時等に必要な心理に関する支援

⑰「福祉心理学」に含まれる事項
1. 福祉現場において生じる問題及びその背景
2. 福祉現場における心理社会的課題及び必要な支援
3. 虐待についての基本的知識

⑱「教育・学校心理学」に含まれる事項
1. 教育現場において生じる問題及びその背景
2. 教育現場における心理社会的課題及び必要な支援

⑲「司法・犯罪心理学」に含まれる事項
1. 犯罪・非行，犯罪被害及び家事事件についての基本的知識
2. 司法・犯罪分野における問題に対して必要な心理に関する支援

⑳「産業・組織心理学」に含まれる事項
1. 職場における問題（キャリア形成に関することを含む。）に対して必要な心理に関する支援
2. 組織における人の行動

（心理学関連科目）

㉑「人体の構造と機能及び疾病」に含まれる事項
1. 心身機能と身体構造及びさまざまな疾病や障害
2. がん，難病等の心理に関する支援が必要な主な疾病

㉒「精神疾患とその治療」に含まれる事項
1. 精神疾患総論（代表的な精神疾患についての成因，症状，診断法，治療法，経過，本人や家族への支援を含む。）
2. 向精神薬をはじめとする薬剤による心身の変化
3. 医療機関との連携

㉓「関係行政論」に含まれる事項
1. 保健医療分野に関係する法律，制度
2. 福祉分野に関係する法律，制度
3. 教育分野に関係する法律，制度
4. 司法・犯罪分野に関係する法律，制度
5. 産業・労働分野に関係する法律，制度

㉔「心理演習」に含まれる事項
（略）

㉕「心理実習」に含まれる事項
（略）

執筆者一覧
野島一彦（のじま・かずひこ：九州大学名誉教授・跡見学園女子大学名誉教授）＝編者
岡村達也（おかむら・たつや：文教大学人間科学部心理学科）＝編者

妙木浩之（みょうき・ひろゆき：東京国際大学大学院臨床心理学研究科）
河合俊雄（かわい・としお：京都大学名誉教授・一般社団法人京都こころ研究所）
坂井　誠（さかい・まこと：中京大学心理学部心理学科）
中田行重（なかた・ゆきしげ：関西大学人間健康学部）
若島孔文（わかしま・こうぶん：東北大学大学院教育学研究科）
森岡正芳（もりおか・まさよし：立命館大学総合心理学部）
杉原保史（すぎはら・やすし：京都大学学生総合支援機構）
坂中正義（さかなか・まさよし：元南山大学人文学部心理人間学科　ご逝去）
久田　満（ひさた・みつる：上智大学名誉教授・立正大学心理学部）
伊藤良子（いとう・よしこ：京都大学名誉教授）
松木　繁（まつき・しげる：鹿児島大学名誉教授・松木心理学研究所所長）
北西憲二（きたにし・けんじ：森田療法研究所・北西クリニック）
三木善彦（みき・よしひこ：奈良内観研修所・大阪大学名誉教授・帝塚山大学名誉教授　ご逝去）
鶴　光代（つる・みつよ：淑徳大学人文学部人間科学科客員教授・秋田大学名誉教授）

監修　野島一彦（のじま・かずひこ：九州大学名誉教授・跡見学園女子大学名誉教授）
繁桝算男（しげますかずお：東京大学名誉教授・慶應義塾大学）

編者略歴

野島　一彦（のじま・かずひこ）

1947年，熊本県生まれ。九州大学名誉教授，跡見学園女子大学名誉教授，臨床心理士，公認心理師。1975年，九州大学大学院教育学研究科博士課程単位取得後退学，1998年，博士（教育心理学）。1975年より九州大学教育学部助手，久留米信愛女学院短期大学助教授，福岡大学人文学部教授，九州大学大学院人間環境学研究院教授，跡見学園女子大学心理学部教授，跡見学園女子大学名誉教授。

主な著書：『エンカウンター・グループのファシリテーション』（ナカニシヤ出版，2000），『心理臨床のフロンティア』（監修，創元社，2012），『ロジャーズの中核三条件〈共感的理解〉』（監修，創元社，2015），『公認心理師入門―知識と技術』（編集，日本評論社，2017年），『臨床心理学中事典』（監修，遠見書房，2022年）ほか

岡村達也（おかむら・たつや）

1954年，新潟県生まれ。文教大学人間科学部心理学科教授。1985年，東京大学大学院教育学研究科教育心理学専攻第一種博士課程中退。1985年より東京都立大学学生相談室助手，1990年専修大学文学部講師・助教授，1998年文教大学人間科学部助教授を経て，2000年より現職。

主な著書：『思春期の心理臨床』（共著，日本評論社，1995），『カウンセリングを学ぶ』（共著，東京大学出版会，1996，2版2007），『カウンセリングの条件』（日本評論社，2007），『カウンセリングのエチュード』（共著，遠見書房，2010），『臨床心理学中事典』（共編，遠見書房，2022）など。

公認心理師の基礎と実践③［第3巻］

臨床心理学概論　第2版

2018年3月25日　第1版　第1刷
2023年3月25日　第2版　第1刷
2024年8月25日　第2版　第2刷

監修者　野島一彦・繁桝算男
編　者　野島一彦・岡村達也
発行人　山内俊介
発行所　遠見書房
製作協力　ちとせプレス（http://chitosepress.com）

〒181-0001 東京都三鷹市井の頭 2-28-16
TEL 0422-26-6711　FAX 050-3488-3894
tomi@tomishobo.com　https://tomishobo.com
遠見書房の書店　https://tomishobo.stores.jp

印刷・製本　モリモト印刷

ISBN978-4-86616-167-9　C3011